"十三五"国家重点出版物出版规划项目
文物保护基础理论及先进技术丛书

文物保护技术

Technology of Cultural Relics Conservation

龚钰轩 / 编著

中国科学技术大学出版社

内 容 简 介

本书按照文物提取、分析检测、保护、修复、保存环境控制的逻辑顺序介绍了文物发掘提取技术、文物本体、文物病害和文物制作工艺的分析技术、文物保护措施、文物的修复及复原技术，并针对不同材质的文物探讨了其适宜的保存环境条件及相应的环境控制技术。

本书适合作为高校文物保护专业教材，同时可供文物保护从业人员参考。

图书在版编目(CIP)数据

文物保护技术/龚钰轩编著. —合肥：中国科学技术大学出版社，2022.6
（文物保护基础理论及先进技术丛书）
"十三五"国家重点出版物出版规划项目
ISBN 978-7-312-05124-1

Ⅰ.文… Ⅱ.龚… Ⅲ.文物保护 Ⅳ.G26

中国版本图书馆 CIP 数据核字(2021)第 019658 号

文物保护技术

WENWU BAOHU JISHU

出版	中国科学技术大学出版社
	安徽省合肥市金寨路 96 号，230026
	http://press.ustc.edu.cn
	https://zgkxjsdxcbs.tmall.com
印刷	合肥华苑印刷包装有限公司
发行	中国科学技术大学出版社
开本	710 mm×1000 mm 1/16
印张	17.25
字数	290 千
版次	2022 年 6 月第 1 版
印次	2022 年 6 月第 1 次印刷
定价	48.00 元

前　言

　　文物保护技术包含了文理交叉、理工渗透的专业知识，并综合了多种理化技术，是在明晰文物实体材料内部结构、理化性质、老化机理、病害成因的基础上，运用科学的手段与方法防治文物病害，使文物维持现状或恢复原貌的一系列动作，以此实现增强文物稳定性、延长文物寿命的目的。

　　文物的珍贵性和不可再生性，要求文物保护工作者在实践工作中，能够全面地了解和掌握不同类型文物的保护技术，如纸质文物的防霉杀虫、脆弱陶器的加固、饱水竹木器的脱水等，从而解决保护过程中遇到的各式各样的难题。目前，国内缺乏系统而全面地概括文物保护相关技术的书籍，特别是涵盖了从考古发掘现场的文物保护技术到实验室的文物分析、保护技术手段的综合性图书，这从某种程度上阻碍和制约了文物保护事业的发展以及人才的培养。

　　本书全面而翔实地整合了文物保护技术的相关内容，包括考古发掘现场的文物加固、提取、包装与运输技术；文物本体材质、文物常见病害和文物制作工艺的分析技术；不同材质文物的保护修复技术；文物的预防性保护和环境检测技术等。作为文物保护系列丛书中的一册，本书在《文物保护概论》的基础之上编写，侧重于实际应用，旨在将理论融入实践，为文物保护相关专业提供一部系统地介绍文物保护实用技术的参考书籍，为文物保护学科教学体系的建设和进一步完善尽微薄之力。本书不仅适用于高校文物保护相关专业的教学,也可作为文物保护工作者的参考书目。希望借助本书能够让更多读者真正地理解什么是文物保护,以及掌握文物保护实践工作中涉及的相关技术,期盼未来可以有更多的人才投身于文物保护事业当中。

由于笔者水平所限,本书难免存在不足之处,笔者真诚地希望文物保护领域的各位专家学者多多提出宝贵意见和建议,共同完善文物保护技术的相关内容,为文物保护事业的规范、进步和发展做出贡献。

在此,对江苏科技大学马克思主义学院、中国科学技术大学文物保护科学基础研究中心的研究团队为本书付出的辛勤劳动表示衷心的感谢。在本书写作过程中,乔成全、钟博超、樊婧、闻豪、李政、周光昭、王雨夕、李谦、魏岳、于谢嫒、黄永冲等参与了资料整理以及校对工作。

龚钰轩

2021 年 12 月

目　录

前言 ·· （ⅰ）

第 1 章　文物发掘提取技术 ··· （ 1 ）
1.1　考古发掘现场的文物保护 ·· （ 1 ）
　1.1.1　定义与目标 ·· （ 1 ）
　1.1.2　考古勘探技术 ··· （ 2 ）
　1.1.3　考古发掘的方法 ·· （ 4 ）
　1.1.4　考古发掘现场的保护技术 ·· （11）
1.2　文物提取技术 ·· （14）
　1.2.1　基本提取技术 ·· （14）
　1.2.2　套箱提取技术 ·· （15）
　1.2.3　石膏提取技术 ·· （15）
　1.2.4　泡沫提取技术 ·· （16）
1.3　考古发掘现场的抢救性保护 ··· （17）
　1.3.1　考古发掘现场文物的危害因素 ···································· （17）
　1.3.2　考古发掘现场常见的技术问题 ···································· （18）
　1.3.3　抢救性保护的流程 ·· （18）
　1.3.4　抢救性保护的措施 ·· （19）
　1.3.5　抢救性保护案例 ·· （20）
1.4　文物的包装与运输 ·· （21）
　1.4.1　文物的包装 ·· （21）
　1.4.2　文物的运输 ·· （24）

第2章 文物分析技术 (27)

2.1 文物实体分析技术 (27)
- 2.1.1 文物本体与文物实体 (27)
- 2.1.2 文物实体材料分析 (28)

2.2 文物病害分析 (34)
- 2.2.1 纸质文物 (34)
- 2.2.2 纺织品文物 (37)
- 2.2.3 木漆器类 (40)
- 2.2.4 皮革文物 (41)
- 2.2.5 青铜类文物 (43)
- 2.2.6 铁质文物 (46)
- 2.2.7 陶瓷砖瓦类文物 (47)
- 2.2.8 石刻类文物 (48)
- 2.2.9 土遗址类文物 (49)
- 2.2.10 古建文物 (50)
- 2.2.11 彩绘泥塑类文物 (51)

2.3 文物的工艺分析技术 (52)
- 2.3.1 纸质文物 (52)
- 2.3.2 纺织品类文物 (54)
- 2.3.3 木漆器类文物 (57)
- 2.3.4 皮革类文物 (58)
- 2.3.5 金属类文物 (58)
- 2.3.6 陶瓷砖瓦类文物 (60)
- 2.3.7 石刻类文物 (61)
- 2.3.8 彩绘泥塑类文物 (61)

第3章 文物的保护修复技术 (69)

3.1 纸质文物保护技术 (69)
- 3.1.1 纸质文物的去污 (69)
- 3.1.2 纸质文物的传统保护技术 (71)
- 3.1.3 纸质文物脱酸技术 (72)
- 3.1.4 纸质文物加固技术 (76)
- 3.1.5 纸质文物的固色与显色 (78)
- 3.1.6 纸质文物的科学保管 (79)

目 录

- 3.2 纺织品文物保护 …………………………………………………（88）
  - 3.2.1 纺织品揭展技术 ……………………………………………（89）
  - 3.2.2 纺织品的清洗 ………………………………………………（90）
  - 3.2.3 纺织品的平整 ………………………………………………（91）
  - 3.2.4 纺织品的加固 ………………………………………………（92）
  - 3.2.5 纺织品的修补技术 …………………………………………（94）
  - 3.2.6 纺织品的科学保管 …………………………………………（94）
- 3.3 竹木漆器文物保护 ………………………………………………（98）
  - 3.3.1 竹木漆器的清洗 ……………………………………………（98）
  - 3.3.2 饱水竹木漆器的脱水保护 …………………………………（99）
  - 3.3.3 木漆器的修复 ………………………………………………（101）
  - 3.3.4 竹木漆器的加固 ……………………………………………（104）
  - 3.3.5 竹木漆器的科学保管 ………………………………………（104）
- 3.4 陶瓷类文物保护 …………………………………………………（105）
  - 3.4.1 陶瓷器文物修复 ……………………………………………（105）
  - 3.4.2 陶器文物的脱盐和控盐 ……………………………………（114）
  - 3.4.3 陶瓷类文物的加固保护 ……………………………………（116）
  - 3.4.4 陶瓷类文物的表面保护 ……………………………………（118）
  - 3.4.5 陶瓷类文物的科学保管 ……………………………………（118）
- 3.5 金属文物保护 ……………………………………………………（120）
  - 3.5.1 铁质文物的保护 ……………………………………………（120）
  - 3.5.2 青铜器保护技术 ……………………………………………（124）
  - 3.5.3 金器保护技术 ………………………………………………（128）
  - 3.5.4 银器保护技术 ………………………………………………（128）
  - 3.5.5 锡器保护技术 ………………………………………………（129）
  - 3.5.6 铅器保护技术 ………………………………………………（130）
- 3.6 石质文物保护技术 ………………………………………………（130）
  - 3.6.1 石质文物的清洗 ……………………………………………（130）
  - 3.6.2 石质文物的加固 ……………………………………………（132）
  - 3.6.3 石质文物的粘结 ……………………………………………（134）
  - 3.6.4 石质文物的修补 ……………………………………………（135）
- 3.7 泥塑壁画文物保护 ………………………………………………（135）
  - 3.7.1 泥塑的修复 …………………………………………………（135）

3.7.2　壁画的修复 …………………………………………………… (137)
　　3.7.3　加固技术 …………………………………………………… (139)
3.8　古建筑的保护与修复 ………………………………………………… (142)
　　3.8.1　古木建筑保护技术 …………………………………………… (143)
　　3.8.2　古建筑的修复技术 …………………………………………… (150)
3.9　其他类文物保护 ……………………………………………………… (156)
　　3.9.1　砖瓦保护 …………………………………………………… (156)
　　3.9.2　玻璃器保护 ………………………………………………… (156)
　　3.9.3　骨角牙器的保护 …………………………………………… (157)
　　3.9.4　皮革类文物的保护 ………………………………………… (158)

第4章　文物的预防性保护 ……………………………………………… (166)

4.1　概述中国历代文物保护制度 ………………………………………… (166)
4.2　预防性保护的概念发展 ……………………………………………… (171)
4.3　博物馆环境因素 ……………………………………………………… (172)
4.4　博物馆环境相关标准 ………………………………………………… (175)
4.5　保存环境控制技术 …………………………………………………… (179)
　　4.5.1　博物馆室内环境控制技术 …………………………………… (179)
　　4.5.2　博物馆室外环境控制技术 …………………………………… (188)
　　4.5.3　文物展示中的控制技术 ……………………………………… (192)
　　4.5.4　保管设备的材料和制作 ……………………………………… (195)
　　4.5.5　环境控制技术研究实例 ……………………………………… (198)
4.6　保存环境安防技术 …………………………………………………… (206)
　　4.6.1　灾害的应急对策研究 ………………………………………… (206)
　　4.6.2　安防技术研究案例——历史建筑安防技术研究 …………… (216)
　　4.6.3　不可移动文物保护应对自然灾害的经验借鉴 ……………… (240)
4.7　保护管理技术 ………………………………………………………… (247)
　　4.7.1　世界文化遗产地管理规划 …………………………………… (247)
　　4.7.2　我国世界文化遗产地保护管理 ……………………………… (248)
　　4.7.3　保护管理案例分析 …………………………………………… (257)

第 1 章　文物发掘提取技术

1.1　考古发掘现场的文物保护

1.1.1　定义与目标

考古发掘现场是获取文物实体资料与信息的重要场所,考古发掘工作是进行文物保护工作的重要环节。文物在地下长期埋藏过程中会与周围环境形成稳定的平衡关系,而考古发掘工作往往会打破这种稳定的关系,使得文物遭受到环境突变带来的损害,从而破坏文物实体与文物信息。由于考古发掘现场环境复杂多变,文物遭受损害的原因也各不相同,需要根据文物的材料组成、性质结构、保存环境、现场环境以及人为因素等进行综合分析,因此,在考古发掘现场,最大限度地减少不利因素对文物造成的损害,保护文物实体的稳定性与文物信息的完整性至关重要。这就需要考古现场发掘技术的支持。

考古发掘现场的文物保护是指在文物被发掘出土到进入实验室这一特定时间段内,通过技术手段阻止或延缓文物本体材料发生质变、延长文物寿命、减少资料性和实物性损失,达到妥善维护文物真实性和完整性的目的,使文物的物质实体和人文信息得以完整保存。由此可见,考古发掘与现场保护的目的基本一致,即在保持出土文物资料的完整性以及现场保护技术措施不影响实验室后续保护处理和考古研究的两大前提下,使文物在从被发掘出土到进入实验室的这一特定时间段内,得到妥善的维护。

1.1.2 考古勘探技术

1. 地面踏查

考古调查是获取遗存资料的重要手段,对于了解遗存的分布、性质、保存情况等具有重要的作用。而地面踏查则是进行田野调查的重要方式,主要包括传统调查和区域系统调查。传统调查是对遗存当地的历史和考古工作进行汇总,通过观察地面上遗存的痕迹、植物标本等信息,尽可能深入地了解遗存,如遗存的分布范围、文化性质、诞生年代、保存状况和周围环境等信息,传统调查可以分为全面普查、专题调查和预备调查三种类型[1]。区域系统调查也称全覆盖式调查法,采用应用统计学原理对区域内文物点分布情况进行统计分析,是一种密集拉网式田野调查方法,主要由田野工作、室内分析和试掘验证等阶段组成,有利于研究遗存的土地使用、资源利用、社会组织等级关系和遗址之间的关系等问题。

2. 传统钻探

钻探又称铲探,是指利用探铲获取土样,观察地下遗存的调查方法,钻探使用的基本工具是探铲(洛阳铲)。洛阳铲最初是清朝末期洛阳一带盗墓者使用的工具,后经改造用于考古钻探,多种铲头和支架可用于各类黏湿土壤环境的取样,其优点是可以直接深入地下进行取样,且破坏性小。考古人员根据土样的不同特征,可以直接准确地了解地下遗存的分布范围以及建筑基址、墓葬等的形状和布局,如灰土可以用于判断是否有遗迹,红烧土和草木灰可用于判断是否为灶或陶窑,五花土有助于判断是否为墓葬等。

由于钻探是对遗存的局部范围进行探孔取样,无法对整个遗存做全面钻孔,通过钻探所获取到的信息仍然具有局限性。因此,在钻探的过程中,需要采用合适的方法,合理布孔。对于面积较大且情况不明的遗存,可以采用梅花点布孔法或井字形布孔法,控制好孔与孔之间的间隙,有助于快速获取遗存的信息;对于有迹可循的遗迹,可以沿着可疑点进行重点布孔,尽可能多地了解遗存的范围、结构、深度等信息。此外,在钻探时还应做好记录与绘图,记录内容包括探孔的编号、数量、位置、土样情况和遗物等信息。

3. 地面物探

地面物探是指通过利用地质勘探中的物理手段,对考古遗存在地下形成的土质结构、含水量、密度与天然沉积物的差异进行测量,根据土壤的密度、磁性、导热性、放射性等特征对遗迹的特征进行推断的方法,具有无损伤、信息准确、效率高的优点,主要包括电阻率法、磁法勘探和电磁勘探法。电阻率法是通过测量土壤电阻率来判断地下遗存情况的方法,由于不同的物质具有不同的导电性,水分多的物质电阻率比较小,如灰坑、文化层等;水分少的物质电阻率大,如墙壁、石头、坟墓等。电阻率法的探测深度大,设备简单且价格低,但工作效率也较低,不适合大面积的勘探工作。磁法勘探是利用考古遗存与周围磁化率的差异来确定磁异常,从而判断考古遗存的大小、深度、布局等情况的方法,可以对埋藏在地下的城墙、房基、灰坑、窑址、墓葬等进行快速准确的判断。磁法勘探具有设备携带方便、探测速度快、应用范围广、对磁异常区域定位精准等优点,是所有物探技术中运用最广泛的一种方法。电磁勘探法是通过电磁探测仪对地下物质的电磁信息进行接收与分析,从而判断遗存情况的方法[2]。目前运用最多的电磁勘探法是探地雷达,可以根据接收到的电磁波特征推断出介质的结构和地层的起伏形态,从而推断出考古遗存的分布特征。电磁勘探法使用的电源大多数不直接接触地面,因此适用的地形种类较多,其缺点是勘探深度不超过 1 m,且测量结果易受到地表电性的影响。

4. 化学勘探

化学勘探是通过检测土壤中与人类活动有关的化学成分含量来推断地下遗存情况的方法,常用的化学勘探法主要有汞测试法和磷酸盐法。汞测试法是通过测试汞元素的化学异常来寻找地下遗存,由于古人在新石器时代就已开始使用含汞元素的化合物(朱砂)了,而汞或汞的化合物在长期的埋藏过程中,会向地表散发汞蒸气,形成气汞异常或土壤汞,造成该区域的汞元素含量异常,考古人员可据此推断出遗存的情况。我国考古人员在安阳殷墟和秦始皇陵地宫的考古工作中成功地采用了汞测试法,证明了该方法的可行性。磷酸盐勘探法是指根据不同区域磷酸盐的含量差异来寻找古人类的活动区域。由于磷在自然界中循环存在,只要是人类生存过的地方就会富含磷酸盐,因此,可以通过系统地测量某一区域中磷酸盐的含量,来判定该区域是否存在古人类遗存。

5. 航空勘探

航空勘探是指利用航空工具对地面进行探查的方法。利用红外摄影或遥感技术对考古遗存的物理特征和影响特征进行分析,从而判断遗存信息。考古遗迹作为一种地物,具有特殊的物理特性,通过航空摄影可以形成特殊的遗迹标志,如阴影标志、洪水标志、霜雪标志、土壤标志、潮湿标志、植被标志等。考古人员可以根据不同的遗迹标志判断地形、地貌特征与遗存分布等信息,同时可以利用红外线与遥感技术对遗存进行勘察,获取遗存的植被、土壤、水分等环境信息。航空勘探不直接接触探查物体,具有无损伤的优点,同时不受地区与地形的限制,可以克服地形复杂、条件恶劣等不利因素进行大范围或大面积遗址的考古勘探。此外,其还具有低成本、高精度、高效率等优点。

1.1.3 考古发掘的方法

1. 探方发掘法

探方(沟)发掘法是进行田野考古发掘工作最常用的方法,也是田野发掘的基本工作方法。探方发掘法主要是把发掘区域划分为若干面积相等的正方形格子,以方格为单位进行编号与发掘,这些方格被称为"探方"。探方发掘法可以分为探方隔梁发掘法、探方对角发掘法和小探方网格发掘法等,按照实际情况可将探方的大小分为 1 m×1 m、5 m×5 m、10 m×10 m 几种。其中,1 m×1 m 的探方主要用于发掘面积小、对遗物精细作业要求高的遗迹,如旧石器遗址或新石器遗址中的石器加工场等特殊遗址;5 m×5 m 的探方为标准探方,是遗址发掘中最常用的规格;10 m×10 m 的探方常用于堆积现象简单或规模较大的遗迹的发掘,如大型的宫殿建筑、墓葬或聚落等。

探方主要由主体、隔梁与关键柱三部分组成。在发掘时,先对探方主体进行发掘,形成掘坑,再按照地层堆积由晚到早的顺序逐层发掘。通过对主体部分的发掘,可以基本掌握探方内遗存的信息。隔梁是相邻探方之间的部分,可以为探方提供控制剖面,起到确认主体信息是否准确的作用,如可以通过剖面判断该探方地层之间的叠压关系。由于地下的情况是复杂和未知的,若不按照探方法整体发掘,则会遗漏很多重要信息,而且难以控制层位,不便做分析和记录,因此必须要留下边部作为隔梁。关键柱是四个探方交汇的位置,通过关键柱可以判断四个探方的地层和遗迹的对应关系,因此,隔梁一般放在最后进行发掘或者选择保留,这便于观察遗存整体的分布以及验证发掘信息是否正确。正常情况下,关键柱都会被保留,若发掘,也应在完成与其相邻隔梁的发掘之后再继续进行。另外,隔梁与关键柱还可以作为运输土壤和人员往来的通道,起着至关重要的作用。

一个 10 m×10 m 的探方主体面积为 9 m×9 m,北、东隔梁面积各为 9 m×1 m,关键柱面积为 1 m×1 m。探方的布置要求为磁针正北方向,这样便于测量和发掘。一般以西南角为基点坐标,测量与记录用于出土文物的位置。其实,在发掘过程中还可以根据发掘对象的实际情况扩大或缩小探方面积,如在探方北壁某处重要遗迹有继续向里(北)延伸的趋势,此时则可以根据情况布置一个规整小方进行发掘,或将探方再向北扩宽适当距离,以达到完全揭露该遗迹的目的。

2. 探沟发掘法

探沟是探方的一种特殊形式,目的是使考古人员可以快速判断地层和遗迹的堆积关系。在某处布置一条沟来探查是否还有遗迹存在,这种特殊形式的探方被称为"探沟"。

探沟的挖掘平面是狭长的矩形,在长宽米数和方向的布置上比探方更为灵活,且没有隔梁和关键柱,可以查明较大范围内的地层和遗存分布情况。探沟法适用于时间较短的试掘,以了解遗迹的地层情况,考虑是否有必要在探沟两边继续布置探方;也可用于对大型遗迹的解剖观察,以及对城墙结构和修筑情况的分析。探沟发掘的主要目的是解剖、探察遗迹的堆积层位关系,作业方法可参照探方发掘法,但探沟的长宽要根据实际发掘情况而定,若探沟深度超过 2 m,则需考虑留出便于人员出入的台阶,且台阶的宽度应不窄于 1 m。

3. 基本操作流程

(1) 布方

经过前期的考古勘探后,考古人员对遗迹有了大致的了解与分析,可选择出合适的发掘区域进行布方:首先,选定基点。选择一处地势偏高点作为基点打下木桩,该基点也会作为以后测量文物三维坐标深度的参考点,其所以确定好基点后,位置和高度一定不能发生变动。在对遗迹原始地貌进行拍照后进行布方。其次,根据选用探方的规格与数量,确定引基线进行布方。以总坐标基点为中心,向正北方向水平引出一条纵轴线为纵向基线,向正东方向水平引出的横轴线为横向基线,基线的方向需要反复校正,以免导致所布置的探方方向不正。再次，沿水平与纵横基线开始布方，假设所布探方为 10 m×10 m，沿纵轴往东，用工程线先拉 1 m，再拉 9 m，继续沿横轴往南先拉 9 m，再拉 1 m，形成一个带直角的正方形边框，1 m 为隔梁，9 m 为主体，用铁钎固定每个距离点后，并测量与纵横基线是否平行，确定为正方向后继续引线将整个探方轮廓包括隔梁延伸出来，如图 1.1 所示。纵横基线和第一个探方至关重要，如果方向不准确，之后所布置的探方都会随着第一个探方或者基线而偏斜。

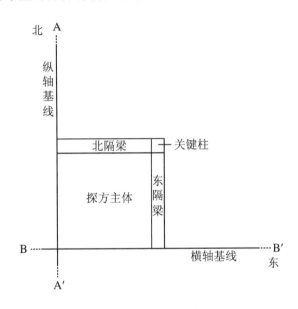

图 1.1 探方布置示意图

一般情况下，每个探方的西南角是该探方的垂直坐标基点。需要对布完的探方进行编号，开展大面积的连续布方则需要在航拍平面图上事先画好草图，模拟布方并编号。在实际操作中，探方编号的方法有很多种，一般是由字母"T"和连续的数字构成，可按照分布次序进行编号，如 T1、T2、T3 等，对应表示探方 1、探方 2、探方 3；也可以按照区域进行编号，如Ⅰ区、Ⅱ区、Ⅲ区等，对应编号为 T101、T201、T301，T101 表示是探方Ⅰ区的第 1 个，而 T201 则表示是探方Ⅱ区的第 1 个。此外，还有象限坐标法，以遗址西南角为坐标基点，以第一象限覆盖整个遗址，探方编号由横纵坐标组成，从基点起，探方编号为 T0101，表示纵排、横排的第 1 个探方；T0602 则表示纵排第 6 个、横排第 2 个的探方。考古人员只要读取这些编号就能快速找到对应探方在遗址中的位置，这也是田野发掘中常用的一种坐标编号法。

在考古发掘现场,有些遗存的遗迹通常会有分布稀少、分布不均、间隔距离较大的情况,如果用正常的全覆盖布方则会出现若干"空方",即这些区域的探方下只有普通的文化层堆积而没有遗存。若遇到这种现象,可先跳过这些区域不布探方,待探查清楚遗迹的分布情况后再决定是否需要布置探方。待布方完成后,每一个探方都要在总记录上标记出来,并且对相应的探方编号、位置、发掘负责人等也要进行详细登记。

(2) 发掘

在划分好探方区域并确定了发掘顺序后,就可以对探方进行发掘。在开始发掘时,应先除去表土,即包含有现代垃圾或植物根茎等的现代地层土。以布好探方的细线边缘为准,向内留大约 5 cm 向下挖土至古代地层。发掘达到一定深度时要对四壁进行修整,简称"切壁"。向内留 5 cm 的作用就是为了方便切壁,紧贴细线边缘把已留的 5 cm 往下切掉,要求尽量平整垂直。刚切过的土比较湿润,便于观察,所以要在刚切过的壁面上及时根据土质、土色把不同的单位划分开,并分析是地层叠压还是坑洼打破。一般位置较上的晚期地层中常常有现代或近代坑、洞甚至是房基、井的遗迹;在早期地层中发掘时应时刻注意红烧土层和灰坑、灰层、柱洞、房或地面等多种类型遗迹,一旦发现类似遗迹就要及时划出局部范围,其中灰层是较常见的遗迹类型之一,如图1.2所示。

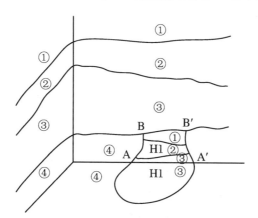

①—④代表不同地层;H1为古代遗迹灰坑;
A、A′、B、B′分别为平面图与剖面图的剖点

图 1.2　灰坑示意图

在考古发掘过程中,常会发生在一个平面上同时出现多个地层的情况,这时则需对其反复刮面以确定早晚关系,随后再进行下一步作业。一般探方挖掘

工作到达生土层后就会结束。要注意的是有些接近生土层的其实并不是真正的生土，下面可能还保存有其他遗迹，这些遗迹大概率是更早的原始居民所留下的。所以一般情况下，挖到生土之后需再往下挖掘 10 cm 左右，以确定是否还有遗迹存在，有必要的话还要用探沟来确定。

根据遗迹类型的不同，在挖掘时应注意根据地层与遗物的变化不断进行分析和改正。由于在挖掘探方的过程中可能会遇到多种多样的遗迹，对不同类型的遗迹挖掘的注意事项也不尽相同，因此，需要根据实际情况灵活处理。例如，在挖掘灰坑时，需要弄清灰坑的层位关系和分布范围；在发掘房址时，应按照层位关系，确认房址与其他遗迹的布局组合关系，分析房屋的功能、结构和建筑方式等特征。

（3）收集遗物与采样

采集取样是进行考古发掘的重要流程，也是获取文物信息的重要环节。在发掘过程中会发现不同时期和各类型的遗物，要先判断该遗物是否属于对应的时期或地层，然后再根据现场情况确定对遗物进行提取或暂时保留。遗物可分为人工遗物和自然遗物两大类，人工遗物是指由人类制造、加工和使用的物品，如遗址发掘中常见的陶瓷器、石器、骨蚌器和金属器等；自然遗物是指与人类活动息息相关的动植物、矿物等，也包括人类的遗骸。

在发掘过程中需要收集的遗物和样本很多，考古人员通常会采用全部收集的方法，只要条件允许应全部收集各类遗物，包括陶片、石片等残碎不全的遗物，而完整的器物又称"小件"，要先拍照并测量其三维坐标再进行提取。在早期文化层的挖掘中也会取大量的土样进行水选，该方法又叫"浮选法"，是利用水的比重原理让所取土样中的重物和轻物分离开来，对于漂浮于水面的有机质遗物要直接使用筛网收集并晾干（需放在阴凉通风处，不能暴晒），称为"轻浮"；沉积在下面的部分收集起来，继续用不同规格的筛网反复筛选，并提取其中的遗物，同时应把遗物冲洗干净尽量不留泥沙，该收集法为"重浮"。另外，还要对遗址随机选取地表土样、生土土样和文化层柱状土样。

由于考古发掘具有破坏性，因此，在全部采集的同时要尽量保证遗物标本的完整性，遇到难以起取的情况时应积极采用文物保护的手段和措施，一定不要轻易放弃。与此同时，对于收集取样的遗物或标本，应当填写相应标签，并对其进行编号与记录，确保遗物和样本的安全。

(4) 打隔梁与关键柱

在探方的主体部分发掘完成后,可对隔梁与关键柱部分进行发掘与整理,对隔梁与关键柱进行发掘,称为打隔梁和打关键柱。打隔梁的作用主要是使各个探方相互连通,对整个发掘区的遗迹进行串联,这有利于对遗迹整体情况进行分析,同时也有利于检验探方主体的发掘成果。关键柱可以反映四个探方的层次叠压打破关系和相互层次的对应关系,应当根据发掘情况决定是否保留,在对遗址布局与信息了解较为准确时,可以进行保留,以备将来复查现场或补充取样,如果关键柱妨碍了对地层和遗迹现象整体的观察把握,可在绘制剖面图后打掉。

(5) 现场记录

现场记录是发掘工作中必不可少的重要内容,是进行室内整理、编写报告,以及对遗迹进行文物保护的原始资料,现场的记录要及时、准确,当日工作内容需当日记录完毕。一般最基本的记录方式就是工作日记,包括调查记录、工地总日记和探方日记。调查记录用于记录田野考古调查的工作过程以及内容,主要包括人文环境、地表植被、分工工作进展、重要迹象发现、遗物收集、记录者和时间等;工地总日记则是记录整个工地每天发掘的整体情况,主要包括日期、天气、考古工作人员组成及对应的负责探方进度、大体的分析和记录者等;负责探方的每个工作人员都要记录探方日记,内容包括日期、天气、负责人、探方发掘过程和遗迹遗物状况,也要配探方示意图。绘图和摄影记录也是必要的记录方法,一般需要绘图的地方也都需要摄影,如探方平面图、四壁剖面图、遗迹遗物示意图和遗址总平面图等。除此之外,日常的工作照也是必不可少的记录方式。

4. 墓葬发掘方法

墓葬是最常见的一种遗址类型,不同的墓葬风格和丧葬习俗直接或间接地反映着当时社会的大致形态。在科学发掘墓葬的同时要注重对其进行相应的保护。墓葬发掘方法主要有发掘封土、寻找墓口范围、确定层位、挖掘填土、清理墓葬、了解墓室结构、拍照以及绘图。

(1) 发掘封土

所谓封土,就是将墓葬填埋起来的土堆,小型的称"坟",大型的称"冢"。坟容易被破坏或者夷平,体积比较大的冢则更容易保留。有时在地势平坦处放眼望去,能观察到某处有圆形凸起,其有可能就是墓葬的封土。所以在考古调查过程中,这种凸起的冢最易引起调查人员的注意。

发掘封土时要仔细分析封土形成和变化的过程,进行逐层发掘。一般会采用十字形四分法进行发掘,以最高点的中间处为交叉点,进而开展分部发掘,直到与地面大致平行,露出墓坑范围,最后获得封土纵横剖面图。

(2) 寻找墓口范围

墓口就是墓坑填土与周围原生土所形成的分界线。寻找墓口类似于划地层分界线,划出分界线就大致可以看出墓葬的基本形制。例如,"甲"字形墓,则划出的墓口形状就会像一个"甲"字,其中包含了墓道。

一般来说,墓坑填土都是夯土、白膏土或五花土等特殊泥土,比较容易区分开来。如果发掘的是多层遗址就很难区别开来,有可能会将其误判成一个灰坑,在出土了人骨和随葬品时,才意识到该墓葬是土坑墓,而此时墓葬已被发掘,难以判断墓的真实层位。若被发掘的对象是没有封土的墓,则要靠探洞获得数据以判断其大致位置,进而在墓葬范围内向下揭层,直至露出墓边,此时,只需顺着墓边平行揭层直到整个墓口露出。在发掘过程中需要注意观察的是周围有无祭祀遗迹或盗洞。

(3) 挖掘填土

挖掘填土需要有序进行,并按照一定深度逐层向下挖,挖掘过程中须仔细观察填土是否存在分层情况,并找出墓壁。填土中也会存在遗物,发现后需要全部收集,重要的必须记录其发现的位置与出土状态。在这期间,需要注意有无盗洞或者二次下葬等现象,这类迹象有时在墓口处表现得很不明显,故应在挖掘填土时注意辨识。

(4) 清理墓室并了解其结构

若是普通的土坑墓,则需要仔细观察相关现象,从而判断是否已触及墓底,如出现人骨或在到达一定深度时发现随葬品。若缺少较易判断的依据,则需要通过壁面结合和土质区分的方法来判断是否已到达墓底。年代相对较晚的墓葬一般会有保存完好的葬具、人骨和随葬品。葬具种类很多,常见的有木质葬具、石棺、瓮棺。不论是哪种葬具,都需先将其顶部和周围的填土清除,随后做详细拍照记录。开棺时,也要根据具体情况做适当的准备。在清理墓室的过程中要细心,不可移动人骨和随葬品的位置,并尽量维持这些物品的初始状态。

(5) 拍照和绘图

在墓葬发掘的过程当中,照片资料必不可少,每个流程甚至每个步骤都要有照片资料作为考证。考古绘图主要是根据正投影原理绘制图形,有时也需根据透视原理绘制透视图。需要绘图的内容包括墓坑、墓室、葬具以及葬具里面的人骨和随葬品。绘图时,需按照一定比例缩小,在图纸上分别绘制墓葬平剖视图、随葬器物分布图以及葬具结构剖视图。为了保证绘图的准确性,一定要进行现场观察和测绘。

1.1.4 考古发掘现场的保护技术

1. 文物清洗

文物在地下埋藏环境中,由于长时间与环境因素相互作用,故在发掘出土时,表面会附着存有大量埋藏环境信息的包裹物。文物在出土后,需要去除其表面的泥土等附着物,对其进行初步的清理,以便开展进一步的保护处理。根据介质的不同可以将文物表面清洗的方法分为干式清理和湿式清理,干式清理是在空气或氮气、氩气等气体介质中对文物进行清理;湿式清理是在液体介质(溶液),如水、水溶液和有机溶剂中进行清理,又称为清洗。一般来说,以空气为介质的干式清理是最便捷的清洗方法,其优点是在清洗后不需要干燥,对文物造成的损害较小,其缺点是气体介质容易给污垢再次污染文物提供可能,致使文物清洗得不够彻底;而以溶液为介质的湿式清洗能够使文物表面解离下来的污垢以稳定的状态分散并保留到溶液中,可永久去除污垢,但其缺点是溶液可能会对文物造成损伤。

常用的文物清洗介质主要有水、乙醇、甲苯、丙酮、混合溶剂等。水是地球上最常见的物质之一,在日常生活与发掘现场中都很常见,具有良好的分散溶解能力,对于大多数无机酸、碱、盐都有良好的清洗作用。在发掘现场,可以根据当地水源的情况来决定是使用自然水还是蒸馏水对文物进行初步的清洗。乙醇俗称酒精,易挥发、易燃,可以与水以任意比例互溶,还可以溶解多种有机物和无机物。在发掘现场,乙醇常被用于处理无法使用水清理的文物或者用于对泥土进行软化,但不能用于木头、皮革、象牙等对水敏感的器物的清洗。丙酮又称二甲基酮,在常温常压下是一种无色、透明、有辛辣气味的液体。在文物保护领域,丙酮是一种性能优异、用途广泛的溶剂,使用丙酮作为清洁剂清洗的文物,能在短时间内干燥,而将其作为加固剂的溶剂时,也可使加固剂尽快达到加固效果。甲苯是一种常用的溶剂,由于其挥发速度比丙酮慢,因此在干燥炎热的气候环境的现场保护中,甲苯经常作为丙酮的替代溶剂使用,但甲苯具有一定毒性,在使用时应注意避免皮肤接触。

常见的文物清洗工具主要有刀、刷子、木质牙签、棉签、pH试纸、木质压舌板、海绵、洗耳球等。手术刀在用于清除物体表面的泥土和结壳时十分有效,因此在考古发掘现场,经常使用手术刀来剥离文物表面的附着物。刷子也是发掘现场最常用的工具之一,可以用于清理文物表面泥土,也可以用于涂刷文物保护试剂。木质牙签、棉签是对文物表面洗洁部位进行处理的重要工具,可以深入文物的裂缝处或纹饰内部,对文物进行细致的清理。棉签也可用于蘸取有机溶剂对文物表面进行清洗。pH试纸主要用于确定是否已将文物表面的酸完全清除干净以及测试溶液的酸碱度,确保溶液未被酸性物质污染。木质压舌板可以去除文物表面有一定强度的泥土,并且可以用于搅拌文物保护试剂或溶液。海绵和洗耳球是对文物表面的灰尘进行清理的工具,主要用于清洗文物表面,可以提高清洁效率。

在实际工作中,要根据文物的材质、文物腐变程度和部位的不同选择相应的清理方法。对于性能较为稳定的文物,如金银器、青铜器、陶器等,可以用清水、毛刷对其表面的泥垢进行清洗;若是对金属锈蚀进行清理,可以使用相关机械器具,如超声波清洗机、超声波洁牙仪、喷砂机等。对于保存较差、比较脆弱的文物,则需要依文物的材质、保存状况选择合适的清洗方法,如对纺织品文物的清洗需要根据纤维的种类、组成、结构和性质而定,表面的泥土可用清水或蒸馏水进行清洗;容易褪色的织物可用水蒸气法进行清洗;对于纺织品表面的污斑,油脂类的可以在溶剂中加入碱性去污剂,金属氯化物类的可采用酸性水溶液进行处理,含有钙、镁、铁离子的则可以用六偏磷酸钠水溶液去除。此外,也可以使用石油溶剂去除油脂类和染料的污斑。

2. 加固

加固是考古发掘现场文物保护的重要手段。对于材质脆弱的文物,通过加固的方法,可以提高其材料的力学强度,从而尽可能确保文物的完整性,以便满足现场提取或转运的需要。常见的加固手段可以分为物理加固和化学加固两种[3]。物理加固主要用于保存状况相对较好的文物,常用的方法有绷带包裹法、石膏绷带法和树脂绷带法。绷带包裹法是使用条状纱布绷带以螺旋的方式沿着器物轴线为45°—60°方向在外轮廓表面进行紧密的包缠,再沿着第一层包裹的对称方向包裹第二层绷带,最后沿着纵向对文物进行第三层包裹,要注意尽量使绷带给器物足够且均匀的支撑力。石膏绷带法是在纱布绷带中加入干的熟石膏,制作出石膏绷带,再用绷带包裹法对文物进行加固,石膏绷带具有硬度大、干燥快、耐高温、耐寒的优点。树脂绷带法是用将热塑性树脂均匀涂布于网状棉织物表面而制成的绷带对文物进行加固的方法,使用方法与石膏绷带法类似,树脂绷带具有使用方便、重量轻、强度高、污染小、可反复使用等优点。

化学加固是使用具有一定黏结性的化学材料对文物进行加固的方法,主要是使用化学加固剂,使其渗透入脆弱文物的内部,通过加强文物内部的黏结要素,增加文物的强度。在选择加固剂时,应注意材料的可逆性、渗透性、抗紫外线、抗生物侵蚀的特点,选择化学性质稳定的材料。同时,要根据文物出土时材料的含水率确定加固剂的种类,如果文物出土时含水率比较低,则树脂型加固剂可以满足需要;如果文物含水率比较高,那么就需要选用乳液型加固剂。目前常用的加固剂主要有聚醋酸乙烯酯、环十二烷、环氧类合成树脂、丙烯酸非水分散体加固剂、丙烯酸类合成树脂等。

在对文物进行化学加固之前,需要确保文物表面的清洁,在施加加固剂时,可以根据实际情况采用喷涂法、点涂法和滴涂法进行加固。喷涂法是将加固剂的雾化液滴喷涂至文物表面,不直接与文物表面发生接触,可以应用于大面积的加固,具有效率高的优点,但是使用喷涂法时,溶剂容易蒸发,因此利用效率较低,易造成加固剂的浪费。点涂法是现场保护中最常用的一种加固方法,一般使用毛笔、棉签等工具蘸取加固剂溶液,利用毛细作用使加固剂渗入文物材料中,对文物的伤害比较小,具有便于实施、易于控制、节约用量的优点,但是难以保证加固剂完全涂抹均匀,且需要逐点进行加固,效率较低。滴涂法是喷涂法与点涂法的结合,使用试管将加固剂溶液滴到文物表面,既具有喷涂法的非接触式加固的特点,又具有易于控制加固范围和节约药剂的优点,同时,效率较点涂法也有所提高。

3. 黏结

一般来说,受到发掘现场的各方面条件的限制,一般不在考古发掘现场进行黏结的操作,但出于一些特殊需求,如进行考古学研究以及留取资料等原因,需要对某些器物进行黏结。文物在长期的地下埋藏过程中,受到地下水的浸泡与酸碱盐的腐蚀,特别是有机质文物,容易出现糟朽、断裂、变色、脱落等损害,在发掘出土时十分脆弱,处理不当可能会造成不可挽回的损失。因此,要对这种脆弱文物进行黏结,可将胶黏剂均匀涂敷在文物表面,随着胶黏剂的渗入、扩散、固化,文物的强度就可以得到一定程度的提高。一般来说,黏结的过程包括表面处理、涂胶、晾置、黏合和固化,其中每一个步骤都至关重要。首先,在黏结之前,需要对文物表面进行适当清理,去除文物黏结茬口表面上的杂质,如油污、灰尘、水渍等。其次,使用适当的方法和工具将胶黏剂涂布在文物的茬口表面,并使胶黏剂充分浸润。再次,对文物进行晾置,使胶黏剂充分渗入与扩散,促进固化,晾置的环境应当保持通风、清洁和干燥。此外,将涂布胶黏剂的文物表面进行黏合,在黏合时应适当按压,以排出空气,使表面充分接触。最后,胶黏剂逐渐挥发为固体,文物的强度不断增加,直到胶黏剂完全固化,文物黏结的过程就完成了。

常见的黏结材料多为合成高分子化合物,按照树脂的性质可以分为热固性树脂和热塑性树脂。热固性树脂是低分子量的液体或固体,主要有环氧树脂、酚醛树脂、脲醛树脂、聚氨酯、有机硅树脂等,热固性树脂具有高强度、耐热、耐久的优点,但是可逆性较差。热塑性树脂在加热时可以变软或者融化,且在适当的溶剂中可以溶解,主要有聚醋酸乙烯酯、聚苯乙烯、聚甲基丙烯酸甲酯、尼龙、聚乙烯醇缩醛等,由于热塑性树脂具有可溶解性,符合文物保护的可逆性原则,因此在现场保护中被广泛使用[4]。

1.2 文物提取技术

1.2.1 基本提取技术

文物的基本提取技术是对文物及包裹文物的土壤进行整体提取的技术,主要在土壤强度较大的前提下进行,通过充分利用土壤强度来保证文物的完整性和提取工作的顺利开展。进行提取的基本步骤主要有四步:一是制作台基。对文物周围的泥土进行清理,围绕文物四周制作一个规则形状的台基,用于承载文物,台基的纵剖面一般为矩形,若土壤强度与承载力足够,也可将台基做成倒梯形。在制作台基时,一般将文物的边缘和台基外缘之间留有 5 cm 左右的距离,同时台基的上下底与文物的上下边缘之间也要留有 5 cm 左右的距离,以保证台基的稳定性。二是加固。台基制作完成后,使用特定的加固材料,对台基的周边进行加固处理。处理的方法主要有三种:第一种是绷带法,即使用绷带对台基侧面进行螺旋式包裹,起到加固的作用,缠绕绷带的力度要适中,不可对文物造成压迫;第二种是石膏法,对于包裹土壤强度较弱的文物,若绷带法无法满足安全提取的需求,则可以在绷带外施加石膏以提高台基的稳固性;第三种是树脂法,即将树脂加热后涂抹于绷带上,增加绷带的强度。三是底切处理。在台基处理与加固完成后,使用刀具或金属丝线沿着台基的底部进行切割,将台基与土壤分离开来,在切割台基的过程中,切忌振动或晃动,以免造成台基崩解。四是支撑迁移,待台基切割完成后,通过滑移的方式,将台基整个转移至支撑板上,然后整体运离发掘现场。为了保证提取过程的安全性,也可以使用一侧带刃的金属板进行切割,切割完成后直接用金属板作支撑板进行迁移,减少作业工序,最大限度地降低提取过程中文物遭受损害的风险。

1.2.2 套箱提取技术

套箱提取技术是在考古发掘现场对具有重要意义却不能及时清理的文物进行提取的技术,主要是用木质的框架,根据出土文物体积制作相应的箱子,将出土文物套置其内,清理干净周围泥土后再将文物完整地提取出来。其操作主要分为四步:一是制作台基,台基纵剖面应为矩形。二是加固,使用木质材料对文物周围进行包裹,使文物完全置于箱内,再用绷带缠绕箱体,进行加固,保证箱体的稳定性。三是底面切割,底面切割与基本提取技术的应用相同,即使用金属或刀具等对台基底面进行切割,此外还可以采用底面掏空法,即将台基的底面掏空,然后将木板插入底面空隙处,再使用绳索或者铁丝将箱体缠绕紧实。四是支撑,待台基底面切割完成后,将支撑板放置于与台基平行的位置,将台基整体推移至支撑板上,再将支撑板与台基一同迁离发掘现场。若使用底面掏空插板的方法,则可省略此步骤。

1.2.3 石膏提取技术

石膏提取技术主要是利用石膏对台基进行加固支撑,以便于提取文物实体的技术,多在土壤强度和承载力不足的情况下使用。其主要步骤有:一是制作台基,台基的纵剖面应为等腰梯形,台基的上、下底分别与文物的上、下边缘位置留有5 cm左右的距离,以保证台基的稳定性。由于等腰梯形有利于增强台基的稳定性,因此对于土壤强度不高的台基,可采用此种造型。二是框架包围,使用木质材料,对台基周边进行包围处理,应保持木材不与台基边缘接触,并留有3 cm左右的距离,为浇灌石膏留出空间。同时,为避免石膏对文物造成污染,需要对台基的顶部进行覆盖隔离处理。三是浇注石膏,使用熟石膏在台基与木材的空隙处进行浇注,石膏冷却后加固操作即为完成。四是底面切割,方法与套箱技术大致相同。五是翻转,待底面切割完成之后,需在木质框架的顶部加装一个木质的顶盖,然后将台基翻转180°,使石膏充分发挥支撑和加固作用[5]。

1.2.4 泡沫提取技术

泡沫提取技术与石膏提取技术类似,均需在台基与箱体之间添加相应的物质,以提高土壤的强度和承载力。但由于石膏本身具有一定的质量,若文物保存情况较差,使用石膏提取法可能会增加提取文物时的难度和危险系数,因此可以使用一种质量比较小,且与石膏作用相同的材料进行替代,即聚氨酯泡沫。聚氨酯泡沫具有质量小,支撑、保护和保温功能强的优点,被广泛应用于包装、建筑和运输等行业。聚氨酯泡沫分为硬质、半硬质和软质三种类型,文物整体提取中运用的一般为硬质聚氨酯泡沫。在对文物进行提取的过程中,聚氨酯泡沫固化后强度很高,可以为物体提供较好的支撑作用。此外,还需要在台基和木箱间包裹一层塑料薄膜,以便后期剥离固化后的泡沫。由于聚氨酯泡沫保温、保湿效果较好,因此当文物需要保持一定湿度时,推荐采用此法[6]。在使用该方法时需注意以下几个事项:首先应注意操作时的温度至少在10°以上,否则聚氨酯无法正常发泡;其次需注意远离火源与热源,防止聚氨酯受热燃烧;最后在操作时需注意加强对人员的保护,聚氨酯泡沫具有一定毒性,可能会对人体造成伤害。

使用聚氨酯泡沫提取文物的步骤与石膏提取技术类似:首先是制作台基和进行台基加固,操作过程与石膏提取技术基本相同,主要区别在于:聚氨酯在发泡过程中会对台基产生压力,因此需留出较大空间以缓冲压力,一般木材框架与台基边缘应保持在10—15 cm的距离。同时要对台基顶部进行覆盖处理,箱体与台基之间也应使用塑料薄膜或铝箔进行隔离,避免泡沫对文物造成污染。

操作完成后即可灌注泡沫，按照相应的配比对聚氨酯泡沫进行混合搅拌，当发泡反应开始时，需将泡沫迅速注入箱体与台基之间的空隙处。一般情况下，聚氨酯材料会在 15 分钟完成发泡和凝固的过程。待泡沫凝固以后，再对溢出箱体的泡沫进行切割。最后进行底面切割与搬移处理，操作过程与石膏提取技术相同。

1.3 考古发掘现场的抢救性保护

考古发掘现场是开展文物保护工作的重要场所，在考古发掘过程中对文物进行抢救性保护，对于保护文物的历史、艺术、科学价值具有重要作用。发掘现场的保护工作是否完善直接影响着文物实体资料与文物信息留存的完整性，决定了文物是否能以最小受损状态从发掘现场进入实验室，抢救性保护的重要性可见一斑。

1.3.1 考古发掘现场文物的危害因素

考古发掘现场不仅是文物出土的第一现场，也是开展文物保护的重要场所。发掘现场的环境瞬息万变，不同类型的文物所遭受的损害也各不相同，其中造成文物损害的最主要原因是环境突变。首先，文物受到温度、湿度、酸碱度的大幅度、频繁变化的影响，会导致有机物出现发黄、变脆、褶皱、脱水、皱缩、形变等现象；其次，文物脱离地下埋藏环境后，光照产生的光化学反应、电化学反应易造成文物损害，如出现纸张变色、纺织品糟朽、石质文物颜料脱落、金属锈蚀等现象；再次，富氧环境中的氧气易造成粮食颗粒、木器、纺织品等有机物发生氧化反应和自由基炭化反应，造成炭化、褪色、破裂等损害；最后，空气中真菌、细菌等微生物的侵蚀易导致文物出现变色、霉腐、糟朽、脱落等问题[7]。

1.3.2 考古发掘现场常见的技术问题

考古发掘现场的文物保护常见的技术问题大致有如下几类:① 有机物的炭化,如粮食颗粒、木器、纺织品等。古墓葬环境基本处于贫氧状态。在墓葬形成初期,墓室空气中含有一定浓度的氧气,随着墓葬中物质的氧化分解,氧气逐步消耗殆尽,形成了密闭的贫氧环境,这是埋藏文物得以长期保存的重要因素之一。相对而言,墓室环境是比较稳定的,一经发掘,空气迅速渗入,环境条件急剧发生改变,氧化反应急速加快,自由基类的炭化问题反应随之出现,有机物炭化在所难免。② 有机物的脱水皱缩形变。特别是出土的饱水木漆器,如不及时采取保湿措施,器物会出现脱水变形现象。③ 冻损。在冬季,由于考古发掘现场的温度较低,有时可达零下十几摄氏度,出土的文物,尤其是饱水器物,可能会迅速出现冰冻现象,因水的物态变化出现冻裂受损。④ 微生物腐蚀。在文物埋藏的地下环境中,富含氧气、水分,为微生物滋生创造了条件,文物极易受到微生物的侵蚀。

1.3.3 抢救性保护的流程

在考古发掘现场,对文物进行抢救性保护的流程主要包括三个部分。第一是采集取样。文物采集取样的对象不仅包括文物的本体样品,还包括文物的埋藏环境样品。从文物上采集的颜料、漆片、纺织品、金属饰件、粮食颗粒、器物中的残留物等样品称为文物样品。从考古现场环境中采集的土质、水质、墓室内气体等样品称为环境样品。对所获取的样品进行科学的分析检测,是考古工作和实验室保护研究的重要依据。第二是现场的保护处理,包括对器物采取清洗、黏结、加固等措施,即对上文中提到的常见技术问题进行解决的过程,以抢救性保护的手段最大程度地保留文物的物质实体和人文信息。第三是文物的保存与运输,在对文物进行现场保护处理后,将文物安全地进行保存直至运送至实验室或博物馆内进行后续保护处理。

1.3.4 抢救性保护的措施

对文物进行抢救性保护的措施,应结合文物自身的保存状况与考古发掘现场的实际操作进行综合考虑。首先,需要进行充分的前期准备,准备的内容包括设备和材料两大类:设备包括照相机、CCD视频放大镜(可以将样品细部放大,然后将图像直接输入电脑)、取样袋(瓶)、工具(牛角刀、毛刷、毛笔、喷壶)、托板(架)等;材料包括化学材料(防冻剂、保湿剂、防腐剂、胶黏剂等)、包装材料(宣纸、塑料薄膜、海绵等)、包装箱等。

其次,应做到规范的采集取样,在采样之前,应充分了解采样对象的特征、材质、形态、结构等信息。在采样过程中,要结合实际情况,采取适当且可行的方法,尽可能保证文物的安全性及样品的可靠性。在采样之后,妥善保存样品,确保样品在进入实验室之前无污染、无损害。另外,在提取脆弱文物时,应采取特殊安全措施。例如,纸质、棉麻制品、彩绘、壁画等文物经历了长期的风化或腐蚀,文物本身强度较弱,直接提取容易导致文物受损,可以先使用化学试剂进行临时加固或采用套箱提取技术进行整体起取,运入实验室进行室内保护。

再次,要做到科学的保护处理。考古发掘现场一般是开放性环境,无法完全满足微环境控制的要求,为尽可能减少环境突变对文物的影响,应采取相应方法控制现场光照、氧气、温度、湿度、微生物等环境因素,并规避人为造成的损害。一方面,需要控制光照因素,减少紫外线对文物的破坏,避免文物出现发黄、变脆、变色等现象。例如,搭建大棚、喷涂紫外线吸收剂、利用黑色塑料袋遮光、减少使用紫外线灯具等都是有效的遮光措施[8]。另一方面,需要加强对氧气的控制,减少文物与氧气发生的化学反应,如喷涂化学试剂隔绝氧气或采用无氧或氮气保存法,将文物放至密闭环境进行真空处理[9]。与此同时,需要注意对现场温度、湿度的控制,尽可能地保证文物本身的含水率稳定,避免文物因失水而损坏。对于湿度要求较高的文物,可采取清水浸泡的方式保持含水率;对于湿度要求较低的文物,可采取密闭性处理措施;对于要求保持干燥的文物,可使用干燥剂使文物保持干燥状态[10]。此外,也需要加强现场管理,规避人为风险。例如,进行专业培训,提高考古工作者的专业素质,加强文物保护理论的学习,提高考古工作者的专业技能,规范、细化操作流程,避免因不规范的人为搬拿、采集、起取等造成文物损坏。

最后,需要做到安全的储存运输。在文物运输过程中,应选取合适的交通工具,采取相应防震措施,使包装箱能够稳定地被固定在交通工具上。例如,在运输湖南益阳兔子山遗址出土的简牍时,在整理箱中逐层放置湿海绵,以减少运输损伤[11],同时在运输途中车辆保持缓慢行驶,力求平稳,减少颠簸,控制装卸、搬运的次数,最大限度确保文物的运输安全。若条件允许,可使用"文物保护急救车",对出土文物进行应急保护与临时储存。"文物保护急救车"内的实时监测与微环境控制,可以使脆弱、易损的文物及时得到妥善保护[12]。

1.3.5 抢救性保护案例

2002年底,南京博物院在泗阳山庄的汉墓考古发掘中动员了大量文物保护工作人员参加,开展了一次十分成功的抢救性保护,在该墓葬中发掘出土了大量木俑、木马、木构建筑部件及少量漆器,部分木器绘有彩绘。但出土文物糟朽非常严重,质地十分脆弱,若不进行现场保护将无法完整地保存文物的物质实体和人文信息。

专家经过讨论,决定首先对样品进行采集,采集的样品有:墓葬周围及墓葬内的土壤和地下水、棺椁和木器漆的木质、漆器的漆皮、粮食颗粒、丝线及纺织品等数十个样品。随后专家结合当地的气候及文物保存的情况,进行现场保护,鉴于当地的气温较低,且出土物多为木漆器的实际情况,着重解决木漆器的防冻、脱水开裂、漆器漆皮脱落和运输过程中的防损伤等问题。木漆器由于长期浸泡在水里,吸收了大量水分,经初步测试,其含水率为400%—600%,如不及时处理,一旦游离态的水凝结成固态的冰,会引起冻裂。因此,专家在对出土的木漆器进行简单清洗之后,喷涂含多元醇的防冻和保湿剂的溶液(在高温、高湿气候条件下,溶液中还应加入防腐剂),对木漆器进行科学的保护,这些化学材料极易清除,不会对后续处理产生不良影响。

此外,在文物的包装与运输方面,专家考虑到木漆器上的彩绘和漆皮不能受到丝毫的摩损,结合出土文物的特征,采用三层包装方式,以减少文物的摩擦与损耗。现场出土的许多长条形的木漆器,横截面小(长度50—120 cm,横截面直径2—10 cm),质地脆弱不堪,如在运输过程中轻微受力,即会断裂。此类器物有:车辐、车轮、车马器上的伞盖、木俑手持的兵器、马腿、木俑和建筑模型木构件等。专家在现场使用三夹板对文物进行托垫或夹裹,然后外加三层包装。紧贴文物的第一层,用柔软性优良的宣纸贴附,宣纸包装的优点是:既能保湿,又不会产生滑动摩擦,对易脱落的彩绘和漆皮的保护十分有益。第二层用潮湿海绵包裹,潮湿海绵具有保湿和缓冲压力的双重效果。第三层,也就是最外层,用塑料薄膜包装、密封,以防止水分挥发。这样的包装形式取得了十分令人满意的效果。

在对文物进行运输的过程中,为减少震动与摩擦造成的损伤,专家认为应选取合适的交通工具,采取相应防震措施,使包装箱能够稳定地固定在交通工具上。同时,包装箱在车辆上摆放的位置,应与易损坏的方向即车辆行驶的方向呈90°,这样可以最大限度地减少文物的受力。另外,在包装箱内放入大量的稻草等填充物。运输途中做到缓慢行驶,力求平稳,减少颠簸,控制装卸、搬运的次数,最大限度地确保文物运输安全。

结合以上案例可发现,在考古发掘现场对文物进行抢救性保护的过程中,提倡因地制宜,具体问题具体分析,应当将经验和理论相结合,根据当地的环境与文物的特性制定相应的保护方案,并且根据文物的保存情况等实际情况,采取相应的保护方法,因地制宜、因物而异,避免教条式的套用方法。

1.4 文物的包装与运输

1.4.1 文物的包装

1. 文物包装的定义与原则

文物包装是指使用一定的包装材料、容器等对出土文物进行包装的操作,其主要作用是保护文物实体的安全性以及维持文物的历史、艺术、科学价值。在考古发掘现场对出土文物进行妥善的包装,有利于控制包装内文物的保存环境,保障文物在运输过程中的安全。根据出土文物特点与包装的要求,文物包装需遵循以下原则:

(1) 安全性原则

安全性原则是文物包装工作的第一原则。在文物包装过程中,要保证包装设计、包装材料、包装技术的科学性,最大限度地保证文物实体和文物信息的安全。因此,需要根据出土文物的特性,采用合适的包装材料,选择合理的包装方法、科学的包装技术,确保文物包装可以有效地保障文物的安全,避免文物在保存、搬运等环节出现损坏。

(2) 真实性原则

真实性原则是文物包装工作需要遵循的重要原则。要求在进行包装操作的过程中,确保文物实体与文物信息的真实性和完整性。尤其需要注意的是在选择包装材料时,应避免选择可能对文物实体造成伤害或污染的材料,同时也应注意减少包装材料与文物的摩擦,以免造成损耗。

(3) 选择性原则

选择性原则是指根据出土文物的性质、保存情况、损害因素等进行综合评价,再选择科学的方法进行包装。对于一些保存状况不佳、受损较为严重的文物,应根据整体情况判断采用何种包装材料与包装技术。若条件允许,也可先对文物进行临时加固,再进行包装与运输,避免因人为操作不当对文物造成破坏。

(4) 科学性原则

科学性原则是指文物的包装必须符合科学,不能仅凭经验进行判断。一方面,可以利用现代先进技术、材料、工艺手段,科学地制定包装方案,充分保障文物的安全;另一方面,包装设计应当具有便利性,有利于后续的运输、记录、保护等工作的开展,并做到包装的标准化和规范化。

(5) 环保性原则

环保性原则也是文物包装的重要原则之一。在进行包装设计时,应充分考虑环境保护的要求,增强环保意识,对于可回收利用的包装材料进行重复使用,尽量使用绿色环保、易于回收、容易降解的包装材料,节约包装资源,形成完整的包装废弃物良性循环利用机制。

2. 文物包装技术

(1) 文物包装工艺

文物包装工艺主要包括接触面包装、阻隔包装、防震与缓冲包装、箱体外包装、集装箱体包装等。在考古发掘现场,需要根据文物的形状、结构、性质等选择相应的包装工艺。

接触面包装是指与文物直接接触的包装,通常使用一些质地柔软的材料,如绵纸、宣纸等，可以防止其他包装材料与文物发生摩擦。阻隔包装是用来控制文物包装内部环境的包装方式，通过包装阻隔外界的光照、微生物、氧气等危害因素，同时保证包装内部文物温度、湿度的稳定。防震缓冲包装是为减缓文物受到冲击和震动，使其免受损坏所采取的一定防护措施的包装[13]，主要是减少文物在搬移、运输过程中由于机械性损坏对文物造成的损伤。防震缓冲包装的方法主要有三种，即全面防震包装、部分防震包装与悬浮式防震包装，其中全面防震包装与部分防震包装主要是在文物和外包装之间全部或部分装填防震材料，悬浮式防震包装是采用绳、带、支架等将文物包装悬挂在箱体内，从而避免震动带来损坏。在实际工作中，需要根据出土文物的性质与保存状况，选择适宜的包装工艺和包装方法。

（2）文物包装结构

文物包装结构主要包括外包装和内包装两种。① 外包装。一般来说，外包装应具有较强的防震、防冲撞、防水、加固和抗压的性能，文物外包装箱通常被设计成长方体，且材质多为木箱，便于集装运输。根据运输方式及运输对象的不同，选择的外包装箱的规格有所不同，对于大型文物，如石雕、陶塑、屏风、家具等质量、体积较大的，应直接装箱，箱体尺寸一般根据文物外形尺寸而定。具体可参照国家文物局《出国（境）文物文物包装工作规范》、《硬质直方体运输包装尺寸系列》(GB/T 4892—1996)、《运输包装件尺寸界限》(GB/T 16471—1996)中的相关规定，使文物包装箱尺寸尽量符合运输、装卸等各个环节的要求。② 内包装。内包装主要是指处于文物与外包装之间的材料，应具有柔软、防震、防水、不褪色等特点。一般来说，内包装箱（盒）的设计应当重点考虑材料防震效果，同时应根据文物的保存状况、性质等作出综合判断。例如，保护文物需要保持环境干燥，可在包装箱内放置干燥剂、防虫剂等。内包装的规格尺寸也应根据文物的外形尺寸而定，且多设计成长方体，便于与外包装组合放置。

（3）文物包装材料

文物包装材料分为主要包装材料和辅助包装材料两种类型。主要包装材料是构成文物包装的主体材料，应对文物起到一定的防护作用，木材、瓦楞纸、复合材料等较为常用。辅助包装材料起辅助作用，使文物包装的保护功能更加完善，常用的有棉衬垫、毡垫、绵纸等衬垫材料，海绵、聚氯板和聚苯板等防护、减震材料，胶黏剂等黏合材料，密封胶条等密封材料，隔板、衬片等隔离物，捆扎带、铁钉等紧固物，以及标签等标志物。

文物包装材料的选择要根据出土文物的特性、保存情况以及包装运输的环境进行综合考虑。文物包装的作用主要体现在两方面，一是对文物的防护，防止在运输过程中由于冲击、震动等对文物造成破坏；二是对文物实体和文物信息的保护，防止文物在出土后因光照、水分、含氧量、微生物等自然因素的影响遭受损害。因此，在选择文物包装材料时，需要选择抗压性能强的包装容器、高性能的缓冲材料和阻隔材料，尽力避免环境因素和人为因素可能对文物造成的损害。同时应根据文物的性能、保存及运输环境的要求，并结合生产工艺和成本费用等进行综合考虑，合理选择。

(4) 文物包装的技术与方法

文物包装的技术与方法直接决定了文物包装的质量，选择合适的包装方法对于文物的保存、运输具有重要的作用。文物包装的技术主要包括防潮包装技术、防锈蚀包装技术、防霉包装技术等。文物包装的方法主要有紧压法、悬空减震法、镞挖法、捆扎法、点式固定法等。对于保存情况较好的文物，可以采用紧压法，将文物用海绵等包紧，置于木箱中；对于保存状况较差的文物，可以使用悬空减震法，将文物悬空固定于箱内，减少应力破坏；对于小件器物，如玉器、瓷器、金银器等，可以在海绵板上挖出凹槽，将器物置于箱内凹槽中，并使用镞挖法使文物不移位；对于体积和重量较大、造型复杂的器物，可以使用捆扎法，将其捆绑固定于多层背板上。因此，在进行文物包装时，要根据文物的特点和要求，选择合适的包装技术和方法，设计出科学、有效、合理、绿色、安全、经济、牢固的文物包装，进行有效的包装处理。

1.4.2　文物的运输

1. 运输前的包装保护

(1) 文物的内包装保护

在运输前，需先对文物进行包装，有效的包装可以减少文物在运输过程中可能遭受的颠簸、震动、摩擦及碰撞损坏。为了提高运输的安全性，对于一些贵重文物或有重要意义的文物，可以采用囊匣对文物进行内包装，起到缓冲的作用。一般来说，文物的内包装应根据文物的保存状况、种类、性质等来选择，可以使用经过消毒的棉花作为软囊或使用硬纸板制作硬囊。在文物内包装中使用囊匣有利于固定文物，可对文物起到一定的保护作用，一方面，内包装可以隔绝空气中的有害气体,另一方面可以保持文物所处环境温度、湿度稳定。此外,也可以隔离尘埃,避免光照、微生物、有害气体等对有机质文物的机械强度造成破坏,导致文物出现糟朽、霉腐、褪色等损害。

(2) 文物的外包装保护

在文物的运输过程中,外包装对文物起到直接的保护作用。选择外包装时除了要考虑文物的防水、防潮、防震、防挤压等特殊要求外,还要根据交通工具的宽度和高度,选择合适的包装尺寸。由于交通工具的不同,在运输中也应注意对文物外包装的保护。例如,采用船运时,需要在包装内加垫防潮材料,对于对湿度比较敏感的文物,可以使用干燥剂,保证文物在运输途中的环境稳定。整体来说,文物的外包装需要具有坚固耐用、拆卸方便、整齐简洁的特点。

2. 搬移及运输中的保护

将文物装入外包装箱后,需要固定箱体,防止搬运过程中箱体破裂造成文物损坏,同时在箱体外需贴封条并上锁,刷上编号、勿压、易碎、怕湿、不可倒置、小心轻放等标识。在搬移过程中,要保持箱体稳定,注意要轻、要稳,并且严格按照搬运文物的操作规程搬移,在装车(机、船)之后,用绳、网等固定包装箱,使箱体牢牢地固定在交通工具上,在运输过程中,需要保证交通工具的平稳行驶,避免急加速、急刹车等操作,减少颠簸、碰撞等对箱内文物造成的损伤[14]。另外,需要尽可能地减少装卸包装箱的次数,避免文物在多次转运中出现损坏。

与此同时,关于文物的运输,也需要做好保密和防范措施,对于文物的运输路线、时间、地点等信息要尽量保密,对于珍贵文物,更应在每一次运输的过程中,安排正规的安保人员(或武警、公安人员)随行押运,负责运输过程中的安全保卫,要做到人不离物,物不离人,最大限度地保证文物的安全[15]。

参 考 文 献

[1] 冯恩学.田野考古学[M].长春:吉林大学出版社,2008.
[2] 瞿旭东.地球物理勘探方法在考古勘探中的应用:以梵王寺矿井首采区考古勘探为例[J].科技经济导刊,2016(25):64,118.
[3] 李存信.考古现场处置与文物保护技术[M].北京:中国社会科学出版社,2016.
[4] 杨璐.考古发掘现场文物保护技术[M].北京:科学出版社,2012.
[5] 王芳.考古发掘现场文物保护中的整体提取技术分析[J].文物鉴定与鉴赏,2019(17):

162-163.
- [6] 容波,周珺,刘成.考古发掘现场出土脆弱遗迹提取方法研究述评[J].文物保护与考古科学,2016,28(3):122-126.
- [7] 徐浩.考古发掘现场文物损坏的原因及保护措施分析[J].文物鉴定与鉴赏,2018,132(9):100-101.
- [8] 周双林.谈谈考古发掘中文物的现场保护[J].文物世界,1999(4):37-40.
- [9] 李芬花.试论考古发掘中文物的现场保护[J].文物鉴定与鉴赏,2016(8):106-107.
- [10] 张婷,林艳慧.试析考古发掘现场文物保护措施[J].文物鉴定与鉴赏,2018(15):158-159.
- [11] 阳承良.益阳兔子山遗址出土简牍现场保护[J].湖南省博物馆馆刊,2017(13):600-605.
- [12] 赵西晨.发掘现场文物保护急救车的试制[N].中国文物报,2011-11-11(4).
- [13] 马立治.浅谈外展文物的科学化包装与运输[J].中国包装,2020,40(3):20-23.
- [14] 万洁,杨华.考古现场文物保护方法试析[J].吐鲁番学研究,2016(2):113-119.
- [15] 周炎炽.浅析文物藏品在搬迁、运输工作中的包装安全问题[J].文物鉴定与鉴赏,2020(5):102-103.

第 2 章　文物分析技术

2.1　文物实体分析技术

2.1.1　文物本体与文物实体

在文物保护研究过程中,经常会面对文物的各种状态。同一文物处于不同状态,所含信息种类、信息量以及文物价值都存在很大差异。实际上,保存至今的文物曾经有过无数个状态,对文物某些重要状态的认知,同时赋予其特定概念和名称,这其中就包括"文物本体"和"文物实体"概念。

"文物本体"是古人利用特定的材料,经过一系列的工艺过程,制作出某种具有使用功能的产品。产品在诞生的那一刻,即处于文物的始态。产品的物质实体就是"文物本体"。例如,古人制作一件青铜鼎,在这件青铜鼎制作、加工完成的那一瞬间的文物,就是这件青铜鼎的文物本体。

那什么是"文物实体"呢？文物本体在经历漫长历史岁月的过程中,由于文物本体中组成材料质点的运动以及与环境中物质相互作用,文物本体在材料组成、性能等方面均发生了一系列变化,变化后的文物本体称为"文物实体"。例如,青铜鼎在地下埋藏一段时间后,鼎的材质会发生变化,如发生氧化反应,从而产生氧化后的新的物质,青铜鼎发生变化后,文物实体与变化的那一部分的总体被称为"文物实体"[1]。

在理论上,文物始态即文物刚生产出来时的产品状态,所对应的是文物本体,也就是说,文物本体材料是文物实体材料的组成部分。文物实体分析也就是对原本的文物本体组成材料以及老化的情况及其产物进行的分析。

2.1.2 文物实体材料分析

1. 表观分析[2]

文物表观分析的对象包括形状、颜色、尺寸和质量、表面污染物、手感、厚度、白度、匀度等。具体分析方法如下:

(1) 颜色。目测或采用超景深显微镜观察文物的表面色彩,也可以使用色度仪来测量。色度仪可用于分析物体(纸张等)反射的颜色和色差,ISO 亮度(蓝光白度 R457)以及荧光增白材料的荧光增白度,CIE 白度(甘茨白度 W10 和偏色值 TW10),陶瓷白度,建筑材料和非金属矿产品白度,亨特系统和亨特白度,黄度,试样的不透明度、透明度、光散射系数和光吸收系数,油墨吸收值等。

(2) 尺寸和质量。用尺子测量文物的长、宽、高;用电子秤称得文物的重量。

(3) 表面污染物。使用超景深显微镜和扫描电子显微镜观察分析样品表面污染物情况。

(4) 手感。根据触摸文物时的手感,可将粗糙程度分为平滑、一般、粗糙三个等级。但由于很多文物出土后极其脆弱,如大部分有机质文物出土后都如同烂泥一般,触之即毁,所以无法触摸它们,也无法判断其手感。

(5) 面积。通常采用方格计量法,可用于计算纸质、纺织品等文物的面积。

(6) 厚度。可根据国标 GB/T 451.3—2002,用厚度仪测量文物的厚度。

(7) 白度。使用白度仪测量。

(8) 匀度。根据迎光目测的情况,可以大致判断纺织品的纱线匀度、纸张的纤维匀度。例如,将纸张透光性基本均匀一致的定义为良好;有一定差别或纤维局部团聚的定义为一般;明显薄厚不一或有较多团聚的定义为差。

2. 材质分析

（1）纸质文物

① 纸质文物主要材料分析

纸质文物的主要材料是纸张，纸张又可以分为手工纸和机械纸，而古纸主要是手工纸，手工纸有麻纸、皮纸、藤纸、竹纸、绵纸等。造纸的主要原料是植物纤维，植物纤维的种类很多，主要可分为韧皮纤维、茎纤维和种毛纤维[3]。要确定纸质文物的造纸原料，可以使用傅里叶变换红外光谱仪（fourier transform infrared spectrometer，FTIR）、高效液相色谱仪（high performance liquid chromatography，HPLC）、质谱仪（mass spectrograph，MS）、纤维细度仪、超景深三维显微镜和电子扫描显微镜（scanning electron microscope，SEM）对纸张纤维进行观察、测量和分析。例如，FTIR可以用于分析纸张纤维的官能团结构；SEM、纤维细度仪和超景深三维显微镜结合可用于纸质文物纤维形态的分析[4]。通过使用能量色散X射线荧光光谱仪（energy dispersive X-ray fluorescence spectrometer）和扫描电镜能谱（SEM-EDS），可以分析判断纸质文物是否经过加填以及填料所含元素。

红外光谱法（infrared spectrophotometry，IR）是鉴定化合物和测定分子结构的有效方法之一，现在还有无损检测技术——傅里叶变换衰减全反射红外光谱（ATR-FTIR）。作为一种无损检测技术，其因灵敏度和准确度高，被用于研究物质表层成分与结构信息，且不受试样本体干扰，已成为纸质文物无损分析的重要手段之一[5]。核磁共振（nuclear magnetrc resonance，NMR）可以用于纸张材料的分析，使用NMR研究纸张的木质素和碳水化合物结构，可以评估纸张的质量。

纸张表面纤维形态可利用超景深显微镜或纤维细度仪进行直接观察，同时还能使用以上设备获得纸张的工艺信息，如是否有经过涂布、加填、施胶、砑光等处理[2]。

涂布，是指在原纸上涂上一层涂料，使纸张具有良好的光泽。通过观察涂层的显微图像，可以发现纸张表面及浅层内有颗粒状或凝胶状物质，其形状因涂料的成分不同而异[2]。

加填，是指在纸浆中加入黄豆汁浆、淀粉或磨细的滑石粉，填充纤维间的空隙，以改善纸张平滑度和吸收性能[2]。

施胶。对纸张使用胶料的工艺称为施胶。将胶料施于已抄造而成纸张表面的工艺称为表面施胶;在抄纸过程中将胶料施于纸浆中的工艺称为内施胶。区分两者的方法是,表面施胶的纸张在表面显微图像中可看到一层薄膜,在内施胶的纸张上则看不到表层薄膜而表层下可见胶料分散附着于纤维上或纤维之间[2]。

砑光:又称锤纸,是指利用砑石或棒槌等重物在纸张表面上施以压力,使纸质更加紧密。该类纸张在表面显微图像中表现为纤维间孔缝的减少或消失,其纤维结构变得更为紧实、致密[2]。

② 纸质文物辅助材料分析

纸张上还有书写使用的墨水、印刷使用的油墨、绘画使用的颜料以及为了提高色牢度而添加的胶黏剂等辅助材料,这些也是纸质文物的组成部分。结合X射线荧光光谱分析(X-ray fluorescence,XRF)和拉曼光谱(Raman spectra)可以对古代纸质文物颜料和墨的化学结构进行分析[6]。我国古代所使用的胶黏剂主要是一些天然的有机化合物,如植物胶、鸡蛋(蛋清)、动物胶(皮胶、动物血液、骨胶)等。使用 IR 可对胶黏剂的主要成分进行分析,对植物胶可采用淀粉粒分析,动物胶则可采用质谱进行成分的鉴定分析。

③ 老化情况分析

老化会使得纸质文物的本体材料处于不稳定状态。受保存环境中温度、湿度、光照、生物等因素的影响,纸质文物本体材料会发生糟朽,进而演变成絮化。光照会导致纸质文物变色,酸性腐蚀会导致纸张变脆,继而炭化。因此,可以利用 FTIR 和近红外光谱(NIR)、NMR、Raman spectra 等对纸张老化状态、纤维素结晶度等进行分析。尽管目前利用 Raman spectra 无损判断纸张老化程度的技术有了一定的发展,但获得的大多为半定量的比较结果,无法与纸张物理强度、聚合度、酸碱性等具体老化指标直接关联在一起[6]。

(2) 纺织品类文物

① 纺织品文物主要材料分析

纺织品文物是由纺织纤维经过加工织造而成的。按其纤维原料可分为:动物纤维和植物纤维,动物纤维主要包括毛和丝,植物纤维主要包括棉、麻和葛。

对纺织品文物的本体进行分析,主要是对其纤维原料进行鉴定。近年来,在纤维种类的鉴定方面,主要使用光学显微镜和 SEM 进行分析鉴别;在纤维组成结构与成分分析方面,常采用 IR、氨基酸序列分析等方法[7];对组织结构的鉴定主要使用视频显微镜进行观察。例如,SEM 可以像普通光学显微镜一样拍摄纺织品文物纤维的显微图像,通过对天然纤维的纵向和横截面形态进行比对,即可较为准确地鉴定出纤维的种类。如果能将 SEM-EDS 与激光拉曼分析(LRS)等方法结合起来,不但可以检测纺织品文物的元素组成,还可以确定纺织品文物的分子结构;而 SEM-EDS 与二次离子质谱(SIMS)的组合,不仅可以获取试样表面和内部成分,还可以对元素从轻元素到重元素做分析,其应用范围更广、功能也更强大[8]。

② 纺织品文物辅助材料分析

制作纺织品文物时常会使用颜料和染料进行染色或绘制图案,所使用的颜料大多为矿物颜料,可使用 Raman spectra、XRF 和体视显微镜等对颜料进行鉴别[9];染料分为植物染料和动物染料,目前,HPLC 及其联用技术常被应用于纺织品文物染料的检测,表面增强拉曼光谱技术(SERS)也被广泛应用[10]。

媒染剂是纺织品植物染色过程中常用的重要辅助材料,运用 HPLC、SEM 及能量色散 X 射线光谱仪(EDX)来分析古代纺织品纤维上的铁、铝与硫的比例,可以判断媒染剂的种类。古人用矿物颜料进行染色时,颜料中常含有胶黏剂,运用 IR 可以检测其官能团,从而判断胶黏剂种类。

③ 老化情况分析

SEM 可以用于观察纺织品样品的纤维表面,如裂隙的分布和走向、断口类型、变形程度等,从而判断纺织品文物老化程度。而将文物样品的红外谱图指纹区吸收峰与现代标准纤维的进行对比,通过分析谱图的峰位与峰高可以得出吸收峰强度的变化与位移情况,进而解析纤维化学基团的变化[11]。

(3) 竹木漆器

馆藏竹木漆器文物包括竹器、木器、漆器三大类。竹、木器指以竹、木为基体材料制作而成的文物。漆器指以竹、木、皮、麻等为基体材料,且在其上髹以生漆制作而成的文物,漆器主要由胎体、漆膜及装饰三个部分构成[12]。

① 竹木漆器主要材料分析

竹木漆器表面的漆膜是古代竹木漆器的重要组成部分,所以对漆膜进行鉴定和成分分析至关重要。采用 IR 可以获取生漆的漆酚等特征物质的官能团吸收峰,从而鉴别漆膜。随着现代分析技术的进步,显微红外等技术的发展和普及,可以实现对漆膜的无损或微损检测,其鉴定过程也符合文物保护的原则。但生漆成分复杂,髹漆过程中添加物种类繁多,或多或少会干扰红外光谱的分析。同时,漆膜是漆液聚合后的产物,溶解相对困难,对现代仪器分析的样品制备造成一定阻碍,且因在聚合过程中加入了许多添加物,测试结果也会受到影响。因此,对漆膜进行分析和鉴定有必要综合多项分析检测的结果,使其能做到相互佐证。鉴于漆膜的物质属性,裂解色谱(PY-GC)、裂解质谱(PY-MS)以及与 IR 等的联用技术在漆膜的鉴定中也被广泛使用[13]。

② 竹木漆器辅助材料

竹木漆器上常会有金银等金属装饰物,可采用金相显微镜观察其金相组织,再进一步分析其加工工艺。漆膜上也会使用彩绘颜料,采用 XRF 和 Raman spectra 可以分析彩绘所使用的颜料种类[14]。

③ 老化情况分析

经由地下埋藏的竹木漆器,在水分、空气、土壤酸碱度、微生物等因素的作用下,会发生严重的腐变现象,参照《木材含水率测定方法》(GB/T 1931—2009),使用含水量测量仪可以对木漆器进行含水率测定[15]。此外,可用离子色谱分析仪(HPIC)检测盐类病害的种类及其含量,木材综纤维素分析可用于检测漆器胎体的糟朽程度[16]。综纤维素也称全纤维素,是指在植物纤维原料中除去木素后,所残留的全部碳水化合物,即纤维素和半纤维素的总和。

(4) 金属类文物

金属类文物包括青铜器、铁器、金银器、锡器、铅器等,一般是通过矿物冶炼、铸造或锻造成一定形状而制得的器物。

① 金属文物主要材料分析

对于金属类文物,可使用 XRF 进行成分分析,从而得出金属文物的合金配比。金属文物样品经树脂镶嵌、磨抛后,可使用金相显微镜观察其金相组织,从而分析金属文物的加工工艺。

② 锈蚀产物分析

金属类文物的病害主要包括锈蚀、矿化、破损、残缺、变形、穿孔、开裂等。可运用偏光显微镜、XRF、X 射线衍射技术(XRD)、Raman spectra、SEM 对金属文物的锈蚀成分和结构,即表面锈蚀状况进行分析,获取锈蚀产物断面微结构和元素分布情况[17]。虽然采用 X 射线光电子能谱技术(XPS)分析金属文物的腐蚀产物可以判断金属的腐蚀机理,但是由于该技术只能提供样品的表面信息,不能为整体成分分析提供依据,因而需要使用一种更为灵敏的分析技术来对氧化层或腐蚀层的成分情况进行分析,XPS 结合离子刻蚀的深度剖析可以很好地满足检测需要。

(5) 陶瓷类文物

陶器是由经过淘洗和沉淀后的黏土烧制而成的器物。黏土实质上是岩石风化的产物,由石英、长石及金属矿物按不同比例组合而成。瓷胎的原料是以高岭土、石英、长石混合而成的特殊黏土。瓷器不同于陶器的最大特征是使用了釉彩。所谓釉,实为硅酸盐,也就是玻璃。

① 陶瓷类文物主要材料分析

对于陶瓷器文物本体的测定,可采用中子活化技术(NAA)、原子发射光谱分析(AES)和原子吸收光谱分析(AAS),以检测陶瓷器胎釉中的常量、微量、痕量元素种类及含量。原子吸收光谱常用于分析硅酸盐文物成分的差异,如鉴定古陶瓷的窑口、玻璃器的产地等。XRF、同步辐射X射线荧光光谱(SRXRF)等多种技术手段可以用于分析陶瓷残片的结构和成分,以便于对其产地进行溯源[18]。

② 损蚀产物分析

陶瓷文物所遭到的破坏主要包括器物本体的损坏和机械性损坏,如破损、断裂、划痕、裂缝等;以及受到雨水、酸、碱、盐等因素的影响而产生的损蚀,如陶器彩绘起翘、卷曲、脱落、颜料褪变色,盐析污染,表面沉积物等。采用XRD可分析盐分的组成和物相,为之后除盐方法的选择提供依据[19]。

(6) 石质文物

① 石质文物主要材料分析

石质文物主要包括石刻文字、石雕(刻)艺术品与石器时代的石制用具三大类,以及文博单位收藏的各类建筑石构件、摩崖题刻等[20]。其制作时所使用的主要材料为各种石材。SEM、XRD、XRF等是常被用于分析石质样品的成分或形貌的微损检测技术[21]。XRD也常被用于石质文物风化产物的分析、壁画制作材料的研究,以及矿石、矿物颜料等无机质文物的基体材料及蜕变产物的研究。XRF可以一次性鉴别出石质文物样品中的元素[22]。

② 风化产物分析

石质文物的主要病害类型包括断裂、剥落、缺失、裂隙、表面泛盐、表面风化以及表面污染等。对于风化酥碱岩石表面、表面硬结物等,可采用XRD进行分析,以获取石质文物表面污染物的成分信息。

2.2 文物病害分析

2.2.1 纸质文物

1. 纸质文物的常见病害及其成因

纸张主要化学成分为纤维素、半纤维素和木质素,其材质决定了该类文物易发生水解、氧化老化、虫害、霉菌等病害。纸质文物的主要病害可分为纸张病害与写印色料病害两种,其中纸张病害包括水渍、污渍、皱褶、折痕、变形、断裂、残缺、烟熏、碳化、变色、黏连、微生物损害、动物损害、糟朽、絮化、锈蚀等[23]。书画类文物其纸张部分除可能发生上述纸张病害外,还可能发生脱色、晕色、字迹扩散、字迹模糊及字迹残缺等病害[23]。

纸张中的纤维素很难水解,但它可以被木霉、青霉、曲霉、根霉等微生物分解、利用。一旦发生水解,就会生成水解纤维素,相对原来的纤维素来说,水解纤维素的聚合度会变小,纸张的机械强度会下降。真菌可以形成菌丝体网络,促使其渗入纸张内部,其生长代谢过程中产生的酸性物质、纤维素酶及机械作用均会导致纸张纤维素的降解[24]。微生物生成的色素会使纸张变色、遮挡字迹,严重降低纸质文物的观赏价值。

在阳光或空气的作用下,构成纤维素的二糖脱水聚合而成的生物多糖会发生氧化,其中葡萄糖残基的 C_2 原子和 C_3 原子上的羟基氧化生成羰基,将导致纸张物理强度降低,出现泛黄、脆化、断裂、破损等病害[25]。

虫蛀、鼠咬会使纸质文物千疮百孔;害虫产卵孵化出的小虫又会咬烂纸张并结蛹成虫;有些害虫还会排泄出有色污染物污染纸张,而它们的尸体则会成为某些菌类的营养源,诱发霉害。

酸性物质的存在对于纸张保存极为不利,当纸张中 H^+ 浓度增大时,纤维素分子链中的 1-4-β 苷键活化能降低,容易断键,造成分子链断裂[26]。

灰尘的成分十分复杂,它以固体微粒形式存在,落于纸张之上,当纸张被翻动时,会产生机械摩擦,长此以往会使纸张划伤,降低纸张的机械强度和抗拉强度,还易使字迹模糊甚至颜色脱落。

湿度对纸质文物的影响也很大。在湿度过高的环境中,纸质文物极易因吸收周围环境中的水分而发生变形,使字迹褪色,发生潮解现象,同时这种环境也为霉菌的滋生和有害气体的吸收提供了便利。相反,环境湿度太低、过度干燥也会引起纸张的变形和拼接处开裂。

在以往的修复工作中,待修的卷轴文物通常存在三种病害情况,即:① 文物长霉、长毛,霉斑形成的色素对画面造成的污染严重。② 画面尘埃覆盖,多虫斑、蝇污等,纸绢黄变、酥朽。③ 画面色彩层脱胶、起翘、脱落。

(1) 产生霉害的原因

卷轴文物在收藏过程中,一旦受到雨淋、水浸等恶劣环境的影响,就会发生霉害。严重的时候,整件文物都会长满白毛,有的还会变成黑色。经风干或阴干后,有些卷轴文物会变成干硬的纸棒,以至于不能展开。有的初看起来损伤不太严重,实际上其画芯材料的强度已经大大降低。在一定的温度、湿度条件下,纸张会反复长霉,加快文物的受损速度。

绢本绘画和装裱使用绢、绫、锦等材料,其材质属于动物纤维,主要成分是蚕丝蛋白。蚕丝蛋白是微生物能利用的营养源。霉菌的菌丝体会分泌出蛋白酶、脂酶等水解酶,水解蚕丝蛋白,使文物的质地发生老化、材质的强度降低。

书画装裱中使用的浆糊、动物胶、蛋白质、纤维素中都含有霉菌所需的营养物质,微生物会对这类高分子物质进行分解吸收,并释放出相应的胞外酶。有实验证明,由于霉菌的活动,纸张的牢固性可在 5 天内就降低 50%。此类文物修复中常见的画芯片状脱落等情况,就是霉菌同化黏着剂——淀粉、动物胶等造成的。

有些霉菌在代谢过程中会产生色素。不同种类的霉菌产生色素的颜色也有所不同,有红、黄、橙、绿、黑等。色素会在文物上形成难看的霉斑。同时,菌体本身的堆积或它所产生的黏性物质会使蚀烂部位具有高度吸湿性,这些部位逐渐变软、发潮、发黏,时间一久,还会使纸张黏连在一起,形成"书砖"。

(2) 画面脏污和文物黄变的原因

除了霉菌污染造成的文物脏污外,库房降尘、泥污、虫斑等污染也十分常见。除了文物流传过程之外,库房的环境条件也是产生污染的重要原因。外部环境的改变在极易使卷轴文物的纸张性能变差、强度降低、虫害滋生。空气中的降尘不仅会使文物表面积尘、肮脏,其中的有害气体还会对纸张的变质起到加速作用。温度、湿度变化会使纸张的柔韧性降低或丧失,光照使纸张变黄变脆。库房发生虫害的事件在博物馆界也并不少见,我们修复的卷轴文物,几乎每一件上都有虫斑或虫咬的痕迹。情况严重的,整件文物都分布有被虫咬出的许多线状残损,甚至出现成片脱落。造成纸张黄脆、绢本酥朽、裱件脱落的另一个原因是在造纸过程和文物装裱过程中使用了白矾。在水溶液中,白矾会变成酸性的物质;大气中的硫氧化物遇水后会变成硫酸;在相对温度高、光照强度大时,其反应会加速,严重影响文物的寿命。

(3) 画面色彩层出现酥解、起翘的原因

纸质文物表面色彩酥解、起翘和脱落的内在原因是胶质的流失、变质和分解失效。潮湿的环境或先前修复工作中水的浸泡作用会使当初绘画时调制颜料所加的水溶性胶质出现部分溶解。已脱胶的色彩层在文物漫长的存放或流传过程中,受光线、降尘、温度和湿度变化等的影响,往往会出现进一步粉化、酥解或起翘。雨水等浸泡水中所含的各种盐分的溶解和结晶,以及微生物的滋生繁衍也常对色彩层产生侵蚀,使那些颗粒较大、涂层较厚的色彩层成片脱落。

2. 病害的分析技术

ATR-FTIR 作为一种无损检测技术,因其灵敏度和准确度高常被用于研究物质表层成分与结构信息,且其因不会受到试样本体干扰,已成为纸质文物无损分析的重要手段之一。Derieux[27]利用 ATR-FTIR 技术研究了古代韩国蜡纸的老化降解模式,其分别对韩国蜂蜡、新版蜡纸和原版蜡纸的表面结构进行了表征,发现原版蜡纸经过长期保存后,较蜂蜡和新版蜡纸而言,表面羟基和醛基含量大幅增多,而长链烷烃和单酯含量降低,这说明蜡纸表面的老化降解主要发生在烷烃分子链及与酯类分子结构的连接处。

Raman spectra 是一种散射光谱,能够提供物质的物相结构信息,具有原位、无损、微区分析等优势。显微拉曼光谱的空间分辨率能够达到 1 μm,研究人员既能够获取单根纤维的信息,也能够避开单根纤维获取其他相关信息。这些特点使得 Raman spectra 逐渐成为研究纸张老化状态的一种有效手段。BRANDT[28]利用傅里叶拉曼光谱结合 ATR-FTIR,对老化纸张上的一种病害狐斑进行了研究,并对激光清洗前后纸张的光谱变化进行了比较。该研究发现通过利用 Raman spectra 和红外光谱在 1500—1700 cm^{-1} 和 2700—2800 cm^{-1} 处光谱的区别,能够成功辨别出未明显变色的狐斑区域和非狐斑区域。

纸质文物的载体为多孔材料,纸张的内部结构、透水性以及与水的相互作用等对评价文物保存状态、制定合适的保护修复方案以及保护处理的效果和耐久性非常重要。通过运用核磁共振研究纸张木素和碳水化合物结构,可以判断纸张的质量[29]。不同纸张的核磁共振自旋弛豫时间 T2 与纸张纤维的结晶或无定型区有关,核磁共振对纸张的老化降解和酶降解非常敏感,可以通过分析自旋弛豫时间得出纸张老化降解的有关信息。

利用现代分子生物学与微生物学手段,通过对古代书画文物上的霉菌进行分离纯化培养,可以对其类别和种属关系进行分析。闫丽[30]等利用 ITS 区 rRNA 序列法,对一批来自中国文化遗产研究院的书画上的 22 种霉菌进行了分离鉴定,并提出了环境控制的相关建议。

扫描电子显微镜(SEM)具有样品制备简单、微区分析、分辨率高、分析快速等特点,可以获得霉菌立体构型的真实图像,有利于从形态学角度对文物霉变病害进行快速检测[31]。杨娟[31,32]利用扫描电镜对不同画作进行了观察并分析其劣化机理。扫描电镜的应用为纸质文物霉变判定、研究有害霉菌的形态特征、明确霉菌的破坏机理等提供了超微形态学依据[26]。

2.2.2 纺织品文物

1. 研究纺织品文物的劣化机理

纺织品文物本身的材料属性决定了它具有"弱质"、易损、难以保存等特点。这类文物属于有机物,主要是由动物纤维(丝织品和毛织品)或植物纤维(棉织品和麻织品)所制成。动物纤维的耐碱性与其耐酸性相比较弱,若将丝织物放在碱性的水溶液中并将溶液煮沸,织物将变成浓稠的糊状物。它们还有很强的吸水性,尤其是由多孔的角质构成的丝和毛,但其膨胀超过一定限度时就不再能够恢复原状。植物纤维均不耐酸,但有较好的耐碱性。植物纤维与动物纤维有所不同,由于纤维水解的作用,它们在长期膨胀后往往难以再恢复。这些材料也易燃,并对光非常敏感,在光作用下容易褪色。

纺织品是高分子材料,同高分子聚合物的老化一样,纺织品的老化包括物理老化、化学老化、生物老化。

(1) 物理老化主要是在低于玻璃化转变温度时,材料逐渐向玻璃态转化而造成的[33]。物理老化产生的原因在于聚合物非结晶区在低于玻璃化转变温度时处于热力学非平衡状态,不需要外加热能或化学能来促使老化发生。由于物理老化严格来讲是温度的函数变化,因此可在极温和的化学环境中发生。以丝织品为例,物理老化可导致其纤维发硬、发脆。不过,这个过程是可逆的,使纤维的温度高于玻璃化转变温度即可去除物理老化。丝纤维在存贮过程中会逐渐变脆,其中部分原因是物理老化。这个过程是可逆的,有必要时可使用增塑剂,如水,来降低丝织品的玻璃化转变温度以去除物理老化。

(2) 化学老化。纺织品在加工、使用、埋藏及贮存等过程中发生变质,即材料性能变差,如泛黄、相对分子量降低、光泽丧失、强度和伸长率等力学性能下降,这种现象称为化学老化。从化学角度看,高分子材料都具有一定的分子结构,其中某些部位有弱键,这些弱键自然地成为了化学反应的突破口。化学老化主要涉及到共价键的生成与断裂[33],因此是不可逆的。在化学老化过程中,需要一定的能量来使化学键生成或断裂,其中最常见的来源是热、光、非纤维性化学物质。纺织品同大多数蛋白质类物质一样,当其暴露于光和热中时会发生降解。纺织品最主要的化学老化反应是聚合物链的断裂与交联。聚合物化学键的断裂导致分子量降低及分子量分布变宽,同时使纺织品的拉伸强度、断裂伸长和弹性降低。交联则使聚合物链间生成共价键。反应程度低时,交联会使纤维强度和韧性增强,但如果交联度高,则会显著降低丝纤维的断裂伸长并使脆性增强。

引起丝纤维降解的化学反应有两种:水解和氧化。酸、碱和氧化剂对丝纤维有着显著的影响[33],它们都会促使丝素发生水解而使其遭到破坏。总的来说,丝素对酸的抵抗力比碱强些,这是因为丝素在碱溶液中更易水解。酸或碱对丝素水解的程度主要取决于其中 H^+ 的浓度、处理温度和时间等。丝素长时间地暴露于弱酸或弱碱中比短时间暴露于较强的酸或碱中所受的损伤更为严重。丝素水解的结果是产生较短的肽链,端基氨基酸的数目可作为衡量水解度的标准。而完全的水解会导致氨基酸混合物的产生,且无定形区比结晶区水解速度更快。丝素对氧化剂很敏感,氧化剂会氧化丝素中的氨基酸侧链、端基氨基酸及肽链,致使纤维强度等性能或多或少地受到损伤,并生成有色物质。

光对丝素的氧化有催化作用。丝纤维对日光或紫外线的作用很敏感,是一般纤维中耐光性最差的[33],在日光照射下,丝纤维易泛黄、发脆。日光的作用,不只是使丝素结构中的氢键断裂,更重要的是还会促进丝素的氧化。脆化是由于光氧化使丝素肽链降解(即分子链切断)所致;变黄则被认为是丝素蛋白质中带芳香环的氨基酸残基酪氨酸与色氨酸发生光氧化作用而变成有色物。周围环境中的氧、水分是影响丝绸光氧化的重要因素,而纤维上附有的铁、铜、铅等重金属离子对光氧化有催化作用。日光中的紫外线会损伤蚕丝,其波长约为290—400 nm,290 nm 以下的紫外线被大气中的臭氧所吸收,因此日光中照射到地球表面的紫外线量仅占原先总量的5%—10%。光照也会引起染料的光氧化分解而导致褪色,高温对褪色有促进作用。

丝纤维的耐热性能较好[34],于100 ℃干燥时不会产生明显变化,只是含有的水分会大量丧失;110 ℃时亦无损于纤维,但长时间放置则会使纤维变成淡黄色;加热到130 ℃以上时,强度、拉伸度明显下降;温度达到170 ℃时,1小时后纤维即发生收缩、降解;温度达到280 ℃时,丝纤维会迅速炭化。热为丝纤维的氧化和水解提供能量,同时热量本身也可使纤维大分子链发生热降解,直至高温炭化。但研究表明,光比热对丝绸染料的影响大得多[35]。

蚕丝的黄变与降解,通常主要发生在非结晶区。一方面发生黄变的芳香族氨基酸主要在非结晶区;另一方面,分子链断裂主要是酪氨酸、缬氨酸、天门冬氨酸、谷氨酸、苏氨酸、亮氨酸等体积大的氨基酸残基分解而造成的,这些大体积的氨基酸也都存在于蚕丝的非结晶区中;此外,非晶区也是氧气、水分易于接近的区域。

(3) 生物老化。生物[36]对纺织品的破坏包括生霉、虫蛀、鼠咬等。由于一些细菌和霉菌会分泌酶使丝纤维发生某种程度的水解,且蚕丝本身为蛋白质纤维,为微生物的生长和繁殖提供了养料,故蚕丝应对微生物的稳定性欠佳。酶在作用过程中会产生CO_2和H_2O,因此生了霉的纺织品一般都潮湿发黏。一些霉菌的分泌物还可能使纺织品沾上颜色,生成难以去除的霉斑。虫蛀也是纺织品的常见病害,引起虫蛀的害虫有皮蠹、毛衣鱼等。由于适宜的温度、湿度是微生物生长的必要条件,因此控制保存环境的温度、湿度对于防止微生物老化非常重要。

2. 病害的分析技术

纺织品文物的动物损害、微生物损害、残缺、破裂、糟朽、污染、黏连、皱褶、晕色、褪色、水渍、印绘脱落、饱水等病害可以采取多种无损的分析手段,包括紫外荧光分析、色差分析、X射线衍射分析、红外光谱分析、X射线能谱分析等方法,对于蛋白质污染物,还可以采取茚三酮法进行鉴定[37]。对纺织品文物各种病害进行识别分析后,还应进一步测量其面积或长度。针对微生物病害采用台盼蓝染色法对微生物的活性进行鉴定。

通常拉伸强度的降低作为纺织品降解的宏观表征,是衡量老化程度的有效指标[36]。同许多有机材料的老化一样,化学反应导致纺织品材料的黄变,因此颜色的变化(色差)及黄变度[33]也是评价其老化程度的标准。化学变化及交联都对纺织品的分子结构有影响。很早以前,X射线衍射技术就被用于研究丝织品的β-折叠结构,该方法也被用于确定其光老化前后结晶度的变化。热分析可用于测定丝织品某些物质的分解温度,分解温度的降低表明分子结构内聚力损失。红外光谱也被用于确定蛋白质纤维结构上的变化。基于光老化主要是氧化作用的结果,因此会有NH_3产生,而水解则伴随有端基氨基酸含量增加的假设,测定丝绸中NH_3和端基氨基酸的含量可对光老化和水解老化程度做出评估[33]。

2.2.3 木漆器类

木漆器属于有机质类文物,其病害可分为胎体病害、饰件病害、漆膜病害、彩绘病害、字迹病害等,其中最常发生的胎体病害包括饱水、残缺、断裂、裂隙、变形、变色、动物损害、微生物损害、盐类损害、糟朽等,漆膜病害包括残缺、脱落、裂隙、卷曲、起泡等,彩绘病害包括残缺、脱落、褪色等[38]。

木器漆文物的降解方式包括自然化学降解与生物降解。

木器漆文物的漆膜耐酸、耐水、耐热、耐多种有机试剂,但不耐碱、不耐强氧化剂。对现代生漆膜进行的实验显示,在碱性环境下,生漆膜表面会出现多而大的空洞,吸水率增高,光泽度和耐热性降低,其主要原因是生漆膜中漆酚单元的侧链不饱和键被饱和成醛或酮[39-41]。由于透水性较差,饱水状态下出土的漆膜在相对干燥的外部环境中,易从其脆弱处断裂或从开裂处起翘,漆膜断裂的部位也随之发生起翘、卷曲[42]。

真菌和细菌等微生物对于胎体的细胞壁会产生结构性的破坏。能使木质文物降解的真菌主要为白腐菌、褐腐菌和软腐菌。其中白腐菌能降解菌丝寄生区域的所有细胞壁物质、次生壁与复合胞间层,造成大量的空洞;褐腐菌能快速降解纤维素,留下木质素力学性能极差的网状结构,其干燥时伴有表皮开裂的现象;软腐菌能降解次生壁内纵向的孔洞结构,对其力学性能造成严重影响[43]。而细菌降解类型分为隧道细菌降解、糜烂细菌降解和气蚀细菌降解三种[44-46],会对细胞壁产生不同程度的影响。

对于木器漆胎体的裂隙、残缺、断裂、变形、动物损害及微生物损害,漆膜的裂隙、残缺、脱落、卷曲、起泡,彩绘的残缺、脱落以及字迹模糊等病害,可以采用体式显微镜观察、X射线探伤、3D扫描、色差分析等方法进行观察[15]。对于饱水的木器漆,应对其进行含水率检测分析[47],目前含水率检测常用方法有烘干法、电阻法、近红外光谱法等。李超[48]以水分子中的质子为探针,利用核磁共振探究木材内部水分的变化情况,他发现木材的含水率与核磁共振的FID信号量高度呈线性相关,相关系数超过0.99,因此可以通过建立含水率与核磁共振FID信号的标准曲线实现木材含水率的核磁共振定量测量。对于出现盐类病害的木器漆,需采用离子色谱分析法来确定盐的具体种类。

对于木器漆出现的微生物霉变病害,也可通过扫描电子显微镜进行观察分析。对于具体的真菌种类,则需要依靠分子生物学方法进行鉴定。申艾君[49]等利用真菌18SrRNA基因鉴定法,对馆藏木器漆的表面霉菌进行了分析,鉴定出曲霉属(aspergillus)、脉孢菌属(neurospora)等15个属的32种霉菌为竹木漆器文物的主要污染霉菌。

2.2.4 皮革文物

1. 病害产生原因

皮革是一种天然高分子材料,主要成分是胶原纤维,一种长链结构的胶质状蛋白质纤维,具有三维立体网状结构,有很高的机械强度和韧性。胶原纤维的主要化学成分是胶原蛋白,大量研究总结得出:胶原蛋白具有独特的四级结构:肽链上特定的氨基酸序列Gly-x-y为一级结构;α链形成左手三股螺旋为其二级结构;三级结构是3条左手三股螺旋形成的右手复合螺旋;而四级结构是指原胶原分子中存在的4D交错的分子排列方式。其结构的变化可以简单地表示为:氨基酸—多肽—多肽链—原胶原分子—胶原微纤维—胶原纤维—胶原纤维束[50]。稳定胶原结构的主要为氢键、疏水键、范德华力以及胶原分子侧链相反电荷基团的作用[51]。

引起皮革文物劣化的因素主要可分为外因和内因。外因是指外界环境因素,主要包括来自文物保存环境的温度、湿度、紫外光、可见光辐射、空气中的有害气体、虫害、霉菌等。内因是指皮革自身组成成分的老化降解,即其主要成分胶原蛋白,以及制作过程中所使用的植物鞣剂单宁和加入的脂类物质等的老化降解。

皮革文物的劣化形式主要有物理机械损害、化学损害和生物损害三种[52]。当相对湿度变化时,胶原蛋白类材料的频繁收缩和伸展就会引发物理机械损害。化学损害是氧化物、氮氧化物和二氧化硫等环境污染物以及水解、光化学降解等造成的损害。化学损害的途径可以分为氧化和水解两种[53],氧化主要是受环境因素影响,水解主要是指酸腐蚀水解。氧化使胶原蛋白多肽链的主链断裂,同时侧链发生变化,反应最有可能发生在邻近 N 原子的 C 原子上[54]。胶原是天然极性蛋白质,易受周围环境酸碱度影响。在酸性或碱性环境中,胶原纤维分子链上的碱性基团和酸性基团分别与酸或碱发生反应,分子内肽键被打开,肽链断裂水解成短肽,甚至完全游离的氨基酸,分子间盐键和氢键也逐渐被破坏,导致胶原纤维网状结构被破坏。胶原蛋白若长时间浸在酸碱度很高的水中,则会被溶解为明胶,因此皮革文物的物理性能会大大下降[55]。由蛋白质组成的皮革文物是微生物的理想营养基,适当的温度和湿度非常有利于细菌和霉菌的生长繁殖,不仅微生物本身会对皮革文物造成损害,其分泌出的一些酶也会使蛋白质发生分解[56]。因此,微生物会使皮革制品表面长斑、物理性能下降。

在皮革文物病害中,板结是不可忽视的,轻度的板结会影响文物的手感,使皮革文物看上去僵硬、缺乏生机,但不会对皮质品本身造成十分严重的损害;如果在板结病害发生伊始没有得到应有的重视,伴随油脂、鞣剂和水分的进一步流失,板结病害的程度不断加深,皮革文物的完整性就会被破坏(断裂、脆裂),甚至变得异常糟朽,难以修复和保存,最终导致皮革文物的消亡[57]。

皮革中水按其与胶原蛋白的结合形态可分为游离水和束缚水[58]。游离水是指以物理吸附方式与皮革材料结合的水,它们位于相互交织的胶原纤维之间或多空间层,通过原纤维表面和原纤维之间的氢键和范德华力使其与聚合物分开,以增强自身的移动性。束缚水是指以化合方式与皮革结合的水,它与胶原结构形成一体,不能通过扩散或渗透移动。当湿度发生变化时,游离水在胶原纤维之间进出,而束缚水则保留在胶原蛋白分子内。游离水的进入会增加化学反应发生的概率,如氧化和水解。水分的流失会使胶原纤维粘黏在一起,影响纤维之间的相对运动,造成物理性能的变化,如柔韧性降低、皮革变硬。失去束缚水会改变分子间和分子内的键的排列,导致皮革僵硬变形。

2. 病害的分析技术

对于皮革文物病害的分析检测,目前常见的方法主要是 FTIR 与 NMR。

FTIR 作为一种光谱分析技术,其原理是利用不同官能团的特征吸收峰来分析化合物的组成和分子结构。FTIR 具有分辨率高、波长精度高、灵敏度高等优点,是研究蛋白质二级结构变化的有效手段。由于所需的样品量较少,特别适用于文物材料的无损或微损分析。Boyatzis S C 等[59]采用 FTIR,研究了人工老化羊皮纸胶原蛋白酰胺Ⅰ/Ⅱ带的二级结构,发现伴随着羊皮纸的老化,α螺旋结构含量减少,无规卷曲结构增加,故认为羊皮纸老化过程中出现的凝胶化现象与其微观结构变化有关。何俊[60]利用 FTIR 对热老化皮革进行分析,发现胶原分子中三股螺旋结构在热环境中被破坏。酰胺 A、酰胺Ⅰ、酰胺Ⅱ和酰胺Ⅲ的特征峰峰位逐渐向低波数方向移动,虽然峰位波数降低幅度不大,三股螺旋结构的破坏使牛皮革胶原分子构象发生变化,其有规结构部分减少,无规线团结构部分增多。胶原分子的结构有序性越小,其各酰胺键吸收峰的峰位就越低。

NMR 非常适合材料微观结构的研究,能够提供丰富细致的结构信息,是研究高分子材料微观结构的有效手段。它可以通过建立化学环境和化学位移之间的关联来获取化合物结构方面的信息。Aliev A E[61]利用固体核磁共振碳谱法对羊皮纸和明胶的劣化情况进行了评估,采用氢谱探究了束缚水的作用,通过氢谱和弛豫时间估算了结构水含量。研究表明,束缚水对胶原蛋白的结构稳定起着重要作用,羊皮纸的相对含水量与碳谱线宽呈线性关系,随着含水量的降低伴随着羊皮纸的劣化程度不断加深。

2.2.5 青铜类文物

关于青铜腐蚀机理的研究仍处于推测阶段,缺乏可靠的实验实证,而相关研究结果的分歧也很大[62]。有的学者认为腐蚀形式是孔蚀[63-65],有的则认为是晶间腐蚀[66-67];有的认为是α相(富铜相)优先腐蚀[68],有的则认为α相及δ相(富锡相)中究竟哪一相优先腐蚀,取决于氧的含量[68]等。关于青铜腐蚀机理的研究,众说纷纭,各说不一,未形成一致的结论。多年来,尽管学术界积累了部分研究成果,解决了一些青铜器保护问题,但是关于"青铜病"的问题至今未得到令人满意的解答,特别是关于 CuCl(产生"青铜病"的有害锈)的生成、生长过程及促进腐蚀的特点,人们仍知之甚少。

青铜表面腐蚀层是,溶解的金属离子从基体向外迁移、环境介质元素向内迁移,两个作用相结合所形成的[69]。所以,通过分析青铜表面腐蚀产物来推断腐蚀产生的原因,往往难以反映腐蚀产生的真实状况。因此,在对各国不同时期、不同出土环境的大量青铜文物腐蚀个例分析的基础上,深入研究古青铜器腐蚀机理,对防止青铜器进一步腐蚀、更有效地保护文物来说是十分必要的。

1. 青铜器常见病害

青铜器常见病害主要包括:残缺、裂隙、变形、层状堆积、层状剥落、孔洞、瘤状物、表面硬结物、通体矿化、点腐蚀和全面腐蚀。

2. 病害产生的原因

埋藏环境对青铜器产生的影响主要是:青铜器长期处于地下埋藏环境中,容易产生严重的锈蚀现象,且地下环境在不稳定情况下,容易发生不同规模的地壳运动,使青铜器在地下受到周围土体结构的严重撞击,发生破碎现象。青铜器表面容易被土壤中的有害物质附着,从而降低青铜器整体强度。

发掘过程对青铜器产生的影响主要是:在发掘青铜器时,如果难以准确把握文物掩埋的深度,可能对文物造成破坏,易发生工具与工具碰撞或者工具与青铜器碰撞的现象,不利于文物的完整保存。

发掘出土对青铜器产生的影响主要是:从保存环境角度来看,青铜器的埋藏环境长期处于缺氧状态,一旦出土,其与空气接触时间和面积逐渐扩大。在这种多氧环境下,青铜器发生锈蚀和氧化的概率相对较高。

3. 病害的分析技术

为使受腐蚀的青铜器文物能够长久保存,必须首先准确地获取青铜器文物病害的结构和成分信息,再制定相应的文物保护修复方案。对青铜器文物病害成分信息的识别,目前广泛使用的方法主要有激光拉曼光谱分析技术(LRS)和X射线衍射分析技术(XRD)。但采用这两种技术的单次照射仅能获取待测器物的局部病害信息,若想获得器物整体病害信息,需反复操作后再对结果进行整合。

XRD可用于表征青铜器锈蚀产物。罗武干[64]对古糜地出土青铜器腐蚀产物进行XRD分析后发现,该地区出土青铜器腐蚀产物种类较多,含铜化合物有绿色的孔雀石[$Cu_2CO_3(OH)_2$]、蓝色的蓝铜矿[$Cu_3(OH)_2(CO_3)_2$]、红色的赤铜矿(Cu_2O)、浅绿色的副氯铜矿[$Cu_2Cl(OH)_3$]、浅蓝绿色的含水氯化铜

($CuCl_2·2H_2O$);含铅化合物有白色的白铅矿($PbCO_3$)、无色-白灰色的角铅矿($Pb_2Cl_2CO_3$)、红色-黄色的氧化铅(PbO);含锡化合物为淡黄色-白色的锡石(SnO_2);部分样品中还存在一些从土壤中带入的白色或无色石英。

电化学法、变温 X 射线衍射、热分析等技术可用于青铜器耐腐蚀性能的研究。李冰洁[65]采用电化学法系统地研究了锡青铜合金中锡(Sn)含量对其耐腐蚀性能的影响,并使用视频显微镜对电化学腐蚀前后样品显微组织中 α 相和 δ 相优先腐蚀问题进行分析,为古代青铜器的锈蚀防护提供了基础数据和指导。张碧健采用变温 X 射线衍射、热分析等手段重点对 CuCl、$Cu_2Cl(OH)_3$ 的热稳定性进行了初步分析,为研究局部加热技术,消除青铜基体内有害锈"病灶体"的方法提供依据。

随着表面分析技术的发展,青铜表面腐蚀形貌特征被更多地展现在人们面前。二次离子质谱(secondary ion mass spectrometry,SIMS)的特点是高灵敏度,可实现元素及同位素分析,以及分子信息的深度剖析和离子成像。许淳淳[66]采用二次离子质谱结合循环伏安实验和 XRD 检测出了青铜表面腐蚀产物中各元素的相对含量,Cl、O 离子等的深度分布规律。他发现青铜腐蚀产物层由表及里 Cu 离子含量基本不变,Sn 离子含量有起伏,并且其 Cu/Sn 值始终小于合金中的 Cu/Sn 值,Cl 离子含量富集并有所下降,O 离子含量略有下降。

双能计算机断层成像(CT)技术也被引入文物保护领域中。双能 CT 技术具有同时对物质结构和成分进行重建的能力。刘圆圆[62]提出可将双能 CT 技术引入文物保护领域中,用于解决小尺寸青铜器病害诊断的问题。

扫描电镜(SEM)、能量色散 X 射线分析(EDAX)、X 射线衍射分析(XRD)可用于青铜器腐蚀产物元素分布等的研究。铁付德[67]利用扫描电镜、能量色散 X 射线分析、X 射线衍射分析对战国晚期青铜兵器做了研究,结果表明青铜器腐蚀产物所含元素与腐蚀环境土壤和大气内微物质组分具有对应关系,这说明青铜器腐蚀与外界腐蚀环境存在物质交换;有害粉状锈具有物理吸附与扩散性能,因而具有物理活性,腐蚀反应是通过锈层的空穴和缺陷,借助腐蚀产物的物理活性进行交换的;有害氯元素在腐蚀产物内层有较多分布,在与最内层锈相邻的基体金属一定深度内,存在纵横交错的腐蚀沟槽,在这些沟槽内氯元素含量较高。

2.2.6 铁质文物

1. 铁质文物腐蚀的原因

铁质文物被腐蚀的原因可分为内因和外因。就其内因而言,主要是文物本身的化学组成、内部与表面的结构等,Fe元素活泼的性质决定了其易发生腐蚀。外因是指文物周围环境对其寿命的影响,即文物所在的空间中,直接或间接影响文物寿命的各种自然因素的总和,如温度、湿度、光线、大气污染和地质污染等。根据腐蚀发生的介质环境,可分为大气腐蚀、土壤腐蚀、海水腐蚀三类[70]。铁器的锈蚀主要成分包括Fe_3O_4、Fe_2O_3、$Fe_2O_3 \cdot nH_2O$、FeO等氧化物,$Fe(OH)_3$、$\alpha\text{-}FeOOH$、$\beta\text{-}FeOOH$、$\gamma\text{-}FeOOH$等氢氧化物,FeS、FeS_2、Fe_3S_4等硫化物,$Fe_2(SO_4)_3 \cdot 5H_2O$、$FeSO_4 \cdot 4H_2O$等硫酸盐,氯化物以及磷酸盐等,可分为有害锈与无害锈[71,72]。

由锈蚀而引发,铁器文物常见酥粉、断裂、鳞片状脱落甚至是全部矿化等病害[73]。

2. 病害的分析技术

对于铁器可能存在的锈蚀、点腐蚀、可溶盐腐蚀产物、表面硬结物、矿化等病害可以采用X光探伤、超声波探伤、X射线衍射分析、激光拉曼分析、能谱分析、显微红外分析等方法进行检测[74]。若铁器外部凝结物包裹致密,可使用X光探伤仪或是超声波探伤仪探明内部情况[72];通过XRD可以判别各锈蚀产物的物相种类;运用激光拉曼成像技术可以获取锈层内外腐蚀产物的彩色图像,此外,产物的颗粒、孔洞、裂纹等情况也可一览无遗,结合拉曼光谱可以对内外层腐蚀产物分别进行判断,从而推测腐蚀的产生机理;运用XRF分析可以探知各层腐蚀产物的元素分布,其中测得的氯离子结果也可用硝酸银定性分析法进行相互印证。

陈淑英[17]分别应用显微拉曼激光光谱、X射线显微分析对汉代铁剑、铜铁复合戈头进行了病害检测,并对这批文物的腐蚀机理、保护程序、保存环境提出了看法。杨传森[75]使用XRD对华光礁出水宋代沉船铁器的腐蚀产物进行了分析并推测其产生过程。欧阳维真[76]采用激光拉曼光谱和XRD对模拟文物灰口铸铁的内外层腐蚀锈层进行了分析。卢燕玲[77]运用XRD、XRF、显微镜分析与硝酸银定性分析等方法对深圳铁仔山古墓出土铁器的病害进行了综合分析,为此后的修复提供了理论依据与数据支持。

2.2.7 陶瓷砖瓦类文物

1. 病害类型

陶器文物多在700—1000 ℃的环境中由黏土烧制而成,由于黏土中各种成分耐热缩变性能不同,烧成后的器物孔隙度与吸水率均较大。在长期埋藏后,大量可溶盐深入到陶器内部,钙类、硅类化合物附着在表面形成硬结物覆盖层[78]。彩绘陶除了胎体本身,还有颜料层及颜料胶结物,胶结物可能是蛋白质、脂类和糖类等有机物,其在长期埋藏过程中易发生分解,导致颜料脱落与霉变。

陶器文物面临的主要病害包括残缺、断裂、缺损、裂纹、裂缝、酥粉,彩绘层龟裂、起翘、脱落、空鼓,表面硬结物、附着物、结晶盐以及生物损害等[79,80]。

砖瓦类文物与陶质文物在化学性质上区别不大,画像砖也与彩绘陶类似,存在着颜料褪色、起甲、脱落、盐害、断裂、霉变以及泥渍等病害[81]。

由于原料和烧制温度与陶器有根本区别,瓷器所承受的病害除了毛边、惊纹、冲口、裂缝、破碎等机械损伤外,还有许多表面病害,包括伤釉、伤彩、侵蚀、附着物、生物病害和盐析[82]。近年来随着水下考古的推进,以"南海一号"为典型案例,越来越多随船沉没的瓷器重见天日,铁锈、泥沙对胎体孔隙率较大器物的浸润染色以及生物污染附着为这类瓷器最主要的病害[83]。

2. 病害的分析技术

对于陶瓷砖瓦类文物的不同种类病害的研究,有许多成熟的方法可以应用。

XRD可以对胎体、釉层及表面的盐分、硬结物进行晶相组成分析;应用X光探伤技术可以获得陶器内部的裂隙、裂缝资料;激光拉曼光谱法可实现对于颜料层成分的无损检测;X射线吸收精细结构(XAFS)可提供与化学键有关的几何和电子结构信息[84]。对于彩绘陶最常见的颜料层龟裂、起翘等病害,红外光谱法可分析底层的有机添加物,X射线荧光法可对胎体、化妆土、漆层等进行无损微区分析。

党小娟[19]运用XRD和偏光显微分析等技术手段,对出土彩绘陶器表面的白色盐分产物和陶片本体进行了检测。检测结果表明,表面盐分成分为碳酸钙和硫酸钙,这是由陶器多孔的物理性质以及陶土的物化性质决定的。水分和可溶盐的共同作用是陶器发生腐蚀病害的根本原因。

左健[85]利用显微拉曼光谱对明永乐青花瓷釉及釉中的结晶物进行了分析,釉的拉曼谱中 Si-O 弯曲振动与伸缩振动峰的面积比与陶瓷的烧成温度相关连。同时,釉中还有 Fe_3O_4、$\alpha\text{-}Fe_2O_3$、Co_3O_4、MnO、Mn_2O_3、硅酸钙、磷酸钙等结晶物。

王倩倩[86]利用波长色散型 X 射线荧光光谱(WDXRF)和傅里叶变换红外光谱(FT-IR)对环抚仙湖分布的澄江学山、金莲山和江川光坟头三个古滇国遗址出土的陶器从化学结构、成分组成以及烧成温度进行了初步分析。

秦始皇兵马俑博物馆与德国巴伐利亚文保局合作,采用红外光谱、XRF、高效液相色谱、气相色谱-质谱联用等方法对兵马俑基层彩绘进行研究,指出环境相对湿度的急剧变化是彩绘层脱落的主要原因[87-90]。

2.2.8 石刻类文物

1. 病害类型

石质文物在长期的使用、流传及保存过程中,由于环境变化、外力扰动、人为破坏等,致使石质文物的物质成分、结构构造、外貌形态发生了一系列变化,这些变化即为石质文物的病害,这些病害可分为三大类:机械损伤、表层风化、污染与变色[91],其中机械损伤包括断裂、缺损、裂隙、孔洞等;表面风化包括表面粉化、泛盐、溶蚀、可溶性结晶、层状剥落与空鼓等;污染与变色包括水锈结壳、烟熏、人为涂写、生物侵蚀等[92]。

2. 病害的分析技术

对于石质文物的病害,传统的检测手段(肉眼观察与锤子敲打等)效率低下,易破坏文物,正逐步被先进的无损或微损检测技术所取代[93]。

扫描电镜可以用来观察石质文物表面微观形貌,获取腐蚀的晶体、风化层中的囊泡、堆积的结晶盐、表面微生物等信息;XRD 与 XRF 可用来检测岩石中的矿物种类;X 光探伤、红外热成像技术、超声波 CT 可以用于检测石质文物内部肉眼不可见的微小裂隙;拉曼光谱以及红外光谱技术可以用于对石刻表面的色素、颜料成分进行检测;核磁共振可以用来分析岩石的含水率与孔隙类型;气相色谱－质谱联用、扫描电镜能谱、离子色谱法、核磁共振法均可对石质文物表面污染物进行分析。

孙进忠[94]利用超声透射波对浙江义乌古月桥桥身条石、故宫汉白玉栏板以及北京西黄寺抱鼓石的风化程度进行了分析,证明了超声波测试在石质文物风化程度检测中应用的有效性。Bisegna[95]通过红外热成像发现了城墙中结构的薄弱之处。鲁恺[96]通过地面核磁共振(SNMR)成功探测出湘南阳华岩摩崖石刻含水层的分布情况。

王景勇[97]利用XRD对岩石本体、风化酥碱岩石表面、表面硬结物进行了检测,并利用离子色谱对表面硬结物与酥粉进行了盐分分析,从而推断出承德普佑寺石质文物病害产生的机理。

魏忠武[98]利用扫描电镜对飞来峰石窟像的地衣、藻类、真菌、细菌等形态进行观察与归类,利用XRD对"白斑"病害进行分析,发现其成分为碳酸钙,从而推断微生物有机酸腐蚀是破坏石窟像的主要原因。

2.2.9 土遗址类文物

1. 病害类型

从我国的不可移动文物类型来看,我国的古遗址80%以上都是土遗址。土遗址的病害是遗址土的工程地质性质、土遗址的构筑方式和外部环境因素共同作用的结果,主要可分为风沙蚀、暴雨侵蚀、干旱收缩、冻融循环、酥碱、地震、生物风化、人为作用八种类型[99]。

我国地域跨度大,不同区域的土遗址的地域特征与外部环境差异大,所承受的病害类型也大相径庭。

2. 病害检测技术

土遗址病害的检测根据遗址的具体情况可采取不同的方法。利用粒度分布仪可以检测土遗址中土壤的粒度情况,通过与当地该种土壤的径粒进行比较,可判断土遗址风化的程度;可用离子色谱对土遗址表面的结晶盐进行检测,分析土遗址酥碱的原因;XRD与XRF以及能谱可以对土壤、盐碱部分物质成分及元素含量进行检测。

闫海涛[100]等对大河村遗址的烧土房病害进行了X射线衍射、扫描电镜、离子色谱热分析、土壤径粒分布分析等检测,结合实地调查研究了遗址的粉化、开裂、坍塌、剥落与表面泛白等多种病害。黄四平[101]等利用X射线衍射、扫描电子显微镜等方法,分析了唐皇城含光门土遗址中可溶盐导致的泛白、酥粉、片状脱离病害。唐静[102]等利用 X 射线荧光光谱、X 射线衍射分析辅以扫描电子显微镜对含嘉仓土遗址表面的盐分病害进行了分析。

2.2.10 古建文物

1. 病害类型

中国古代以木结构为主流的建筑是东方建筑的代表。灵活多变的木架构结构,更易于适应各种气候并创造灵活多变的室内空间[103]。木材质轻、高强、易于二次加工,且隔热、隔声、绝缘性好,具有诸多良好的性能[104]。木材是由有机高分子组成的材料,主要成分是纤维素、半纤维素与木质素,是一种典型的各向异性材料。但是木材作为一种生物材料,具有许多与生俱来的缺陷,空气污染、水质污染、洪涝、风化腐蚀、建筑内部环境以及生物虫害均会对木建筑造成破坏,其中以白蚁为首的多种蛀虫带来的虫害对木建筑的稳定性造成了极大危害。

白蚁活动极其隐秘,不露天活动,其巢穴常位于地下或木材内部,被发现时可能为时已晚;粉蠹虫经常在木材上蛀出针孔般大小的虫眼,以破坏木材纤维为主,使得木材内部孔洞交错,整体呈海绵状;蛀木黄蜂在蛀蚀的孔洞内产卵,幼虫即以木材淀粉为养料;再加之鼠咬或是蝙蝠、麻雀等的筑巢行为,年久失修的古建筑通常面临多重威胁。

而砖石结构的古建筑维修后,墙体干摆外墙砖出现的泛碱现象[105],已成为墙体强度、建筑寿命等的严重威胁要素。泛碱又称白华、反碱、泛霜、泛白、析白、起霜。通常泛碱现象表现为砖砌体在砌筑 1—3 个月后表面开始产生白色粉末,粉末呈絮团状,厚度为 0.5—8 mm,易溶于水。

2. 病害分析技术

三维激光扫描技术能够准确获取古建表面和空间信息,解决传统方法建模缺少空间信息的问题,为古建修复提供可靠而全面的依据。朱凌[106]等使用三维激光扫描技术对古建筑构件进行信息采集,并使用面向对象的古建筑构件组合方法进行三维模型数据的制作,将其应用于太和殿第六间的三维建模中。张辉[107]以故宫斋宫为例,利用三维激光扫描的方法进行精细建模,对三维模型数据中每个构件及其检查项进行编码,能够在古建筑检查中做到不丢漏,为后期制定防护保养措施提供依据。

XRD 可以对古建筑中常用的几种石灰类材料,如蛎灰、石灰、糯米灰浆等进行分辨[108],为修复提供科学依据。

XPS、离子色谱法可以对建筑外墙泛碱、盐析的情况进行分析,从而采取适当的保护方法以延长墙体的寿命。

对于古建筑内部的蚁害,可以采用远程监控系统,使用智能自动化技术监控及建筑物白蚁危害预防方案,在一定的区域内控制白蚁密度[109,110]。

2.2.11 彩绘泥塑类文物

1. 病害类型

彩绘泥塑类文物常见的病害可分为表面污染、颜料层病害、泥层病害、不当修复痕迹、动物损害等几大类[111]。表面污染包括泥塑造像上常年堆积的灰尘,人为造成的蜡油、油漆污染等;颜料层污染指颜料层脱落、龟裂、起甲、起翘等现象;泥层病害指泥塑表面酥粉、划痕、残缺、断裂等;不当修复痕迹指过去人们对于断裂部位不规范的随意修补;动物损害指鼠咬、虫害等。

材料自然老化。彩绘泥塑表面多使用无机颜料,包括朱砂、土红、雄黄、石绿、石青,这些矿物颜料性质稳定,能长久保持[112]。而颜料在绘制过程中需掺入一定量的动物胶或植物胶作为有机胶结材料,在潮湿环境或毛细水缓慢渗透等因素的影响下,会产生不同程度的老化。盐析作用的发生会引起盐分在颜料层内出现晶胀,易使颜料层起翘、空鼓、粉化;长时间作用会使颜料层胶结力丧失,从而造成颜料层脱落;胶结材料受温度、湿度周期变化的影响也会引起颜料层、胎体热胀冷缩,容易导致彩绘泥塑产生龟裂、粉化、酥碱等病害[111]。

自然环境影响。长久堆积的污尘附着在泥塑表面,为大气污染物、微生物、霉菌的进一步附着提供了载体。

人为因素破坏。彩画泥塑在历朝历代的修补过程中可能遭遇许多不当处理,整体美感失调,表面色彩与原彩绘层差异较大,新黏结剂与原彩绘层不兼容的情况常有出现,易导致颜料层起甲、脱落。

2. 病害分析技术

塑像内部的骨架损伤需要通过内窥镜、探地雷达、X 射线探伤仪等进行无损分析,通过分析结果判断塑像需要修复的部位[113]。

XRD 和拉曼光谱以及能谱仪可以用于检测彩绘泥塑表面的颜料;泥塑内的纤维可以用纤维仪进行观察,以判断泥胎内部的添加材料;胎体的矿物种类可以采用 XRF 进行分析[114]。

酶联免疫法和免疫荧光法可以检测彩绘颜料层的胶结物,对颜料层及胶结物的工艺进行分析,为彩绘层的起翘、龟裂等病害提供防治和修复依据[115]。

2.3 文物的工艺分析技术

文物制作工艺是指根据创作者的意图制作各类文物时所使用的技术与方法,包括原材料的加工处理技术、制作方法、装饰技术等。文物自身携带着丰富的工艺信息,因此借助现代科学技术手段分析和研究各类文物的制作工艺,对于我们了解古代的技术水平、人类社会文明的发展至关重要,对于文物的科学保存也具有非常重要的意义。

2.3.1 纸质文物

纸质文物由纸张、墨迹、印刷油墨、绘画颜料以及黏合剂等材料构成,种类包括书籍、书画、经卷、档案、文献、报纸、碑帖等,是各大博物馆、图书馆、档案馆的重要收藏品。关于我国古代造纸工艺的记载,最早且记载较为完整的有明代的《徽州府志》《江西省大志》《天工开物》,其后还有杨钟羲的《雪桥诗画续集》等。我国古代造纸大致可以分为四个步骤[1]:第一步是原料的分离,采用沤浸或蒸煮的方法让原料在碱液中脱胶,并分散成纤维状;第二步是打浆,采用切割和捶捣的方法切断纤维,并使其分丝帚化,从而成为纸浆;第三是抄造,即把纸浆渗水制成浆液,然后用捞纸器(篾席)捞浆,使纸浆在捞纸器上交织成薄片状的湿纸;第四是干燥,即把湿纸晒干或晾干,揭下就可以成为纸张。

书写绘画所使用的墨,主要是采用炭墨烟、动物胶、防腐添加剂加工而成。炭墨烟是有机质碳氢化合物于不完全燃烧状态下,集烟而成,由于燃烧的原料不同,可大致分为松烟、油烟、漆烟和工业炭黑四种。松烟是燃烧松枝而产生的,一般松烟墨的墨色深重且缺乏光泽。油烟制墨是用菜油烟、豆油烟、猪油烟、皂青油烟、麻油烟、桐油烟造墨。漆烟是燃烧桐油和一定数量的漆制作而成。工业炭黑则为矿物油或工业油经燃烧提炼而成,其质量较差。

动物胶是一种蛋白质胶,由骨胶原经水解而成,种类以骨胶、皮胶为主,主要的加工流程包括取料、水洗、石灰浸、去除非胶蛋白质、酸洗、水煮、过滤。在制墨过程中加入动物胶,其作用是使炭墨的微粒粘固在一起,便于制成块状,提高书写字迹的色牢度。

防腐添加剂的作用是防止动物胶生霉,改善气味、色泽或黏度。常用于防腐及改善气味的材料有龙脑、麝香、丁香、檀香、甘松、藿香、零陵香等;用于改善色泽及增光助色的有朱砂、雌黄、珍珠粉、金箔、银箔、硫酸铜、银朱、秦皮、地榆、紫草、茜草、黄芦、黑豆、五倍子、胡桃、牡丹皮、熏草豆、石榴皮等;为了改善黏度使墨坚而不裂,根据制墨原料的不同,可分别添加梣皮、蛋白、生漆、紫矿、木贼草、当归、皂角水、巴豆汁等,或另添加各种药物,如熊胆、犀角粉、藤黄、丹参、黄莲、乌头、大梅片等。

颜料和黏合剂是绘画类纸质文物制作工艺中非常重要的部分,也是古代纸质文物保护研究的重点。绘画颜料主要使用矿物颜料和少量植物染料,矿物颜料是将自然界中的有色矿石粉碎、研磨,并加入动物胶或者植物胶调和而成的,用于涂绘上。植物染料则是从植物的茎叶、果实中提取获得的天然有机色料。动物性染料有胭脂,是从胭脂虫中提取色料,制成铝钙盐色淀,外观呈鲜红色、片状,易磨成粉,可溶于碱金属氢氧化物或碳酸盐溶液,溶解后呈深红色;也能溶于硼砂溶液;部分溶于热水,不溶于冷水和稀酸。

为使纸质文物得到更好的保护,对纸质文物的工艺研究就显得尤为重要。在对纸质文物的制作工艺进行分析时,常用的分析技术主要有以下几种:

1. 表面形貌观察

利用超景深显微镜观察纸张的表面形态,以及纸张正反面形态是否存在异同,如正反两面的光洁度、是否有绘画颜料、墨迹、帘纹等,由此可以判定纸张是否经过再加工,并推测纸张的抄造工艺。古代的纸张抄造方法主要有抄纸法和浇纸法,抄纸法根据所使用工具的不同又可分为竹帘抄纸和草帘抄纸。竹帘抄纸的特征是纤维分布均匀、密度高、纸张精细;草帘抄纸的特征则是纤维分布均匀、密度较低、纤维纹距宽窄不等、纤维有弯曲现象、纸张粗糙。而浇纸法制成的纸张的特征是纤维分布不均匀。

2. 纤维形态分析

造纸的主要原料是植物纤维,而植物纤维的种类很多,主要可分为韧皮纤维、茎纤维和种毛纤维。韧皮纤维是古代造纸的主要原料,其含纤维素较多,一般为60%—83%,纤维长度可达120—180 mm,比宽度大950—1230倍。由于纤维较长,因而造出的纸也较为坚韧。茎纤维其纤维素含量为24%—60%,长度比宽度大100—200倍。不同时期的纸张所使用的材料和制作工艺并不相同,因而纸张的成分、性能也不同。种毛纤维如棉花,棉花的纤维素含量最高,也最为纯净,一般可达90%以上,纤维长度比宽度约大1250倍。由于纤维特别细长、胶结力好、质地强韧、组织细致而柔腻,因而制造出来的纸张耐磨性和耐久性均较好[3]。

利用纤维显微仪可以兑纤维形态进行观察,分析之前需要先进行制样,步骤如下:取少量纸张纤维于离心管中,加入适量蒸馏水浸泡;置于恒温震荡培养箱中震荡至纤维分散(震荡频率为120 rpm,温度为20 ℃);使用碘氯化锌或Herzberg染色剂对纤维进行染色;盖上盖玻片,置于纤维仪下观察染色情况及纤维形态。此处可参考王菊华先生的《中国造纸原料纤维特性及显微图谱》对纤维种类进行鉴定。还可通过观察纤维中是否含有胶结物、涂料和颜色,判定纸张是否采用施胶、加填和染色工艺。此外,可通过纤维的打浆度即纤维的分丝帚化和纤维断裂程度,确定舂捣工艺,纤维帚化程度应按国家标准《纸浆纤维帚化率的测定》(GB/T22836-2008)进行判断。

3. 染色工艺分析

利用高效液相色谱仪鉴别彩色纸张或纸张上的染料,以及利用拉曼光谱和X射线荧光光谱鉴别纸张上的矿物颜料、墨迹和黏合剂等材料,可以确定纸质文物所使用的染料、墨汁种类。

通过采用以上的分析技术对纸质文物的制作工艺进行分析,可以获得文物的原料加工、纸张制作、染色工艺信息,这对于在文物保护工作中对文物开展科学保护、修复和利用有着重要意义。

2.3.2 纺织品类文物

纺织品类文物是有机质文物中的一大类,其主要组成部分包括:织物纤维、植物染料(或矿物颜料)、媒染剂、装饰物(如纸张、金、银和铜饰件)、胶黏剂。古代纺织品的制作过程,以丝织品为例,其制作过程可以分为以下几个步骤:

① 选茧→② 剥茧→③ 杀蛹→④ 储茧→⑤ 缫丝→⑥ 络丝→⑦ 并丝→

⑧ 织造→⑨ 精炼→⑩ 染色→⑪ 印花→⑫ 整理。

因此,纺织品文物的原料使用、纤维形态、染整工艺、组织结构、装饰方法、捻向和捻度都属于工艺分析的范畴。研究纺织品文物工艺主要使用的分析技术包括:

1. 表面分析技术

通常使用超景深显微镜观察纺织品的组织结构、捻向和捻度、纺织品染料(颜料)以及辨别装饰物。超景深显微镜具有分辨率高、不破坏样品的优点。纺织品在显微镜下可以呈现清晰的织物组织结构,进而根据平纹、斜纹、缎纹等织造特点判断工艺信息。同时,可以观察到织物纤维是否有加捻,并进一步判断是"S"还是"Z"捻,以及单位长度上的捻回数,即捻度。此外,还能观察到织物的染色和装饰工艺,根据染料(颜料)的附着状态,可以判别是先染后织还是先织后染,使用植物染料还是矿物颜料,有无采用特殊的金、银、铜丝线或薄片装饰。

2. 成分分析技术

纺织原料分析。纺织品文物的原料有动物纤维和植物纤维,动物纤维包括蚕丝纤维、毛纤维,而植物纤维主要是各类棉、麻(亚麻、苎麻、荨麻等)、葛纤维。在对纺织品原料进行鉴定时,主要是使用纤维仪来观察分析纤维的形态、直径及鳞片边缘高度等物理参数,从而判断纤维的种类,检测方法与纸质文物相同。还可利用 SEM 与 ATR-FTIR 相结合的分析技术进行纤维鉴别[116]。而利用纤维仪鉴定动物纤维有一定的局限性,因此可借助分子水平即脱氧核糖核苷酸(DNA)的方式辅助鉴定动物纤维种类[117]。根据纤维形态可以初步判断所使用的原材料种类,即动物纤维、植物纤维,如麻纤维会呈现分丝帚化现象,而羊毛纤维表面有类似鳞片的纹路。观察纤维的表面形态和颜色可以判断是否有采用的脱胶工艺,即生丝还是熟丝。生丝和熟丝的区别在于是否脱胶,生丝是蚕茧缫丝后直接获得,并未进行脱胶;而将生丝在碱性溶液中煮沸除去油脂,经缫丝、复摇、整理,便成为了熟丝。

染料成分分析。纺织品常用的染料有植物染料、动物染料和矿物颜料。植物染料是从植物的根、茎、叶、花或果实中提取到的色素,如茜草、紫草、苏木、靛蓝、红花、黄檗、郁金、杨梅、柿、栀子等。动物染料种类较少,常用的动物染料有紫胶虫、胭脂虫、蠹灰、五倍子等。矿物颜料包括无机金属盐类和金属氧化物,主要有赭石、朱砂、铅丹、石黄、白云母、胡粉、金银粉、墨和石墨等。鉴别纺织品的染色工艺常见的检测方法有高效液相色谱法[118]、X射线衍射法(XRD)、X射线荧光分析法(XRF)、拉曼光谱法(Raman spectra)、扫描电镜-能谱分析法(SEM-EDS)等[119]。同时还可以使用扫描电镜(SEM)和扫描探针显微镜观察附着在纤维上的染料颗粒大小和分布情况,以判别古代矿物染料的研磨工艺和染色技艺[120]。

3. 染料施胶工艺分析技术

施胶是矿物颜料的着色工艺。因矿物颜料附着力差,难以直接吸附在织物纤维上,因此在颜料中加入胶黏剂能增强颜料的附着力,从而使矿物颜料较牢地附着于织物表面。古代常用的胶料主要有动物胶(皮胶、动物血液、骨胶等)、植物胶(桃胶、淀粉糊、白芨胶等)、鸡蛋清。对于纺织品文物的染色施胶工艺,常用的检测方法有淀粉粒分析法和红外光谱法(FTK-IR)、液相色谱法(LC)、质谱法(MS)以及色谱与质谱的联用法。淀粉粒分析法常用于淀粉类植物胶的检测,根据不同植物淀粉粒的特征形态鉴别植物的种类。FT-IR、LC、MS、色谱与质谱的联用法常用于动物类胶结材料成分的鉴别。光谱法主要通过现代标样与古代样品光谱吸收峰的比较,分析其相似度来判断胶黏剂的类型。色谱法是将测得古代样品的氨基酸组成与已知的现代样品进行对比,来鉴别胶黏剂的种类。而质谱法则是通过确立不同类型胶黏剂的指纹图谱,或从已知的数据库中检索蛋白质类成分的信息,来鉴别胶黏剂的类型[121]。

4. 纺织品媒染剂分析技术

在织物染色过程中,某些植物染料的天然色素在水中有较好的溶解性,能够直接吸附于纤维上,但其水溶性好,色牢度通常就较差,因此需要使用含有金属离子的媒染剂,使染料在金属离子的作用下络合于织物纤维上。古代纺织品媒染剂中天然媒染剂有三种,即有机媒染剂(单宁酸等)、碱性媒染剂(石灰、草木灰等)、金属离子媒染剂(铝盐、铁盐等),其中金属离子媒染剂最为常用。古代常用的媒染剂主要有含铝盐的明矾、白矾,或是含有铁盐的绿矾、青矾等。因此,对媒染剂进行分析检测时,所采用的方法主要是XRF和X光电子能谱法(XPS)两种,其原理是检测织物纤维上附着的金属离子,以此判别媒染剂的使用情况[122]。

通过以上技术分析我们可以得知纺织品文物的染整工艺、织造工艺、原材料的加工工艺等,这些工艺技术的分析为进一步研究纺织品文物的保护与修复提供了科学的依据。

2.3.3 木漆器类文物

木漆器文物包括竹器、木器、漆器三大类。竹、木器指以竹、木为基体材料制作而成的文物；漆器指以竹、木、皮、麻等为基体材料，且在其上髹以生漆制作而成的文物，其主要是由漆膜（大漆、颜料、装饰物）和胎体组成。漆器的制作工艺十分复杂，一般分为制胎、脱胎、刮漆灰、打磨抛光、涂漆、彩漆、彩绘装饰和温室烘干等步骤。木器漆文物的工艺分析技术主要有：

1. 胎体分析技术

制造漆器的第一道工艺是做胎骨，漆器的胎骨也就是"胎质"，也称"胚胎"。漆器的胎质一般以木胎为主，兼有脱胎、竹胎、皮胎、陶瓷胎和金属胎等[123]。对漆胎进行检测之前得通过树脂埋封漆器残片，打磨光滑，制成厚度适宜的载片。将其置于超景深显微镜下进行形貌观察，并利用其自带的测量软件对横截面分层进行厚度测量，揭示漆器的分层结构、色泽，测量各层的厚度，以判别胎体、漆灰层和彩漆层。若是竹木胎则需要采用纤维仪和扫描电镜观察纤维形态，进而明确胎骨的制造工艺，如脱胎是以石膏等材料塑造器物胎模，之后将麻布胶于模上，层层刮灰、涂漆，干固后将胎模取出，称为"脱胎"，而胎骨是用麻布和漆灰做成。陶胎是以陶土作胎。铜丝胎为铜丝编织成胎骨。皮胎是用牛皮做成的一种漆器内胎。此外，还有以金、银和铜制作的胎骨。

2. 漆灰层分析技术

漆灰层对木漆器的制造至关重要，由于加入的材料不同，形成的漆灰性能也不同。漆灰按成分可以分为角灰漆、骨灰漆、蛤灰漆、石灰漆和砖灰漆等。对漆灰层的分析一般采用 XRF、XRD、能谱仪等，以检测漆灰层的化学成分和填料颗粒，还可用扫描电镜观察漆灰层的形貌[124]，据此判断漆灰层所使用的原料种类。

3. 漆膜和彩绘分析技术

漆膜的分析技术首先是切片显微分析，切片分析技术是研究古代漆膜髹漆工艺中较有效的手段之一，可将漆膜层次完全展示出来，从而使人们能够清楚观察到其髹制特点[125]。其次，可用红外光谱分析漆膜的化学组分，以确定所使用的原料种类[126]。彩绘是一种用笔蘸漆或油在器物上画花纹的装饰方法，一般采用无机矿物颜料。因此，使用 XRD、XRF、Raman spectra 等可以检测出所使用的矿物颜料种类,如长沙马王堆汉墓就出土了用朱砂或石绿等颜料调油绘于髹漆器物上的油彩漆器。

漆器表面的装饰工艺,包括髹涂、描绘、填嵌、刻填、雕镂、堆饰等多种装饰技法[127]。例如,填嵌,是一种将金、银、螺钿等自然美材利用漆的黏性粘贴于漆面上的一种装饰方法。可用肉眼、放大镜、超景深显微镜或扫描电子显微镜观察其填嵌材料的特点,判别采用了何种填嵌工艺,如填漆、螺钿、嵌金银、百宝嵌、扣器等。其他制作工艺如堆饰、雕镂都可以利用显微镜或放大镜进行直接观察。除此之外,还可利用傅立叶变换红外光谱(FTIR)对漆膜成膜材料进行检测判别。

2.3.4 皮革类文物

皮革文物主要是用各类动物的皮革制成,主要成分为蛋白质和脂肪。皮革的制作一般要经过鞣革、加脂、涂饰等工序。鞣革的方法有烟熏法、油鞣法、植物鞣法和矿物鞣革法[128]。烟熏法是将新鲜的动物皮放在火上熏制以到烘干水分,从而达到长久保存的目的。油鞣法是使用动物或者植物油脂涂抹皮革的方法。植物鞣法则是将动物皮浸泡在植物汁液中。根据不同鞣革方法的特点,采用适当的分析手段,可以鉴别皮革的鞣革工艺。利用烟熏法鞣革,会产生苯并芘等物质,利用高效液相色谱法或荧光分光光度法可检测出皮革内的苯并芘。植物汁液浸泡的皮革会含有单宁酸,因此常采用高效液相色谱法、原子分光光度法检测[129]。矿物鞣革法是使用含铝盐的矿物(如明矾)进行鞣革,用 XRD、XRF、Raman spectra 等可以检测出所使用的矿物,使用此方法还可检测皮革上的颜料种类,针对植物染料可借鉴纺织品、纸质文物的检测方法。

2.3.5 金属类文物

金属类文物包括青铜器、铁器、金银器、锡器、铅器等,一般是经过矿物冶炼、铸造或锻造而制成的器物。古代金属类文物的制作工艺主要包括范铸法、失蜡法、焊接、锤揲、錾刻、鎏金、错金银、花丝、焊缀金珠。

1. 金属文物胎体分析技术

金属类文物种类繁多,为更有针对性地开展文物保护与研究工作,对文物进行原料检测十分重要。金属类文物常用的原料检测技术主要为金相分析技术，该技术可以根据不同金属的金相显微组织来判别金属的种类，是一种较为有效的鉴别方法，如采用金相显微镜观察其金相组织，分析金属文物的加工工艺。除此之外，还可使用 XRF 进行成分分析，得出金属文物的合金配比。

2. 铸造工艺分析技术

金属器的铸造工艺主要有范铸法、失蜡法。范铸法又称模铸法，先以耐火材料制成内范和外范，再雕刻各种图案、铭文，阴干后再经烧制，使其成为母模，然后以母模制泥范，将合金浇注入范腔内，成器。失蜡法[130]则是以蜡制成器物模型，并用泥对整个蜡模进行填充加固，待泥干结后加热，使蜡熔化并从事先预留好的蜡口流出，然后封好蜡口，将金属溶液灌入，待冷却后除去封泥，便可铸造出与蜡模形状一致的金属器物。失蜡法一般用于制作器型复杂、极其精密的器物，如曾侯乙墓青铜尊盘。采用范铸法铸成的金属器会在器壁上留下范缝和垫片；采用失蜡法制作的器物浑然一体，无垫片、无范缝和焊接痕迹，因此普遍采用 X 光照相技术和中子射线照相技术、计算机断层扫描技术（X‑CT）对铸造工艺特点进行分析。以上方法技术具有较强的穿透力，可以清晰无损地观察到金属器内部形态，是理想的检测分析技术。除此之外，可通过肉眼、放大镜观察器物外壁有无范缝来区别是经由范铸法还是失蜡法铸造而成。

金属焊接工艺常使用以银、铜或锡、铅、铜为主合成的焊药，一般焊药的使用与器物胎体原料一致，利用红外吸收光谱法进行化学成分分析可以对其进行鉴别。

3. 装饰工艺分析技术

金属器的装饰工艺包括锤揲、錾刻、鎏金、错金银、花丝、焊缀金珠[131]。锤揲工艺是指用锤子将金、银锭或片打锤成胎型。錾刻是使用各种形状的钢錾，在器物表面刻出凹凸不一、深浅有致的錾痕，以形成不同的图案和纹理。鎏金工艺是将金和水银合成的金汞齐涂在铜器表层，加热使水银蒸发，金便可牢固地附着于铜器表面而不脱落。错金银是将金丝、银丝镶嵌在青铜器上，借助金银与青铜的不同光泽相互映衬，使得图案与铭文格外华美、典雅。花丝工艺是将金或银加工成粗细不同的丝，再根据装饰部位的不同制成纹样各异的花丝，可以焊接到金银器物上，也可独立成器。焊缀金珠工艺是将金片制成粒状，焊接到器物上。以上工艺的辨别都可通过肉眼、放大镜、扫描电子显微镜进行表面形态观察，根据各类工艺特点判别文物所使用的装饰工艺。

2.3.6 陶瓷砖瓦类文物

陶瓷砖瓦类文物主要包括陶器(素面陶、彩绘陶等)、瓷器(白瓷、青瓷、彩瓷等)、砖、瓦当。其工艺技术主要包括胎体原料加工工艺、胎体制作工艺、烧造工艺和装饰工艺。

(1) 陶瓷砖瓦成分分析技术。陶瓷的釉面与胎体成分分析技术主要包括使用超景深显微镜观察釉层、胎体的表面情况和厚度,采用 PIXE、XRD、XRF 等方法分析胎釉的化学成分[132]。以检测结果为依据,可判断胎料和釉料的原材料使用情况。

(2) 制作工艺分析技术。陶瓷器的制作方法有泥条盘筑法、泥片贴敷法、轮制法,一般采用 X 光照相技术或用肉眼、借助放大镜观察判别陶瓷制作工艺。使用泥条盘筑法制作的器物,内部会有明显的泥条痕迹;泥片贴敷法也一样,会在器物内部留下不规则的泥片痕;轮制法则会留有细小且疏密不均的弦纹。

(3) 陶瓷砖瓦的烧制工艺包括装烧工艺、烧造温度。装烧工艺有叠烧、覆烧(芒口覆烧)、垫烧(瓷片垫烧、支钉垫烧、渣饼垫烧等)、匣钵装烧等。叠烧的器物内部一般会有涩圈;覆烧的器物口沿无釉;支钉垫烧会在器物圈足或内底部留有支钉痕。因此,利用放大镜或用肉眼观察,并结合各装烧特点即可判别陶瓷的装烧工艺。陶器砖瓦的烧造温度低于瓷器,在 800 ℃左右,而瓷器则在 1000 ℃以上。采用热膨胀分析法[133]和差热分析法可以判断陶瓷的烧造温度,还可以根据陶瓷的出土地点及其他工艺信息,推测烧造陶瓷器的窑炉种类。

(4) 陶瓷砖瓦的装饰工艺包括刻花、印花、贴花、彩绘(釉上彩、釉下彩、斗彩)、上釉方法(喷釉、蘸釉、浸釉)、鎏金、釉面开片等。刻花指用雕刻工具在做好的陶瓷胎上刻画花纹,一般会形成"V"形线条。印花是使用模具在未干胎体上印制图案,线条呈"U"形,较为圆润。贴花是将树叶或花卉贴于胎体之上釉层之下的工艺,如吉州窑木叶贴画盏。釉上彩是瓷器釉彩装饰的一种,是在施了透明釉或白釉的素胎上进行彩绘,再入窑烘烤而成,如五彩、粉彩、珐琅彩。釉下彩则是在素胎上进行彩绘,然后施釉,入窑一次烧成的器物。斗彩则是兼具了釉上彩和釉下彩的特点,釉下饰青花,釉上饰五彩。釉面开片、冰裂纹是由于胎釉收缩系数不一或烧造温度而形成的。以上彩绘工艺都可以借助超景深显微镜通过观察陶瓷的切面特点进行判别。喷釉与蘸釉的区别主要是有无流釉现象，对于此工艺的辨别可直接通过肉眼进行观察。

2.3.7 石刻类文物

石刻文物是石质文物中的一大类，主要以天然石材为原料并在其上进行文字、图案的雕刻，主要有摩崖石刻、宗教石刻、墓葬石刻和其他石刻。石刻文物的制作工艺包括圆雕、浮雕、透雕、影雕、线雕等。圆雕又称立体雕，其特征是形成的图案非常立体，可供360°欣赏。浮雕的图像造型浮凸于石料表面，是半立体型雕刻品，其特点是只有一面或两面可供观赏。透雕，也称镂空雕，是指去掉底板的一种镂空的雕刻式样。影雕是指在磨光石料上描绘出要雕刻的图像轮廓，然后使用细小的工具进行雕刻，主要以细小点和细线条组合来呈现图案，对手法的要求极高。线雕一般指以阴线或阳线来呈现图样，生活中常见的碑刻多是采用线雕工艺。以上石刻工艺都可以通过肉眼和放大镜进行判断[134]。

对于绘有彩绘的石刻文物，辨别其所使用的施胶和颜料，可借鉴纺织品和纸质文物中对颜料的检测方法。

2.3.8 彩绘泥塑类文物

彩绘泥塑的制作工艺包括影塑、石胎泥塑、木构泥塑、圆雕、施彩。影塑也称浮雕，制作时先在泥塑上制范，然后用范复制，主要材料为黄土和棉花。石胎泥塑是先在岩体上雕刻出图像，再用含有草、麻、棉花的泥料涂抹，塑造出高浮雕的艺术效果。木构泥塑是将芦苇、稻草、麦草等秸秆绑在事先制好的木质造像骨架上，再涂抹上含有棉麻成分的泥料，待基体制作完成之后，再饰以彩绘装饰。为准确辨别彩绘泥塑所使用的原料、制作工艺和装饰工艺，所采用的分析方式主要有以下几种：

（1）泥塑胎体原料分析。首先，对于完整的泥塑内部胎体，判断其是用石质还是木质的原材料制作而成的，常采用X光照相技术和中子射线照相技术。其次，对于鉴别泥塑胎体成分，常采用XRD分析黏土成分，进而使用纤维仪分析黏土内的掺和料，根据纤维形态判断是动物纤维还是植物纤维，并进一步鉴别纤维的具体种类[135]。

(2) 表面彩绘层分析。使用超景深显微镜观察彩绘层的颜料使用情况,样品事先需要经树脂包埋处理,然后采用 XRD、Raman spectra 检测颜料成分[136],便可以推断彩绘泥塑所使用的颜料种类,以及泥塑的彩绘工艺。分析颜料施胶工艺可借鉴纺织品染色工艺分析技术。

参 考 文 献

[1] 龚德才.文物保护基础理论[M].合肥:中国科学技术大学出版社,2019.
[2] 宋晖.现代显微技术在纸质文物鉴定与修复中应用[J].文物保护与考古科学,2015,27(2):52-57.
[3] 龚钰轩.文物保护概论[M].合肥:中国科学技术大学出版社,2020.
[4] 颜毅,王春.馆藏纸质文物结构与成分的分析研究[J].文物修复与研究,2016:607-613.
[5] 徐文娟.无损光谱技术在纸质文物分析中的应用研究进展[J].文物保护与考古科学,2012,24(S1):41-44.
[6] 裔传臻.拉曼光谱在纸质文物研究中的应用[J].文物保护与考古科学,2018,30(3):135-141.
[7] 王晓静.现代科技在纺织品文物保护中的应用[J].文物世界,2014(6):56-58.
[8] 戚军超.扫描电镜:能谱仪在纺织品文物保护中的应用[N].中国文物报,2011-05-20(007).
[9] 李舒涵,朱铁权.西藏几种常见矿物颜料的成分分析[J].西藏大学学报(自然科学版),2015,30(2):47-54.
[10] 陈磊.基于表面增强拉曼光谱快速鉴定和分析纺织品文物中天然染料的研究[D].杭州:浙江理工大学,2019.
[11] 南希,柳凯,尚玉平,等.新疆尼雅 95MN Ⅰ M3 号墓出土丝绵锦袍病害机理研究[J].文物鉴定与鉴赏,2020(5):72-75.
[12] 陈振裕.楚文化与漆器研究[M].北京:北京科学出版社,2003.
[13] 魏彦飞.现代仪器分析技术在漆膜研究中应用现状[J].江汉考古,2014(S1):26-32.
[14] 王阳.X 射线分析技术在文物保护工作中的应用[J].文物春秋,2017(2):62-66.
[15] 邱祖明.《可移动文物病害评估技术规程——竹木漆器类文物》阐述[J].江汉考古,2014[S1]:86-91.
[16] 王子尧,徐忠文,靳祎庆,等.扬州西湖高南汉墓出土竹木漆器腐蚀病害与机理分析[J].江汉考古,2014[S1]:151-156.
[17] 陈淑英.铁质文物病害分析与保护研究[J].文物世界,2012(4):17-25.

[18] 王继伟.文物科技鉴定的基本原理及应用[J].文物鉴定与鉴赏,2019(15):78-79.

[19] 党小娟,容波,段萍,等.山东青州香山汉墓出土西汉彩绘陶器腐蚀病害及其机理分析[J].文物保护与考古科学,2012,24(2):50-55.

[20] 马易敏.不可移动石质文物污染物清洗技术和可溶盐破坏机理研究[D].杭州:浙江大学,2014.

[21] 屈松.北京地区大理岩石质文物病害机理及风化程度评价体系研究[D].北京:北京化工大学,2018.

[22] 张金萍.文物的分析与检测[J].东南文化,2000(3):123-126;5.

[23] WW/T 0026—2010 中华人民共和国文物行业保护标准-馆藏纸质文物病害分类与图示.

[24] 甄丛爱,赵丹苹.纸质文物生物病害研究进展[J].北京印刷学院学报,2019,27(5):32-37.

[25] 王小应.馆藏纸质文物保护环境中的现状和问题[J].文物鉴定与鉴赏,2018(15):84-86.

[26] 张娟.酸化糟朽纸质文物修复与保护研究[D].西安:陕西师范大学,2017.

[27] DERIEUX A L,EGASSE C,REGERT M.Characterization and degradation pathways of ancient Korean waxed papers [J].J Cult Herit,2009,10:422.

[28] BRANDT N N,CHIKISHEV A Y,ITOH K,et al.ATR-FTIR and FT Raman spectroscopy and laser cleaning of old paper samples with foxings[J].Laser Physics,2009(19):483-492.

[29] 付时雨,詹怀宇.31P-核磁共振光谱在木素结构分析中的应用[J].中国造纸学报,1999[S1]:123-127.

[30] 闫丽,高雅,贾汀.古代书画文物上污染霉菌的分离与鉴定研究[J].中国文物科学研究,2011(1):78-82.

[31] 杨娟.一幅霉变书画的扫描电镜分析[J].电子显微学报,2015,34(5):438-442.

[32] 杨娟.扫描电镜在文物霉变病害分析中的应用[J].电子显微学报,2020,39(1):65-70.

[33] 奚三彩,赵丰.古代纺织品的病害及其防治研究[M].南京:河海大学出版社,2008.

[34] 赵金芳.纺纱比较教程[M].北京:中国纺织出版社,1994.

[35] 张雪莲,唐静娟,郭时清.丝绸的老化及保护剂的筛选[J].文物保护与考古科学,1993(1):17-24.

[36] 周旸.脆弱丝绸文物的化学加固的研究[D].杭州:浙江大学,2009.

[37] WW/T 0059—2014 可移动文物病害程度评估技术规程:纺织品类文物[S].

[38] WW/T 0003—2007 中华人民共和国文物保护行业标准:馆藏出土竹木漆类文物病害分类与图示[S].

[39] 白卫斌,吴秀玲,徐艳莲,等.氢氧化钠对生漆膜腐蚀行为的研究[J].中国生漆.2008(1):1-3.

[40] 李梅英.糟朽纺织品文物和饱水竹木质文物劣化降解机理及化学保护研究[D].武汉:武汉大学,2014.

[41] 李玲.木器漆保护关键问题分析[J].中国文物科学研究,2010(4):23-26.

[42] 李存信,张红燕.北方地区出土木器漆病害状态分析[J].中国文物科学研究,2011(3):30-35.

[43] BLANCHETTE R A.A review of microbial deterioration found in archaeological wood from different environments [J]. International Biodeterioration & Biodegradation,2000,46(3):189-204.

[44] DANIEL G F,NILSSON T,SINGH A P. Degradation of lignocellulosics by unique tunnel-forming bacteria [J].Canadian Journal of Microbiology,1987,33:943-948.

[45] SINGH A P,BUTCHER J A.Bacterial degradation of wood cells:a review of degradation patterns [J].Journal of the Institue of Wood Science,199.12:143-157.

[46] POWELL K L,PEDLEY S,DANIEL G,et al.. Ultrastructural observations of microbial succession and decay of wood buried at a Bronze Age archaeological site[J]. International Biodeterioration & Biodegradation,2001,47(3):165-173.

[47] GB/T 1931—2009 木材含水率测定方法.

[48] 李超,张明辉,于建芳.利用核磁共振自由感应衰减曲线测定木材含水率[J].北京林业大学学报,2012,34(4):142-145.

[49] 申艾君,王明道,刘康,等.馆藏竹木漆器类文物污染霉菌类群的鉴定与分析[J].河南科学,2011,29(8):923-926.

[50] 刘兰,胡杨,但卫华,等.皮胶原纤维分离松散过程中的分子作用机制[J].中国皮革,2013,42(3):10-12.

[51] 杨文华.差示扫描量热法研究皮革和羊皮纸的湿热稳定性[J].西部皮革,2014.

[52] BUDRUGEAC P,CARŞOTE C,MIU L. Application of thermal analysis methods for damage assessment of leather in an old military coat belonging to the History Museum of Braşov—Romania[J].Journal of Thermal Analysis and Calorimetry,2017,127(1):765-772.

[53] LARSEN R,in "STEP Leather Project",Ed.R.Larsen,European Commission DG XII,Research Report No.1,Copenhagen,1994,p.165.

[54] LARSEN R,CHAHINE C,WOUTERS J,et al.,in "ICOM-CC,11th Triennal Meeting 1-6 September",United Kingdom,1996,vol.II,p.742.

[55] 郑学晶,秦树法,王芳,等.酸雨浸泡对加脂皮革性能的影响[J].中国皮革,2008,37(3):21-24.

[56] 胡尚勤,刘天贵,刘磊峰.霉菌侵蚀前后的皮革的成分变化[J].中国皮革 2008,37(1):45-47.

[57] 侯雅丹.皮革文物板结病害的加脂回软实验研究[D].西安:西北大学,2016.

[58] KITE M,ROY T,et al. Conservation of leather and related materials[M]. London:

Routledge,2006.

[59] BOYATZIS S C, VELIVASAKI G, MALEA E. A study of the deterioration of aged parchment marked with laboratory iron gall inks using FTIR-ATR spectroscopy and micro hot table[J]. Heritage Science,2016,4(1):13.

[60] 何俊.老化牛皮革的回软及其结构与性能研究[D].杭州:浙江理工大学,2014.

[61] ALIEV A E. Solid-state NMR studies of collagen-based parchments and gelatin[J]. Biopolymers,2005,77(4):230-245.

[62] 刘圆圆,李元吉,郑鹏,等.双能CT技术在小尺寸青铜器病害诊断中的应用研究[J].原子能科学技术,2015,49(10):1909-1913.

[63] 商栋梁.科技方法在青铜器真伪鉴定中的应用研究[D].西安:西北大学,2018.

[64] 罗武干.古麋地出土青铜器初步研究[D].合肥:中国科学技术大学,2008.

[65] 李冰洁,江旭东,潘春旭.铜锡青铜合金腐蚀过程中的电化学与微结构特征研究[J].材料导报,2017,31(11):138-143.

[66] 王菊琳,许淳淳,于淼.青铜文物表面腐蚀产物的组成及深度分布研究[J].中国腐蚀与防护学报,2005(3):163-166.

[67] 铁付德,陈卫,于鲁冀,等.古代青铜器的腐蚀及其控制研究[J].文物保护与考古科学,1997(2):9-15.

[68] 王菊琳,杨丽军.青铜在模拟海水中的腐蚀研究[C]//首届高技术在文物珠宝鉴定中的应用研讨会,2006.

[69] 许淳淳,吕国诚,王菊琳.青铜环境界面上化学、电化学行为的研究[C]//第八届全国考古与文物保护(化学)学术会议,2004.

[70] 张承志.文物保藏学原理[M].北京:科学出版社,2010.

[71] 王晨仰,杨雯,张坤,等.无机化学在文物修复和保护中的应用[J].无机化学学报,2018,34(12):2127-2134.

[72] 万娟.海洋出水铁质文物的病害特征和保护处理方法[J].客家文博,2019(4):31-37.

[73] 柴长路.干燥缺氧型微环境保存金属文物初步研究[D].西安:陕西师范大学,2015.

[74] WW/T 0058—2014 可移动文物病害评估技术规程:金属类文物.

[75] 杨传森,王菊琳,张治国.华光礁出水铁器腐蚀产物及脱盐研究[J].化工学报,2011,62(9):2582-2587.

[76] 欧阳维真.干、湿大气环境下带锈铁器文物腐蚀的锈层分析[J].梧州学院学报,2010,20(3):19-22.

[77] 卢燕玲.铁仔山古墓群出土铁器腐蚀病害与机理分析[J].中国文物科学研究,2011(3):36-40.

[78] 刘晓东.浅谈陶质文物的病害与科学保护[J].遗产与保护研究,2017,2(2):103-105.

[79] WW/T 0056—2014 可移动文物病害评估技术规程:陶制文物.

[80] 张月峰.满城汉墓彩绘陶器的保护[J].文物春秋,2003(4):51-53;78.

[81] 陈港泉,王旭东,张鲁,等.甘肃河西地区馆藏画像砖现状调查研究[J].敦煌研究,2006(4):102-104;124-125.

[82] WW/T 0057—2014 可移动文物病害评估技术规程:瓷器类文物.

[83] 耿苗."南海Ⅰ号"出水陶瓷的主要病害及稳定性处理[J].文物世界,2019(3):74-77.

[84] 魏璐,王丽琴,周铁,等.无损光谱技术在彩绘陶质文物分析中的应用进展[J].光谱学与光谱分析,2012,32(2):481-485.

[85] 左健,杜广芬,吴若,等.明永乐青花瓷片的显微拉曼光谱分析[J].光散射学报,2007(4):395-399.

[86] 王倩倩,金正耀,李功,等.WDXRF 和 FTIR 对古滇国遗址出土陶器的初步分析[J].光谱实验室,2013,30(6):2763-2768.

[87] 周铁.秦俑彩绘保护研究新进展[C]//古代雕塑彩绘和秦始皇兵马俑:材料、彩绘技术和保护之研究.巴黎:德国 LIPP 出版社 2001:23-30.

[88] ILARIA B,CATHARINA B,PATRICK D.The bingding media of the polychromy of Qin Shihuang's Terracotta Army[J].Journal of Cutural Heritage,2008,9:103-108.

[89] 维德曼·贝尔克.埃及与中国蓝色及紫色的化学和物理研究[C]//古代雕塑彩绘和秦始皇兵马俑:材料、彩绘技术和保护之研究.巴黎:德国 LIPP 出版社,1999:154-170.

[90] 赵静.典型酥粉陶质文物的病变分析及其保护研究[D].西安:西北大学,2016.

[91] 周伟强,周萍,王永进.砖石文物病害及分类概述[J].文博,2014(6):73-75.

[92] WW/T 0062—2014 可移动文物病害评估技术规程:石质文物.

[93] 屈松.北京地区大理岩石质文物病害机理及风化程度评价体系研究[D].北京:北京化工大学,2018.

[94] 孙进忠,陈祥,袁加贝.石质文物风化程度超声波检测方法探讨[J].科技导报,2006(8):19-24.

[95] BISEGNA F,AMBROSINI D,et al.A qualitative method of combining thermal imprints to emerging weak points of ancient wall structures by passive infrared thermography-A case study[J].Journal of Cultural Heritage,2014,15(2):199-202.

[96] 鲁恺,朱源婷,马国凯,等.地面核磁共振方法在石质文物保护中的应用[J].文物保护与考古科学,2018,30(6):90-95.

[97] 王景勇.承德普佑寺石质文物病害机理研究[J].北方文物,2018(3):82-87.

[98] 魏忠武,陈建强,屈江涛,等.不可移动石质文物病害勘测和影响因素分析:以杭州飞来峰青林洞石窟造像为例[J].石材,2019(1):24-32.

[99] 王石斌.北方土遗址的病害成因与环境区划研究[D].兰州:兰州大学,2009.

[100] 闫海涛,周双林,唐静.大河村红烧土房基遗址病害调查及其原因分析研究[J].华夏考古,2019(6):108-115.

[101] 黄四平,李玉虎,赵岗,等.唐皇城含光门土遗址盐分病害分析与研究[J].土壤通报,2012,43(2):407-411.

[102] 唐静,闫海涛,王鑫光,等.含嘉仓土遗址表面盐分病害分析[J].华夏考古,2018(5):124-128.

[103] 高衡山.木构古建筑的结构性能研究与分析[D].太原:太原理工大学,2013.

[104] 杜红秀,周梅.土木工程材料[M].北京:机械工业出版社,2012.

[105] 张克贵.古建筑干摆外墙泛碱病害的研究[J].古建园林技术,2010(1):12-15;83.

[106] 朱凌,周克勤,李小爽.基于现代测绘技术的古建筑测绘方法研究[J].山西建筑,2007,33(14):356-357.

[107] 张辉.基于三维的古建筑精细化管理研究[J].城市勘测,2017(5):70-74.

[108] 李黎,赵林毅,李最雄.中国古建筑中几种石灰类材料的物理力学特性研究[J].文物保护与考古科学,2014,26(3):74-84.

[109] 黄姗姗.古建筑白蚁危害成因及远程实时监测技术的应用[J].安徽农业科学,2020,48(13):96-99.

[110] 袁强亮.对古建筑智能自动化技术防治白蚁浅析[J].文物鉴定与鉴赏,2018(21):134-135.

[111] 张爱.福胜寺彩绘泥塑病害调查分析[J].文物世界,2016(5):39-42.

[112] 沈璐,刘成,周雪松.山西大同下华严寺辽代贴金泥塑病害调查[J].陕西师范大学学报(自然科学版),2008,36[S1]:141-143.

[113] 杨秋颖.古寺庙彩绘泥塑宗教造像传统工艺研究体系探讨[J].文博,2015(4):48-55.

[114] 姚敏.吐鲁番阿斯塔那出土彩绘泥塑文物材料的检测分析初探[J].吐鲁番学研究,2016(1):103-117;156.

[115] 王丹阳,刘璐瑶,张秉坚,等.须弥山石窟48窟明代泥塑彩绘制作材质成分分析[J].文物保护与考古科学,2017,29(6):65-75.

[116] 曹秋玲,王琳.古代纺织纤维的鉴别方法[J].河南工程学院学报(自然科学版),2018,30(2):4-7.

[117] PaulFHamlyn,侯秀良,郭腊梅.分子水平鉴定动物纤维[J].国外纺织技术,1999(12):3-5.

[118] 张林玉.古代纺织品中染料成分的鉴定和染色工艺的探究[D].北京:北京化工大学,2017.

[119] 刘剑.古代纤维和染料的鉴别与分析[D].杭州:浙江理工大学,2011.

[120] 从乐平,张永伟.出土古代纺织品纤维定性分析与染料鉴别[J].北京服装学院学报(自然科学版),2017,37(4):36-40;47.

[121] 龚钰轩.战国、汉代荆州地区丝织品染色工艺的研究[D].合肥:中国科学技术大学,2015.

[122] 曹红梅.四种金属离子媒染性能的研究和在天然染料染色中的应用[D].苏州:苏州大学,2006.

[123] 郭立新.中国古代髹漆工艺[J].广西民族学院学报(自然科学版),1998(3):56-58.

[124] 金普军,胡雅丽,谷旭亮,等.九连墩出土漆器漆灰层制作工艺研究[J].江汉考古,2012(4):108-111;137;2.

[125] 何秋菊.科技分析在古代漆器制作工艺研究中的应用[J].首都博物馆论丛,2012:351-356.

[126] 南雨玮.安徽六安地区出土汉代漆陶制作工艺研究[D].西安:西北大学,2019.

[127] 樊晓蕾,王丽琴,高愚民,等.中国古代漆器制作工艺剖析[J].西部考古,2011:403-410.

[128] 安红,马艺蓉,谢守斌.欧洲古代皮革鞣制工艺研究[J].文博,2018(6):80-86.

[129] 陈梦思,廖惠萍,耿振刚,等.分光光度法在皮革行业中的应用现状及前景[J].西部皮革,2015,37(10):32-35.

[130] 丁元海.中国古代青铜器的铸造工艺[C]//中国武汉决策信息研究开发中心、决策与信息杂志社、北京大学经济管理学院.决策论坛:基于公共管理学视角的决策研讨会论文集(上).中国武汉决策信息研究开发中心、决策与信息杂志社、北京大学经济管理学院:《科技与企业》编辑部,2015:251.

[131] 胡薇.青铜器表面几种常见的特种装饰工艺[J].文物天地,2015(2):9-14.

[132] 王东艳.用现代分析技术研究黄冶窑白瓷的原料来源和烧制工艺[D].郑州:郑州大学,2015.

[133] 汪常明,童永东.热膨胀法测量陶瓷烧成温度模拟实验研究[J].科学技术与工程,2018,18(16):86-91.

[134] 赵力光.陕西古代石刻艺术综论[J].碑林集刊,2000:85-94.

[135] 王丹阳.古代泥塑彩绘分析中的植物纤维检测技术研究[D].杭州:浙江大学,2016.

[136] 王玉,张晓彤,吴娜.成都武侯祠彩绘泥塑颜料的拉曼光谱分析[J].光散射学报,2015,27(4):355-358.

第 3 章 文物的保护修复技术

3.1 纸质文物保护技术

纸是我国的伟大发明,我国有丰富的纸质文物资源。纸是由植物纤维经物理、化学方式分散出与提纯的纤维素,依靠氢键缔合而交结成的薄膜状物质。植物纤维的成分主要为纤维素、半纤维素和木质素等,另外还含有少量单宁、果胶、树脂、脂肪等[1]。

纸质文物种类丰富,包含书画、古籍善本、文字契约、文书档案等。植物纤维在环境的作用下,易遭受霉菌、虫蛀等生物病害。此外,经历了数百乃至上千年的纸质文物,其本身已严重老化,植物纤维发生降解,纸张出现脆化、粉化,有的已无法触摸,更不能展阅。

针对以上损坏现象,通常会采用去污、脱酸、加固、固色显色、科学保管等保护处理方法以延长纸质文物的寿命。

3.1.1 纸质文物的去污

纸质文物去污主要是为了去除灰尘、污斑等污染物。在这些污染物的作用

下,纸张会出现黏连、字迹损毁、酸化等病害,常见的需要清理的污染物主要包括以下几种:

1. 灰尘

在长期保存和展出过程中,灰尘是最常见的污染物,灰尘的堆积会对纸张造成机械磨损、侵蚀和黏连。对表面的浮尘可使用质地较为柔软的毛刷进行擦除;对涂抹印记明显的灰迹,可使用软橡皮、乙烯树脂或海绵轻轻擦除。

当纸张因灰尘黏连难以揭开时,可依据写印色迹是耐水性还是有机溶剂性,选择用纯净水或有机溶剂软化浸湿,待其软化后缓慢揭起。也可将宣纸裁成适合的尺寸,用水打湿,贴在黏连的纸张上,待灰尘完全被吸附后用镊子小心揭开。

2. 污斑

针对纸张表面的污斑,应尽量采用小面积清洗的方法,以免造成额外损伤。针对清洗处理后的纸质文物,应尽量吸走多余水分并压平。纸质文物表面污斑的去除,应根据污斑的具体种类,选用相应的溶剂擦涂清洗。在使用各类溶剂之前,应在纸张表面选取非重要部位先进行点滴实验,防止出现纸张变色、字迹洇化、掉色等现象。如果出现字迹掉色现象,可使用醋酸纤维丙酮溶液或可溶性聚酰胺树脂对写印色料进行加固。在经各类溶剂处理后,应使用清水清洗纸张,以免残留的溶剂改变纸张的酸碱性。针对不同污斑,具体处理方法如下:

(1) 水渍

在经过点滴实验确定写印色墨不掉色后,将需要清洗的纸张平整地放在光滑玻璃板上,放入浅水盘中,用 60—70 ℃ 清水清洗后,取出后再用吸水纸吸去多余水分并进一步压平。

(2) 油渍

可使用棉签蘸取有机溶剂对油渍进行擦拭。常用的有机溶剂有乙醚、丙酮、四氯化碳等。

(3) 霉斑、墨水斑

针对霉斑、墨水斑,可用棉签蘸取适量双氧水、氯胺或次氯酸钠等擦拭去除,也可以用木瓜蛋白酶、米汁去除。

(4) 虫类排泄物

可使用木瓜蛋白酶或米汁擦拭清除虫类排泄物。

(5) 蜡斑

用小刀刮除大部分蜡质,再在蜡痕上下用滤纸衬垫,加热融化并吸除残留的蜡,或者用汽油、甲苯等有机溶剂清除。

(6) 锈斑

针对锈斑,可用常用稀酸溶液洗除,如用5%的草酸溶液或抗坏血酸(Vc)系溶液清洗。

3.1.2 纸质文物的传统保护技术

1. 装裱技艺

装裱技艺是我国的文化瑰宝,除了其固有的美学作用外,还对字画起到保护作用。经过装裱的书画,画芯被卷藏在卷中,或夹藏在册页面板中,减少了与有害气体的直接接触,从而得到有效的保护。对于已受损的书画,经过装裱工作者的精心修整,其又能恢复本来面目,再现昔日风采。1000多年来的实践证明,装裱技艺在书画文物、纸张、丝织文物及文史资料、档案的保护中发挥了极其重要的作用。装裱技艺虽不能改变纸绢文物所处的自然环境,不能提高其抗老化的性能,也不能使已经老化的纸绢恢复到未老化的状态,但是它可以把纸绢文物固定在命纸(即紧贴在画芯背面的纸)上,使其有新的支撑和依托。当命纸老化破损后,可换上新的命纸以加强纸绢文物抗拉抗折的强度。命纸可反复更换多次,损坏的文物也能因此得以修复,从而使其长期保存下去。

2. 护封、护套

书卷、绘画经托裱后,可用布、帛做成专用囊袋,进行包裹。隋唐时期,一般是将卷子本折成纸叠,在纸叠前面和后面裱上较厚的纸作为书衣,再用一张比纸叠宽一倍的厚纸,从中间对折,一头粘于卷首,另一头粘于卷尾[2]。这种做法既可以保护里面的书页不受污损,也可使书不至于因翻动而被扯断散开。书籍的装帧方式包括蝴蝶装、包装背,主要是采用较厚的纸作为书皮,这样不但能保护里面的书页,而且便于读者翻阅。

"函"就是套在书外的壳子或匣子。古代书画函套有两种:一种用硬纸板做里,刷上浆糊,外裹一层布,又叫书套,有四合、月牙、云头和六合书套;另一种是木夹板和木盒子(木书匣),夹板以梓木、楠木为贵,不生虫、不走形、质轻,花梨、枣木次之。用书箱、书柜收藏书籍也是传统方法之一。函、匣能有效地防止紫外线对文物的直接照射,减少或避免文物的曝光,防止有害气体以及虫害对文物的腐蚀、损害,减少高温或潮气的浸入,使文物可能产生的损伤得以控制。博物馆用囊匣包装、存放文物,便于文物的排架、编号、提取、搬运,减少或避免了因人为因素而造成的破坏,有利于延长文物寿命。

3. 纸张修补

纸质文物在保存过程中会面临虫蛀、霉菌侵蚀而造成的孔洞、腐朽、残缺等多种损害,对该类病害的修复主要采用局部补缺托补的方法。修复所用的纸张应尽可能选用与文物材质一致且厚度相当的手工纸。在修补过程中,应注意与原有纸张帘纹方向的一致,避免因不同方向收缩应力的差异而产生的褶皱。

对于小面积残缺、穿孔的纸质文物通常采用补缺的方法。将待修复的纸张背面朝上置于光滑工作台面上,台面上可适量涂蜡以便揭取。在破损部位周围涂以适量稀浆糊,用裁剪后略大于破损处的新纸沿相同的帘纹方向黏贴并压平,擦去多余浆糊。待浆糊全干后,用小刀将黏结处刮薄至与原纸张相当的厚度。

对于大面积破损的纸质文物通常采用托补修复的方法。将损坏的局部或整体页面用质地轻薄且坚韧的手工纸黏连,纸张应采用与文物本体材料一样或相近的材料,避免使用化学制浆生产的工业纸张,以防止其中的化学成分改变纸质文物的酸碱性而加速其劣化。

除了上述传统的手工修补外,纸质文物的修复还可以借助机械操作。机械修复使用专用的仪器设备,可做到修复过程机械化处理。处理前只需测量待修复纸张厚度、所用纸浆类型和用量,处理过程类似手工纸制造过程中的抄纸。但机械修复在文物修复领域使用较少。

3.1.3 纸质文物脱酸技术

酸性物质的存在和积累是纸质文物保存的大敌。纸张本身的主要成分纤维素的性质较稳定,但在酸的催化下容易发生水解,而使连接葡萄糖单体的 $\beta-1,4$ 糖苷键断裂,纤维素聚合度下降,从而使纸张强度降低、韧性减小,出现发黄、变脆、变质等病害。因此,脱酸对于保护纸质文物十分重要。纸质文物常见的脱酸方法可分为三大类,即湿法脱酸、有机溶液脱酸、气相脱酸[3]。

1. 湿法脱酸

(1) 氢氧化钙和重碳酸钙法(即双液两步法)

这一方法是把纸张浸入 0.15% 的氢氧化钙溶液浸泡 20 分钟,使纸内游离酸中和。然后取出再浸泡在 0.15% 的碳酸钙溶液中约 20 分钟,使过量的氢氧化钙转变为碳酸钙。碳酸钙沉积在被处理的纸上,能起抗酸、缓冲作用,防止纸张进一步变质。该方法发明于 1940 年,至今仍在使用,脱酸后纸张 pH 可能超过 8,经过长期实践证实该方法是碱水溶液脱酸方法中最安全可靠的方法之一[4]。

(2) 碳酸氢镁法

将配制好的碳酸氢镁溶液倒入搪瓷盘内,把纸张夹放在塑料网上,在溶液中浸泡 25 分钟,取出晾干即可。在操作过程中,碳酸氢镁溶液由于对酸的中和反应会逐渐由纯白色变成微黄色,最后呈琥珀色。一旦溶液呈琥珀色就应更换新的溶液[4]。

水溶液脱酸法具有既脱酸又去污的功能,能使纸张恢复一定的强度,且稳定性好。但是,该法具有以下缺点:不适宜大批量脱酸,只能进行单页操作。这样既费时费力,又要拆页、重装,所需成本高,处理周期长。由于水溶液会引起某些字迹、染料、颜料的烘染或褪色,以及使纸张出现褶皱等现象,因而水溶液脱酸方法在实际应用中受到了一定的限制[4]。

2. 有机溶液脱酸

水溶液脱酸法有着明显的缺点,为了弥补这些不足,避免因水溶液引起的各种问题,用有机溶液替代水溶液的脱酸方法应运而生。经过反复探索,人们发现碱性试剂——醇镁,甲醇镁可以作为脱酸缓冲剂。由于甲醇镁可溶于有机溶剂,本身又具有足够的碱性,在纸上能保留较长时并起到特有的稳定作用,因此甲醇镁-甲醇是有机溶剂脱酸方法中令人较为满意的一种[4]。甲醇镁的碱性不仅能使纸张中的酸中和,而且残留在纸上的甲醇镁在水汽的作用下会水解成氢氧化镁,氢氧化镁在空气中二氧化碳的作用下变成碳酸镁,使纸具有抗酸缓冲的作用。但在实践过程中发现,该法具有以下缺点:甲醇会使某些字迹(彩色字迹、圆珠笔字迹)溶解,碱性过大等。因此,经过实验,选用溶解力低的惰性溶剂和甲醇混合可解决这一问题。常用的惰性溶剂有:氟利昂、甲苯、丙酮、氯化烃等。

根据使用溶剂的不同,有机溶剂的脱酸方法也有所不同,其中最具实用价值的是韦托(Weito)法[4]。韦托法是美国韦托联合公司总经理查德·史密斯发明的,它是利用甲醇镁－甲醇、氟利昂混合溶液作为脱酸剂,处理工艺包括:先将书放入高压箱内关闭密封箱门,通过干燥或制冷将书中水分排出,引入脱酸溶液,加热使压力增高到每平方英寸 200 磅。排干纸张周围的脱酸液,使纸张干燥,打开箱门,将书取出,使其"恢复",即重回室内的温度和湿度。对于一些脆弱的纸张,脱酸后需进行加固,将丙烯酸树脂溶解在氟利昂溶液中,并用与脱酸相同的使用方法浸渍即可。自 1981 年以来,加拿大公共档案馆一直使用该法。

有机溶液法操作简便,能直接被用来处理装订成册的图书、文献,降低了脱酸费用,合理地配制混合有机溶剂可在一定程度上控制字迹的烘染。但此法仍存在一定的缺陷,如有机溶剂大都易燃、有毒,对人体有害,某些有机溶剂易使字迹褪变色。

3. 气相脱酸

气相脱酸法是利用气化或挥发碱性气体来脱酸的方法。此法是在真空环境中,使气体充分渗入到纸张、书本中,可用于大批量纸张的脱酸处理。气相脱酸的方法有以下几种:

(1) 氨气法

氨气(NH_3)是一种价格便宜、易得的弱碱性气体,能与纸张中的 H^+ 作用生成 NH_4^+。该方法操作简便,对字迹没有不良影响,是气相脱酸法中较为容易掌握的一种。

将需要脱酸的纸张放入密封的容器中,再放入盛有 1∶10 稀氨水的容器中,氨水中挥发出来的氨气与纸张中的 H^+ 发生反应,24—36 小时后,纸张 pH 可达 6.8—7.2。使用氨气法脱酸没有碱性残留物,但去酸性后的纸张容易恢复酸性,脱酸效果并不理想。

(2) 碳酸环己胺法

碳酸环己胺作为气相脱酸剂是由 Langweel 首先提出。碳酸环己胺呈酸性而非碱性,在气化过程中能分解出碱性环己胺,具有脱酸的作用。其操作步骤是将滤纸浸泡在碳酸环己胺的饱和溶液中,然后将其取出,夹在书籍中,一般每 25 页夹一张,如果是多孔薄纸印刷的书籍,则每隔 50 页夹一张,从而利用环己胺的渗透性来达到脱酸目的[5]。但由于环己胺具有致癌、使人的生理活性组织诱变以及降低纸张光泽度等缺点,该方法并未得到广泛应用。

(3) 吗啉法

吗啉,学名 1,4-氧氮杂环己烷,无色,是具有吸湿性的液体,有氨的气味,密度为 0.9894 g/cm³,熔点为 -4.9 ℃,沸点为 128 ℃,与水混溶,溶于乙醇、乙醚,呈中等碱性。

此法的研制历经六年(自 1970 年开始),于 1976 年获批专利,并在 Biehmond Virgrinea 图书馆进行了成功实验而得到应用[5]。脱酸方法如下:先把需脱酸的书籍放进真空处理箱,然后用真空泵抽真空,再把吗啉和水汽(4∶6)的混合气体通入处理箱内约 10 分钟。在这期间,吗啉气体会充分渗透到每本书中,中和纸内的游离酸。10 分钟后将空气注入处理箱,使箱内压力保持在 700 mmHg,让空气冲洗剩余的吗啉气体,5 分钟后将压力抽至 20 mmHg。最后两步可重复几次,使吗啉气体尽可能散发掉,再开箱取出书籍,整理入库。

吗啉脱酸法的优点是可批量处理,费用低,有效率达 99% 以上,没有损坏现象,纸张老化速度显著减慢,可使用自动化仪器,速度快且效果稳定。但这种方法对火棉胶封面、皮封面的颜色会产生影响,会使新闻纸发黄,无法起到加固的作用,且仪器、设备投资较大,自动化处理的成本较高。

(4) 二乙基锌法

上面介绍的几种气相脱酸法都是基于利用胺作为碱性试剂的,它们有一个共同缺点就是碱残留量小。科学工作者在探索改进胺类脱酸剂的同时,对非胺类脱酸剂也进行了研究。1976 年由美国国会图书馆化学家凯利(Ceorge B K)和威廉斯(John W)发明二乙基锌脱酸技术并获得专利,从而使脱酸方法有了突破性的进展。该方法打破了传统的酸碱中和脱酸的思路,利用金属有机化合物的活泼性达到脱酸的目的。二乙基锌是金属有机化合物,其化学式为 $(C_2H_5)_2Zn$,无色,沸点为 118 ℃,散发水果味,具有吸湿性,化学活性极高,对空气极为敏感,遇水和氧会发生猛烈爆炸。由于二乙基锌能同多种无机物和有机物发生反应,既能同酸反应生成相应的盐和烃,又能同水反应生成碱性氧化物,对植物纤维无破坏作用,因此,选用二乙基锌作为纸张脱酸剂是十分有效的[4]。

二乙基锌分子粒径极小,具有极好的渗透性,可以进入纸张的纤维内部,与纤维素结合,一旦遇酸就会发生如下反应,起到脱酸的作用:

$$(C_2H_5)_2Zn + 2H^+ \longrightarrow Zn^{2+} + 2C_2H_6 \uparrow$$

在二乙基锌进入纸张内部同酸发生反应的同时,其与纸张中微量水及纤维素羟基也会发生如下反应[6]：

$$(C_2H_5)_2Zn + H_2O \longrightarrow C_2H_5ZnOH + C_2H_6 \uparrow$$

$$C_2H_5ZnOH + H_2O \longrightarrow C_2H_6 \uparrow + Zn(OH)_2$$

二乙基锌与纤维素中羟基的反应如下：

$$CellOH + Zn(C_2H_5)_2 \longrightarrow CellOZn(C_2H_5) + C_2H_6 \uparrow$$

$$CellOZn(C_2H_5) + 2H_2O \longrightarrow CellOH + Zn(OH)_2 + C_2H_6 \uparrow$$

从上述反应可以看出，二乙基锌不仅能有效地中和纸张内的酸，而且还能与纸张纤维素发生反应，从而抑制纤维素的水解作用，并在纸张上沉积一定量的氧化锌（ZnO），对环境中的酸有一定的阻蚀作用[7]。此外，在二乙基锌脱酸的过程中加入二氧化碳，可使沉积于纸内的氧化锌转变成碳酸锌，达到更好的脱酸效果，其化学反应如下：

$$ZnO + CO_2 \longrightarrow ZnCO_3$$

3.1.4 纸质文物加固技术

纸质文物加固通常是采用某种树脂溶液涂刷、浸渍纸张，或者用纸、树脂膜、丝网进行裱托或热压，以增加纸张强度。现将各种方法分述如下：

1. 托裱法

托裱是我国传统的技艺，是行之有效的纸质文物加固方法。一般可分为单面托裱和双面托裱。单面托裱，就是在有文字的纸张背面进行裱托；双面托裱，则适用于两面有文字的纸张。两者的托裱工艺基本相同，区别是使用的材料不同[8]。双面托裱所用的纸，要求透明度高，加固后不影响文字的阅读；而单面托裱只要纸张质量上乘即可。不过，常用的托纸都是经专门制作的，如料半、连史、川连等。

托裱是目前应用较为广泛的一种加固技术，操作方法是：先将湿毛巾覆盖在需托裱的纸张上面，或以清水将纸喷湿，使之润湿，舒展平整，施以浆水。再将托纸盖于其上，用糊帚将其刷平。在上刷托纸时，左手拿着纸张另一头，不时地将托纸和纸张书页轻轻掀松，并与右手动作相配合，既不能刷得太紧，也不能刷得太松，以不刷出褶皱为宜，待全部刷好后，再翻转放到一张干纸上，用糊帚排刷，使之粘贴牢固。

托裱又分湿托和干托，其操作方法基本相同，主要区别在于干托是把浆糊刷在托纸上,而湿托却是把浆糊刷在需加固的纸张上。操作时应根据字迹的耐水程度来选择适合的方法。

2. 树脂溶液法

树脂溶液法就是将天然或合成树脂溶液喷涂在纸张上对其进行加固的方法。选用的树脂溶液,应具备以下性能:① 无色、透明、本身不会变色;② 对字迹、色彩、纤维无副作用;③ 具有一定的黏结力,耐老化;④ 具备可再处理性,处理后不发硬、手感好。

具备以上条件且在应用的有以下两种溶液:① 胶矾溶液,是书画装裱所用的传统加固剂,一般配方为胶:矾＝3:1,水为70—80 g。在配制过程中,温度应为40—50 ℃,操作时用排笔将溶液涂在需加固的纸上,先涂一面,再涂另一面,涂刷要均匀。也可用浸涂法,把需加固的纸张浸涂在胶矾水溶液中。使用时应根据具体情况而定。② 合成树脂溶液。早在20世纪40年代,就有人开始用乙酸纤维素来加固纸张。随着高分子化学的发展,各种新型的合成树脂不断问世,如聚乙烯醇缩丁醛、丙烯酸树脂、有机硅等。但是由于对这些树脂的老化程度及其对字迹和纸张的影响尚无深入研究,所以合成树脂溶液目前仍未被广泛应用。

3. 加膜法

加膜法是在脆弱纸张的两面各加一层树脂薄膜(如乙酸纤维素、聚酯、聚乙烯、尼龙等)或透明网,以加固纸张。加膜的方法很多,有热压加膜法、溶剂加膜法、真空镀膜法以及丝网加固法等。现将常见的方法分别介绍如下:

(1) 热压加膜法

热压加膜法在20世纪30年代就由美国的巴罗和斯克莱伯纳研究成功。此法选用透明树脂薄膜(乙酸纤维素、聚乙烯、聚酯、聚碳酸酯、尼龙等)将纸张夹在中间,通过热压使薄膜与纸张贴合,起到加固的作用。

(2) 溶剂加膜法

热压加膜法设备费用昂贵,且高温会对纸张产生损害,为了弥补这些不足,印度国家档案馆提出使用溶剂加膜法,此方法是先将加固材料裁成所需尺寸,按顺序放好,然后将适量的丙酮刷在夹层表面,使丙酮溶液从中心向边缘扩散,再用普遍压书机压膜,干燥后即可。这是一种应用较广泛的加固方法。

(3) 真空镀膜法

真空镀膜法是将纸张放在不锈钢真空容器中,在真空条件下通入单体,使其渗透到纸张纤维中,在纸上形成保护层(聚合物-纸-聚合物)以增强纸张强度,起到加固纸张的作用。

常用的单体有丙烯酸乙酯、甲基丙烯酸甲酯、丙烯酯、二甲二氯硅烷、对二甲苯等。目前,由南京博物院与南京图书馆共同研发的聚对二甲苯(派拉纶 N)共形盖覆技术,是纸张加固方面的一种较为先进的技术[4]。

(4) 丝网加固法

丝网加固法主要使用蚕丝树脂网。蚕丝树脂网是一种新型加固材料,适用于脆弱薄型纸张及纺织文物的加固,尤其适用于两面文字书写或印刷纸的加固,也适用于字迹会遇水渗化的纸质文物加固。其操作方法是:先将加固对象理平皱褶,对好破口,在破口处加一小条丝网,以便连成整体。在层压机底平衬上羊毛毡,然后在加固件的上面复层。待层压机自控温度指示达到 80 ℃,施加轻微压力即可。纸张反面按同样方法操作。

3.1.5　纸质文物的固色与显色

纸质文物常用的固色操作为:将需要处理样品平铺在平整工作台面上,用质地柔软的毛刷或喷雾器将功能性溶液均匀涂刷或喷撒在页面上,纸张的两面依次操作。在纸张快干时,将其放于吸水纸之间压平。若纸张强度很差,可将纸张放在滤纸上,上完胶,将其翻放在另一张滤纸上,再揭下前一张滤纸。待纸张干燥后用同样的方法为另一面上胶。常用到的溶液有以下几类:

(1) 明胶-甘油溶液,配方:明矾 100 g、中和皂 4 g、甘油 60 mL、乙醇 200 mL、霉敌 0.7 g。该溶液制作过程略复杂,首先用 1500 mL 水浸泡明胶 8—20 小时,然后加热(40—50 ℃),使其完全溶解。另取 1300 mL 水倒入另一容器,逐渐加入中和皂、酒精、甘油和霉敌,使其溶解,趁热过滤。胶粘溶液的制作过程,温度需保持在 40—50 ℃。

(2) 乙基纤维素溶液字迹加固材料,配方为纯汽油 15 mL、乙基纤维素 5 g、邻苯二甲酸二丁酯 0.25 g。

(3) 1%的有机玻璃溶液,配方为无色聚甲基丙烯酸甲酯 1 g、氯仿或苯 98 g、邻苯二甲酸二辛酯 0.5—1 g。配制时需震荡溶解后静置 24 小时。

(4) 氟塑料溶液(5%),配方为 5 g 氟塑料、95 g 有机溶剂。配置时需静置 24—48 小时。

纸质文物的显色操作一般可以分为化学显色法和物理显色法。

化学字迹显色法是利用化学试剂与纸质文物纸张上残留的褪色字迹成分发生化学反应,生成显色物质。

(1) 硫化铵、硫代乙酰胺法。将硫化铵溶于水,将褪色纸张放入溶液面上,使纸面上浸有$(NH_4)_2S$溶液,字迹慢慢恢复而显现;将5%硫代乙酰胺溶液于水浴箱中加热,促进其水解,再把褪色纸张放入溶液,待字迹慢慢恢复。

(2) 黄血盐恢复字迹法。将待恢复的纸张放入黄血盐溶液中浸湿,然后置于滤纸上并用适当物体加压,待字迹慢慢恢复。

(3) 单宁恢复字迹法。用棉签蘸取5%丹宁酸酒精溶液,在字迹处擦拭,待溶剂挥发后,字迹便会清晰显现出来。

物理显色法主要是利用不同字迹对不同波段光波的反射原理来显字,常用紫外光、红外光摄影法;也可利用滤镜加在可见光拍摄相机前拍摄,加大污渍和字体的颜色对比度,起到识别文字的效果;近年来也有通过计算机专业图像处理软件对文物字迹进行处理,从而识别文字的。

3.1.6 纸质文物的科学保管

纸质文物保护的效果,既取决于它的材料质地,也取决于保存环境。创造良好的保存环境使文物处于适宜的环境中,是阻止或延缓其自然损坏的重要措施[9]。

1. 控制温度、湿度

博物馆室内的温度、湿度随着室外温度、湿度的波动而产生相应变化。季风、日照、降雨、观众的流量等因素都直接影响着室内温度、湿度的升降。为了控制室内适宜的温度、湿度,有条件时可采用恒温、恒湿空气调节器。适宜的温度为15—18 ℃,最高不超20 ℃;相对湿度为50%—60%。也可采用室内自然通风与防潮相结合的经济、简便、安全的措施。

2. 控制光照

光对纸质文物的危害是客观存在的,而采光照明是观赏、研究藏品所必需的,如何既有利于陈列、研究,又无害于文物的保护[10],目前可采取以下措施:

(1) 库房、陈列室的建筑应避光

对自然光的限制主要应从建筑设计着手,如建造密闭式陈列馆或库房,就可以从根本上解决日光辐照问题。对于有窗户的陈列室或库房,则可采用百叶窗、遮阳板、挂厚窗帘,选用毛玻璃、吸热玻璃、夹层玻璃等措施,减少太阳的辐射热,防止光线直接照射在文物上[8]。

(2) 紫外线的过滤

紫外线是危害纸质文物的主要因素。为了阻止或消除紫外线的影响,目前通常采用两种措施:一是选用一种含氧化铈和氧化钴的玻璃作为窗玻璃阻挡紫外线的辐射,但成本较高。二是选用紫外线吸收剂。紫外线吸收剂是一种能吸收紫外线,并能将紫外线光能转变成无害热能的物质。其使用方法多样,可以在窗玻璃或荧光灯管壁上涂布紫外线吸收剂;可以将紫外线吸收剂加入聚甲基丙烯酸甲酯树脂中,制成 UV 有机玻璃板;也可以将紫外线吸收剂加入醋酸纤维素中,制成薄膜,浓度一般为 5 g/m²。采取以上措施都能将紫外线过滤掉。

(3) 人工光源的选择

无紫外荧光灯是一种能将由水银辐射出的 400 nm 以下的紫外线完全阻断而仅发射出可见光的一种灯具。它是通过在荧光灯管内涂布氧化钛或氧化锑,或在荧光灯管外壁涂布防紫外涂料制成的。

(4) 合理确定储藏、陈列的照度标准

想要确定纸质文物在收藏、陈列时的照度标准,应从是否满足观众欣赏文物的需要和是否有利于文物保护的角度考虑。既要满足欣赏、研究工作的需要,又要能够最大限度地减少光对其造成的危害。

3. 防空气污染

防止空气污染,降低大气污染对文物的危害程度,可采取以下措施:排除污染源,绿化环境,过滤与净化空气。对空气进行净化主要是除去空气中的酸性气体。如果要除去酸性气体,可将空气通入碱性溶液中,使其生成可溶性盐类而被分离出;或者在空气过滤器的滤层中放入碱性物质,这不仅能消除空气中的酸性气体,而且能阻止大气粉尘通过。空气污染物中含有金属粉尘、植物纤维、霉菌孢子等微粒,由于微粒的粒径很小,为确保过滤取得良好的效果,应采取带有阻隔性质的过滤分离方法清除空气中的微粒[11]。

4. 防霉杀菌

霉菌的生长与环境因素有着密切关联,对环境因素加以调节和控制,以及有效地使用防霉剂防止和抑制霉菌的生长和繁殖,是贯彻"以防为主,防治结合"方针的有力措施。

(1) 物理方法防治

① 保持书库、纸质文物的清洁卫生,人员进入书库必须更换防护服,库内安装空气净化过滤装置,以减少或阻止灰尘颗粒、霉菌孢子进入书库。

② 确保书画库房始终保持适宜的温度、湿度,库内保持干燥通风是防止霉菌生长、发育的前提。一般认为,将温度控制在 18 ℃,相对湿度控制在 55%—60% 可有效抑制霉菌的生长和繁殖。

③ 除氧密封储藏。众所周知,氧气是霉菌生长、发育的必要条件之一,可将纸质文物收藏在无氧密封系统中,从而抑制霉菌的正常呼吸作用,阻止霉菌的生长发育。目前我国常采用的方法为充氮法或使用除氧剂。

(2) 使用防霉药物进行防治

使用防霉药物可对霉菌的生命活动有一定的影响,对霉菌的代谢活动起抑制作用,从而控制霉菌大量繁殖。防霉药物对抑制霉菌的作用大小与其浓度有关,高浓度的有杀菌作用,低浓度的只能抑制霉菌的生长。防霉剂需满足以下要求,即抗霉效力高,低浓度就具备有效的抑菌和杀菌作用;毒性小,对人无害;稳定性好;无副作用;对纸质文物的强度、色泽和耐久性无负面影响。

目前用于纸质文物霉菌防治的药物主要有:

① 五氯苯酚及其钠盐

五氯苯酚及其钠盐是由五氯苯酚和氢氧化钠化合而成的白色粉末,能溶于水,有挥发性,对眼睛、皮肤有一定刺激性。一般使用浓度为 0.25%—1%。

② 邻位苯基苯酚钠

邻位苯基苯酚钠是一种能控制毛霉、青霉生长发育的最常用的杀菌剂,毒性小、稳定性好,几乎不分解,也不与其他物质起化学反应,溶于水,呈碱性,在浓度为 10% 的水溶液中 pH 为 11,抑菌效果良好。

③ DP

DP 系含氯与含溴的酚类化合物,化学式为 $C_6H_3OCl_2$,相对分子质量为 242。本品为白色或浅灰色粉末,具有酚类气味,溶于乙醇、丙酮、苯、甲苯、四氯化碳等有机溶剂,也溶于水,熔点为 71—72 ℃。防霉剂 DP 对多种微生物有杀死或抑制作用,据文献报道,使用本品 $(10—100) \times 10^{-6}$ 浓度时,就能抑制黑曲霉、桔青霉、黄曲霉的生长。

④ PC

防霉剂 PC，化学名为对氯间二甲酚或 4-氯 3,5-二甲酚（p-chloro-m-xylemo），化学式为 $C_8H_9C_{10}$，相对分子质量为 156.6。本品为黄色或白色结晶，稍有苯酚气味，熔点为 111—115 ℃，能溶于乙醇，难溶于水，为便于使用，需配制成乳剂使用。

防霉剂 PC 能有效地抑制霉菌、细菌和酵母菌等微生物的生长，对黑曲霉、黄曲霉等最低抑制浓度（MIC）为 $50×10^{-6}$。由于其毒性低、对皮肤无刺激、安全稳定、效果好，已得到广泛的应用。

⑤ NMF-1 防霉剂

NMF-1 防霉剂是南京博物院研制的产品，化学名为 a-溴内桂醛（C_8H_7BrO）。本品为淡黄色晶体，有较强的挥发性，无臭味，能溶于醇、乙醚、四氯化碳、丙酮、甲苯、二甲亚砜等有机溶剂中，难溶于水。

它是一种气相防霉剂，抗菌谱广、抗霉效果显著，有效期长、毒性低、无副作用，对常见的霉菌及细菌有很好的抑制作用和杀灭作用。对木霉、牙枝霉、毛壳霉等最低抑制浓度（MIC）为几个至几十个 ppm，一般使用量为 0.03%—0.05%。

⑥ 香叶醛长效抗霉灵

香叶醇的学名为 2-反式-3,7-二甲基-2,6-辛二烯-1-醇，具有较强的广谱杀菌作用，对人体无害，无副作用。香叶醇长效抗霉灵，是从植物香茅草中提取的香叶醇挥发油，经化学处理后，纯度为 90%，再用一种无机徐放载体吸收香叶醇油，控制挥发速度，在相对密闭的环境中可维持一年的防霉效果[12]。

⑦ 霉敌

霉敌是西北大学文博学院研制的产品，为肉色针状结晶，可溶于乙醚、丙酮等有机溶剂，在水中的溶解度为 0.02，溶于热水，可与碱生成盐，其生成的铵盐和钠盐有较好的水溶性。

霉敌是一种高效、低毒、广谱优良的防霉剂，对桔青霉、米曲霉等霉菌最低抑制浓度（MIC）为 $(150—400)×10^{-6}$。

⑧ 灭霉净

灭霉净是从特有植物中直接提取的原料，用先进工艺细加工而成的不含任何化学药物、对多种霉菌均有极强杀灭作用的纯天然制品，其灭菌的效力为化学防霉剂苯甲酸钠的 20—100 倍。具有高效、长效、广谱抗菌和驱虫防蛀等优点，各种技术指标明显优于化学防霉剂。

防霉剂的种类很多，但能被较广泛应用的却不多，由于霉菌种类和处理对象不同，其应用方式也不同。常用的有以下几种：

a．添加法。将防霉剂 PC、NMF-1 等以一定的比例添加到浆糊或乳液涂料中，制成防霉浆糊或防霉涂料。近年来，也有人将防霉剂添加在树脂中制成塑料薄膜。

b．喷涂法。将防霉剂邻苯基苯酚钠、霉敌等配制成溶液（有机溶剂或水溶液）进行喷洒。

c．吸附法。将防霉剂香叶醇等先配制成溶液，然后选用无机吸附载体，如蛭石、硅胶粉，吸收香叶醇溶液制成片剂或粉剂，放在文物储藏柜中，使其徐放挥发。

d．涂布法。将防霉剂配成涂料，涂刷在文物柜架上。

e．浸渍法。将一定规格的牛皮纸、白纸浸泡在防霉剂溶液中，经干燥制成防霉纸，可用于纸质文物、图书、档案的包装或夹在纸页中。

5．防治昆虫

对虫害的防治，首先要着眼于预防，在"防"的方面下工夫。一旦发现虫害，就应积极采取措施进行治理，防止蔓延，二者不可偏废。虫害防治一般可分为清洁卫生防治、中药杀虫剂防治、化学杀虫剂防治和物理防治。

（1）清洁卫生防治

清洁卫生是一切防治的根本，是贯彻"以防为主，防治结合"的重要措施，也是配合其他防治方法的一个重要方面。害虫进入博物馆的渠道通常有两种：一是害虫直接爬行、飞行入内；二是害虫潜伏在各类物质中被夹带进来。一般来说，能封闭这两条渠道，害虫就可被防止。

① 周围环境的清洁

博物馆周围的垃圾、污水、草木等既是害虫滋生、繁殖的场地，又是传播害虫的虫源。为了觅食或越冬寻求合适的生存条件，害虫常会潜入室内，所以应保持博物馆周围环境的清洁。

② 存放文物柜、架的清洁

存放文物的柜子、木架、囊盒等的用材必须经严格筛选，预先需进行高温处理，杀灭潜伏的虫害及虫卵。

③ 文物的清洁

不管文物是地下出土的,还是民间流传的,都有可能带有各种污垢和寄生虫卵。在文物进入博物馆时,必须对其进行消毒、清洁处理,以防止将害虫带入库房。

④ 控制适宜的温度、湿度

控制适宜的温度、湿度,是抑制害虫生长繁殖的重要条件。一般温度应保持在 14—18 ℃,相对湿度保持在 50%—65%。

(2) 化学防治

化学防治就是利用有毒的化学物质直接或间接杀灭害虫的方法。这种方法是利用化学物质来破坏害虫的生理机能,致使害虫中毒死亡。按其侵入虫体的途径可分为胃毒灭虫、接触灭虫和熏蒸灭虫三种,其中以熏蒸灭虫效果最佳、应用最广[8]。

① 胃毒灭虫

胃毒灭虫是让药剂被害虫的胃肠壁吸收入体内而引起害虫中毒死亡的一种方法。杀灭白蚁就是采取胃毒灭虫的办法。过去使用的三氧化二砷、滴滴涕、六六六,由于残留毒性造成公害已不再使用,而开始采用有机磷之类的杀虫剂。DDVP 对昆虫有胃毒及熏蒸作用,一般在门窗紧闭的库房内将 DDVP 分装在小碟中分散放置,两三天后绝大多数害虫可被杀死。也可以用多孔性树脂浸渍 DDVP,控制其挥发性,可延长药效两三个月,使用时需注意,该药对纤维、铁器有腐蚀作用,不能靠近文物,对人身健康亦有一定危害,使用后应开窗排风、散毒。

② 接触灭虫

用药剂直接触及害虫,透过进入害虫体内使害虫中毒死亡。常用的有以下几种:

除虫菊为多年生草本植物,作为杀虫剂应用的主要有两种,白花除虫菊和红花除虫菊。除虫菊的有效成分为除虫菊素,能溶于石油醚、苯、丙酮、乙醇、二硫化碳等有机溶剂,不溶于水,但在水中易分解。

除虫菊素是一种对害虫具有综合作用的毒剂,主要是对害虫的触杀作用。当除虫菊素接触虫体时,就会被害虫外表层的脂肪和蛋白质所吸附,使虫体的氧化酶作用发生阻碍。另外,除虫菊素透过害虫体壁或气管侵入血液,破坏神经组织,引起呕吐,使虫体的末端向前,神经节麻痹而中毒,最后死亡。市售除虫菊成品有粉剂(含除虫菊素 0.7%—1%)和乳剂(含除虫菊素 3%)两种。用药量通常为 5—10 g/m²,处理时间为 12—24 小时。由于这种药剂性质不稳定,且不能杀死虫卵,因此未大量使用。

目前,已由人工合成与天然除虫菊类似的化合物,称为"似除虫素",如下氧菊酯、炔戊菊酯、氯氰菊酯、二氯苯醚菊酯、溴氰菊酯等。这些杀虫剂具有高效、低毒等优点,作为家庭卫生杀虫剂已被广泛使用。

③ 熏蒸灭虫

在密闭容器中,控制一定的温度和压力,利用有害气体、液体或固体挥发所产生的有毒气体分子毒杀害虫和细菌的方法,称为熏蒸。其作用原理是利用有毒气体分子容易渗透到被处理物质中的性质,通过昆虫表皮或气门渗透到虫体中去,对细胞代谢产生不可逆的破坏,使害虫的新陈代谢发生障碍而致死。

熏蒸剂大多都具有毒性,易燃易爆,使用时应注意安全。首先,要确定使用的容器和场所,充分做好密闭工作,防止漏气;其二,要根据熏蒸对象,选择高效、低毒、对文物无害的熏蒸剂;其三,熏蒸过程中,应严格遵守操作规程,熏蒸结束应吸收残毒,充分散气。

熏蒸的效果与熏蒸剂的物理性质、工艺条件有着密切的关系。首先,药剂的挥发性直接影响熏蒸效果,而挥发性往往与药剂蒸气压、真空度、温度等因素有关。在一定温度下,若蒸气压越高,则挥发性、渗透性也越强;其次,熏蒸剂本身的相对分子质量大小与气体扩散及渗透到熏蒸对象内部的速度也有着密切的关系,相对分子质量小则有较高的渗透能力,如环氧乙烷,而四氯化碳则扩散速度较慢,易于聚集在地面,渗透速度也慢。

目前,在文物、图书保护中常用的熏蒸剂有:环氧乙烷、溴甲烷、硫酰氟、磷化氢、防虫磷等。现做如下简要介绍:

① 防虫磷

防虫磷的学名为 O,O-二甲苯-S-(1,2-双乙氧羟基乙基二硫代磷酸酯),化学式 $C_{10}H_{19}O_6PS_2$,纯品为浅黄色、略带酯类气味的油状液体,微溶于水,能溶于乙酸乙酯、乙醇、丙酮、苯等有机溶剂。该药剂在 pH>7 或 pH<5 时会迅速分解,当 pH=7.5 时,20 小时就可水解 50%。与活性炭、金属等物质接触会加速分解,在潮湿环境中则会缓慢水解。防虫磷是一种较好的防虫杀虫剂,对人的毒性比较低,对昆虫具有触杀和胃毒的作用,一般以喷洒的方法使用。

② 对位二氯苯

对位二氯苯,又名 PDCB,是白色结晶体,熔点为 53 ℃,不溶于水,易溶于汽油、煤油、乙醇、乙醚、苯、氯仿等有机溶剂。其毒性比樟脑低40倍,比萘低10倍,空气允许浓度为450 mg/m³。该药是一种神经性毒剂,对昆虫主要起麻醉作用,使昆虫二氧化碳发生量增加,直至其死亡为止。其药效比萘高45倍。一般使用剂量为1—10 g/m²,经7—30天可以100%杀死黑皮蠹、花斑皮蠹、烟草甲的幼虫和成虫以及蠊成虫。

③ 磷化铝(ALP)

磷化铝为灰色或深黄色粉末,无臭,遇潮会水解,放出磷化氢。磷化氢是无色、略有葱蒜气味的剧毒气体,熔点为132.5 ℃,沸点为87.5 ℃,微溶于冷水,不溶于热水,易溶于乙醇、乙醚等有机溶剂。当空气中磷化氢浓度达到26 g/m³时,遇火星就会燃烧,甚至产生爆炸。因此,在熏蒸时一定要严格做好熏蒸场所的密封和人的防毒工作。磷化铝杀虫主要依靠潮解出来的磷化氢对虫体起麻醉和抑制呼吸作用,使之瘫痪,以至死亡。为防止磷化氢自燃,使用时一般将其制成片剂,片剂为用磷化铝原粉与氨基甲酸铵以1∶2的比例,加入适量硬脂酸镁和石蜡混合后,在高压下压制而成。其中磷化铝的含量为58%,水解后释放出磷化氢气体。氨基甲酸铵有极强的吸湿能力,会放出二氧化碳。二氧化碳能防止磷化氢燃烧,并能刺激昆虫的呼吸,增强杀虫效果。磷化铝杀虫的使用剂量一般为3—5 g/m³,湿度为20%以上,熏蒸3天,即能对成虫、幼虫达到100%的杀虫效果。若温度降低,则要延长熏蒸时间。一般采用低浓度、长时间、密闭熏蒸的方案。由于磷化铝至少3天才能分解完毕,所以熏蒸时间不应小于3天。

④ 溴甲烷

溴甲烷又名甲基溴、溴代甲烷、溴化甲烷。在常温下无色无味,属于封锁警戒性气体,其相对分子质量为94.95,密度为1.732 mg/cm³,沸点为3.5 ℃,难溶于水,易溶于乙醇、乙醚、苯、二硫化碳等有机溶剂,能溶解脂肪、树脂、橡胶、颜料等,对金属、丝、麻、棉、毛织品、木材等都没有影响。实验证明,其对各种书写的字迹亦无明显影响。

溴甲烷侵入虫体后,会因水解而产生麻醉性毒物甲醇、氢溴酸、甲醛等。甲醇具有脱水作用,既是神经性毒素又是伤害细胞原生质的毒素,昆虫受刺激后,会处于兴奋状态;甲醛能与原生质的氨结合,抑制过氧化氢酶及脱氢酶的作用,在这些物质的作用下,昆虫便会死亡。

溴甲烷熏蒸杀虫一般要求在专门的熏蒸室或专用复合塑料袋内进行,使用浓度为 20—60 g/m³,温度为 10—35 ℃,熏蒸时间为 2—4 天。杀虫效果与使用浓度、熏蒸时间、温度都有着密切关系。用药量视温度高低而定。

当空气中含溴甲烷体积达到 13.5%—14.5%时,遇火会燃烧,具有较强的毒性,会损伤人的神经系统、肾脏等。因此,使用溴甲烷杀虫时,必须高度注意安全,做好防护工作。

⑤ 硫酰氟

硫酰氟是一种无色、无臭、不燃、不爆的气体,相对分子质量为 102.06,沸点为 55.2 ℃,熔点为 120 ℃,气体密度为 2.88 mg/cm³,不溶于水,在碱性溶液中水解较快,具有渗透性好、广谱、低毒、高效等优点,对金属、纸张、皮革、丝织品、棉织品均无明显的影响,其毒性仅为溴甲烷的 1/3。经熏蒸的纸张,残留的药量约为 0.4 ppm,仅为溴甲烷的 5%。近年来,针对应用硫酰氟熏杀害虫进行了大量实验,取得了显著的效果。在常温下,一般使用 10—40 g/m³ 的剂量,熏蒸24—48 小时,能杀死百怪皮蠹、黑皮蠹、烟草虫、天牛幼虫、毛衣鱼等害虫,可达到 100%的杀虫效果。但硫酰氟在生产中会残留一定量的二氧化硫,二氧化硫吸收水分形成亚硫酸,会对纸张的纤维和字迹造成一定的影响,所以在使用时必须采用高纯度的硫酰氟(99%以上)。

(3) 物理防治

物理防治就是利用高温、低温、辐射等物理作用,使害虫致死或抑制其繁殖,从而达到防治虫害的目的。

① 高温与低温杀虫

如前文所述,当温度高于或低于昆虫最适宜的温度时,对昆虫的生长、繁殖都是不利的,均可使昆虫死亡。但高温对有机质文物会有一定的影响,一般不宜采用。

低温冷冻可以杀灭各种害虫:温度越低,致死时间越短,不同虫种对低温的耐受程度不同,花斑皮蠹、黑皮蠹等对低温耐力最强;其次是书虱、药材甲、档案窃蠹;最不耐低温的昆虫有毛衣鱼、米象等。同一虫种处于不同虫态,其对低温的耐力也有一定差异,但差异不大。

② 微波辐射杀虫

微波加热是一种电磁场加热,加热对象是电介质。昆虫属电介质,在电场中被迅速加热,虫体内的细胞结构、神经系统中的胆固醇会因迅速加热、剧烈振荡而被破坏,从而达到杀虫的目的[13]。

实验和应用表明,针对白蚁、烟草甲、衣鱼、小蠹虫、书虱等昆虫,用 120 W 微波功率照射,2—5 min 即可杀灭。微波杀虫具有效率高、适用范围广、使用方便、成本低、无残存污染和对文物材质无明显影响等优点,已成为一项实用的新技术。

③ 辐照杀虫

我国早在 1958 年就开展了该项研究,经 γ 射线辐照处理,昆虫会死亡或后代不育。但若要将其应用于文物昆虫的杀灭,因考虑到文物十分珍贵、种类繁多以及材质各异等特点,还需进一步研究,目前不宜推广和应用,以免对文物造成无法挽回的损伤[14]。

④ 充氮、除氧灭虫

氧气是昆虫生命活动不可缺少的条件,当氧气含量低于 2% 时,昆虫体内的物质分解、新陈代谢活动及酶的活性都会受到破坏,从而使昆虫因缺氧而死亡。根据这一原理,先后采用充氮和除氧剂除氧的方法,可以消灭多种害虫。

3.2　纺织品文物保护

我国古称"Seres",即"丝国",有着悠久的纺织历史。丝绸是中华民族文化的载体,是东方古国历史的沉积,而考古发现的一件件纺织品文物,都是我们研究中华民族悠久历史的宝贵资料。我国是世界上织造纺织品最早的国家,古代纺织品以织工精巧、式样华实、颜色绚丽和品种繁多而著称于世。这些精美华贵的纺织品中凝结着古代先民的勤劳和智慧,是研究我国古代纺织工艺不可多得的实物资料,它不仅在我国科技史、纺织史中占有重要地位,在人类文明史中也是一颗灿烂的明珠。

纺织品保护一直是文物保护研究中的重要课题,纺织品保护的技术大致包括:揭展、消毒杀虫和加固。

3.2.1 纺织品揭展技术

考古出土的纺织品在埋藏过程中一般以折叠的形式放置,因而会出现不同程度的层间黏结,由于这些纺织品大多老化、糟朽严重,因此,揭展便成为了纺织品文物保护的首要步骤。以丝织品为例,其揭展包括物理揭展和化学揭展。物理揭展是指使用物理方法如用小型工具将黏连的丝织物打开,适用于黏连程度较低的纺织品。针对糟朽严重、一触即碎、折叠卷曲、互相黏连的出土丝织品,在进行揭展保护时,则需要使用化学揭展法。一般情况下,所选择的揭展剂应满足以下条件:可以消除丝绸层间黏结力;对脆弱丝绸具有一定的加固效果;在揭展过程中,对丝绸本身和染料不会造成任何影响;具有可再处理性;尽可能地不改变丝绸的外观及触感。

目前常见的几种用于丝绸保护的揭展剂有:

(1) 白崇斌等人研制的 JZ-I 揭展剂,具有使用方便、操作简单的特点,在消除丝绸层间黏结力的同时能够明显提高老化丝绸在揭展过程中的柔软度和强度,且对丝绸本身和颜料不会造成任何影响。丝绸揭展后,揭展剂很容易用去离子水清洗干净,不会对丝绸造成污染,符合文物保护可再处理原则。文物保护工作者在陕西白水县出土的宋代黏连糟朽丝绸上对该揭展剂进行了实验。实验结果表明,JZ-1 揭展剂对出土的糟朽丝织品具有明显的克服黏结力、软化脆化丝绸和协助剥离的作用,是一种效果较好的丝织品揭展剂[15]。

(2) 曹晓晔等人研制的一种揭展剂可用于固结丝织品的揭展。该揭展剂的制备方法为:将柠檬酸 1 份、乙二胺四乙酸 3 份、丁基磺胺酸铵 1 份、十二烷基苯磺酸钠 1 份混合均匀,再加入乙醇 10 份、亲水性氨基硅油 3 份,搅拌均匀后再加入去离子水 81 份,配制成透明溶液。在温度为 30 ℃、相对湿度为 70%的条件下放置 10 min 后进行揭展,揭展前后丝织品的断裂强力、断裂伸长率无明显变化,色差在允许范围内,揭展前后丝织品氨基酸的种类和含量不发生变化,热稳定性较揭展前有所改善[16]。

(3) 对于高含水低强度的丝绸文物,荆州文物保护中心研发了一种分离揭取方法,包括现场分离和浸浴分离揭取方法,以现场分离揭取为例,其步骤如下:① 将固料和液料按 1∶1 混匀;② 用喷雾方式将混合溶液喷洒在丝绸文物上,20 min 后再喷洒一次;③ 待到无明水时用手触摸,出现滑腻感时即可用常规方法揭取。该揭展剂增加了丝织品的抗张强度,有效地解决了层间黏结物不能分散的难题,可广泛应用于丝织品的揭取,尤其是考古发掘现场(清水墓、污泥墓及干枯沙墓)丝绸文物的提取[17]。

(4) 根据自分层理论,耿璐等研究出一种在降低丝织品文物层间黏结强度的同时,可以很好地增强丝织品文物本体力学强度的揭展剂。通过 AFM、SEM 对揭展剂成膜性、渗透性进行表征,证明了自分层揭展剂的分层效果、渗透性良好;使用机械强度、色差仪、硬挺度作为织物性能指标对揭展效果进行评估,证明该揭展剂对古代黏结、脆弱丝织品具有良好的揭展、加固效果。该方法被成功应用在安徽南陵出土宋代脆弱丝织品的揭展上[18]。

3.2.2 纺织品的清洗

不管是植物纤维还是动物纤维,在埋藏环境中常常被地下水和尸液浸泡,其中所携带的酸碱盐等化学物质也会随之浸入纺织品内部,因此纺织品文物出土时大多会残留有大量水渍、霉斑、血迹、结晶盐、锈斑等污染物。在进入实验室修复阶段后,首先要对这些污染物进行清洗。根据纺织品文物污染情况,清洗可分为局部清洗和整体清洗,具体清洗方法又可分为水洗法、化学试剂清洗法和生物酶清洗法。无论采用哪种方法事先都需进行局部预实验,尤其是针对带有染料和纹饰的织物,更要谨慎操作,在清理污染物和消毒织物的前提下,总体执行能不清洗则不清洗,能少清洗则少清洗的原则,达到对文物干预最小的目的。对仅积有灰尘的传世纺织品文物来说,可以直接使用便携式除尘器对灰尘进行清除。

纺织品文物清洗方法主要包括:

(1) 水洗法。这是修复人员最常用的一种清洗方法,也是对纺织品文物伤害最小的一种方法,适用于能承受住水流作用力的织物。其方法是在清洗池底部铺一层电力纺,防止直接接触文物,放入织物,再缓缓注入蒸馏水或去离子水,以水刚好没过织物为宜,之后需不断更换浸泡后的污水,直至水变清澈。对于顽固污渍可使用毛笔、排刷等柔软工具进行清理,并注意清洗力度。将织物洗净后取出,并用无酸纸吸干表面水分,在室内阴干。需注意,对于褪色织物在清洗前要对其进行固色处理,固色剂可采用低浓度的食盐或者醋酸溶液。

(2) 化学试剂清洗法。主要适用于对文物寿命安全有严重损害的顽固污渍的清洗,大多需要结合水洗法一并使用,清洗完后皆需用蒸馏水将化学试剂冲洗干净,以免对文物造成二次伤害。根据清洗剂类型,又可分为有机溶剂法、氧化还原法、络合清洗法等。这些方法的共同特征都是采用不同化学溶剂,使其与织物上的污染物反应生成新的物质以达到清除污物的效果,根据织物种类和污染物的类型选用相应的清洗剂。常用的有机溶剂有乙醇、乙醚、苯、丙酮、汽油等,用于不溶于水的污染物清洗;氧化还原法也可以叫漂白清洗法,常用的氧化剂有次氯酸钠、次氯酸钙等,清洗后需用温和酸来中和,常用还原剂有连二亚硫酸钠和甲醛次硫酸钠,氧化还原法适用于沾染有颜色的织物的清洗;络合清洗法适用于有钙镁等金属离子的污染物的清洗,常用的络合清洗剂有多聚磷酸钠盐和 EDTA 二钠盐等,这些中性络合剂能与金属离子发生螯合反应从而将污染物去除。使用化学清洗剂时需在文物上选取局部不重要的部位做斑点实验,用化学试剂清洗完毕后,应用大量蒸馏水反复冲洗以去除残余的化学试剂。清洗剂浓度选择应该按由低到高的梯度进行实验,对于不影响文物安全或总体展陈效果的污染物可以选择不清洗。另外,当织物上有金属装饰物或金属丝线时,应避免采用此种方式清洗。

(3) 生物酶清洗法。墓葬中出土的纺织品常会带有血迹、尸液、动植物残渣等蛋白质类污染物,可采用生物酶清洗法进行清洗。常见的生物酶有淀粉酶、脂肪酶、茶皂酶、木瓜蛋白酶等。需要注意的是,生物酶在一定的温度条件下才能发挥作用,因此需保持恒温。即使生物酶腐蚀作用相较于化学试剂小很多,也应谨慎使用,避免对脆弱的纺织品文物造成二次伤害。

3.2.3 纺织品的平整

出土纺织品文物受埋藏挤压、折叠、拉伸等物理作用影响,往往变形严重,不仅严重影响文物展出,而且内部应力不均等原因威胁织物的长久保存。因此,平整是纺织品文物修复的重要步骤。常用的平整方法为回潮法,该法可根据使用工具的不同分为熨烫法、磁铁平整法、沙包平整法和不锈钢针平整法等。回潮法指通过直接或间接方法以湿气来增加纺织品纤维含水量的技术,可以有效抚平大部分褶皱,对揭展、剥离、整形也有很好的效果,日本文化厅指定的修复工坊大多采用回潮法代替水洗法清理纺织品文物上的污渍。常见回潮措施有控制实验室环境、蒸汽熏蒸、加湿器加湿等,对于面积较小的织物也可直接将其放入密闭容器内进行回潮。平整纺织品时,首先将回潮后的织物平铺于操作台上,之间可以用电力纺隔离,再用镊子小心将褶皱部分抚平,仔细对好经纬线,用包有洁净棉布的磁铁或沙包固定好,对于强度低、破损严重的织物要格外注意操作力度,不可矫枉过正。

3.2.4 纺织品的加固[4]

1. 透明薄板夹衬法

这种方法是把纺织品残片夹衬在两块玻璃或有机玻璃薄板中,在考古现场进行临时封存,可用压敏胶带把四周粘起来。如要长期封存,需用聚甲基丙烯酸甲酯溶液黏合。值得注意的是,封存纺织品时要在干燥环境中操作,以免湿度过大引起织物霉变。

2. 裱托法

我国传统的裱托技术主要用于书画的保存,在文物保护工作中也可应用于织物的保护,如对湖南马王堆汉墓出土的帛书、江苏连云港尹湾汉墓出土的缯绣都采用了传统的裱托法进行保护。此法既美观又牢固,便于张挂和保存,但仅适用于单面有图案的织物。

3. 树脂膜加固

随着高分子化学的发展,各种树脂(如醋酸乙烯纤维素、聚酯、聚乙烯、尼龙)类透明薄膜不断被应用于纺织品的加固。加固方法通常有两种,一种是热压黏合,另一种是用溶剂溶化黏合。使用树脂膜加固的优点是强度好、易操作;缺点是影响质感、手感发硬、织物表面有亮光,薄膜老化亦可能给织物带来危害[19]。

4. 蚕丝-树脂网加固

蚕丝-树脂网由南京博物院研制、生产,适用于脆弱纺织品的加固。对于脆弱的纺织品,可以用蚕丝-树脂网单面衬托,也可以双面衬托。黏合方式可采用热压黏合,也可用乙醇溶剂溶化。

此法在提高纺织品强度的同时,不会影响对织物组织结构的观察和研究,处理后的织物手感柔软。该方法操作简便,具有可逆性,是目前加固纺织品效果较好的一种方法。国外有学者采用合成纤维如特丽伦纤维来做衬托,既耐久也不会皱缩,但操作不便,且加固后会影响织物质感和外观。

5. 丝胶加固

蚕丝是由丝素和丝胶两种物质组成的,丝胶是丝素的保护物质,具有黏合和强度的功能。与丝织品材料相似的丝胶,是一种理想天然的加固材料。湖南省博物馆对马王堆汉墓中出土的敷彩织物,采用了天然丝胶加固,取得了令人满意的效果。值得注意的是,丝胶是一种蛋白质,可成为霉菌滋生的养料,易受霉菌的侵害。

6. 合成树脂的加固

近年来,研究人员开始用合成树脂替代面粉浆糊和天然胶粘剂。有些胶粘剂不仅能使纺织品强度增加,还能使纺织品保持柔软。但有些合成树脂会改变织物外观,且存在易老化的问题,对纺织品保护和研究都不利,一般不大采用。例如,20世纪50年代苏联专家曾用聚甲基丙烯酸甲酯甲苯溶液加固北京定陵明墓出土的丝织品,结果导致丝织品失去了光泽、柔软和弹性,并发硬变脆,现已完全毁坏[19]。

但是,若对树脂进行合理改性则能使其发挥较好的作用。北大文博学院张晓梅博士使用了一种新型有机硅改性丙烯酸树脂SA-6,发现其在耐老化、耐沾污、耐霉菌等方面都具有良好的性能[4]。

7. Parylene 加固

Parylene是一种新型的敷形涂层材料,最早是由Union Carbide Co.公司开发应用的。南京博物院和南京图书馆对其进行了深入研究,通过大量实验证明,脆弱的纸张、纺织品等文物经派拉纶加固后,各项性能明显提高,外观无明显变化,极大地延长了文物的寿命。上海博物馆馆藏鱼皮衣等一批重要文物经运用此项技术保护后,保存、展示效果良好。

8. TGase/Sc 加固

龚德才课题组使用谷氨酰胺转氨酶(TGase)催化酪蛋白酸钠(SC)聚合对古代丝绸进行了加固,取得了良好的效果。其原理如下:蚕丝中含有的丝素蛋白具有伯胺和赖氨酸残基等活性基团,因此,丝织品文物可以在TGase酶促反应条件下与其他蛋白分子或分子内产生交联反应,以提高其机械性能。TGase具有很好的生物安全性,在对丝织品文物进行加固时,几乎不会改变丝织品的手感和光泽,弥补了高分子聚合物加固方法的缺陷。而酪蛋白酸钠作为一种乳化剂,在加固过程中的有一定的清洗效果,可以作为辅助清洁手段,用于污染物的去除,有利于丝织品文物的保存[20]。

3.2.5 纺织品的修补技术

纺织品一般采用针线法进行修补,顾名思义就是用针线对纺织品破损、缺失的部位进行精心缝制、修补。对于质地脆弱的织物或原有内衬破损的情况,需要采用添加背衬的方法,选择的背衬材料和补配材料需要与所修复织物的材质相近,染色时要先进行拼色实验,要根据天然染料和化学染料的不同特点合理进行搭配筛选,天然染料染色时应采用浸染、套染、媒染相结合的方法,媒染剂的选择应十分慎重,避免使用铁、铜类媒染剂,并减少染料老化对织物本体的负面影响。补配材料染色要求效果整体一致即可,染色时只选择底色的一种,背衬不染花色。我国在染背衬时,通常会染得比纺织品本体稍深。背衬在长久的保存过程中会产生褪色现象,而纺织品本体经过千百年的褪色,布料颜色已经比较稳定,因此背衬的褪色速度会快于文物本体,将背衬染得深一些可使其颜色在长久的保存过程中文物本体慢慢达到和谐一致[21]。针线修复法是一种物理修复方法,因而对纺织品本身干预较小,是目前最为理想的修补方法。修补缝线的选择要根据织物情况而定,应优先选择蚕丝纤维或棉纤维等天然材料捻成的缝线,捻线粗细也要根据织物本身承受力和整体效果而定。缝制方法采用先局部后合拢的方法。对于有内容物的纺织品,应根据实际情况对内容物进行拆离和替换,例如对新疆阿斯塔纳古墓群出土的唐代黄地褐色几何纹锦鸡鸣枕进行修复时,就采取了将原物拆解清洗后,再按外形及内腔大小选用蓬松棉代替原填充物进行修复的方法。针线修复常用跑针、回针、铺针、交叉针等多种针法,且根据文物的实际情况灵活运用,总体应根据破损部位的纤维材质选择相应的针型和缝线,以破损部位的纤维粗细程度和强度来界定缝线的材质和类型[22]。故宫博物院文物医院纺织品修护室陈杨就针线法对不同损伤程度纺织品的修复做过专门的研究,其团队还首次尝试采用刺绣针法对一件绣有行龙图案的缎纹面料进行了修复,并达到了良好的展陈效果。

3.2.6 纺织品的科学保管

纺织品的科学保管是一个重要的探索课题。文物保护工作者长期致力于研究长期保存的方法,努力创造科学的环境条件,使纺织品免遭损坏,以延长其寿命。

1. 控制光照

光是一种电磁波,具有一定的能量,自然光中含有紫外线,对文物具有较大的破坏作用,在纺织品的保管中应注意控制光照,减少光照对纺织品文物造成的危害。

(1) 建筑物避光

对自然光照的限制主要应从建筑角度着手,如建密闭式无窗库房或地下库房,就能从根本上解决自然光照的问题。对有窗库房,则可使用百叶窗、遮阳板、厚窗帘、毛玻璃、吸热玻璃、夹层玻璃等,减少进入库房的光通量。

(2) 紫外线过滤

紫外线是危害有机质文物的主要因素之一,如何防止或消除紫外线对有机质文物的伤害,是保护有机质文物的关键。目前,可采用两种措施:一是选用含氧化铈和氧化钴的玻璃作为窗玻璃,这种玻璃具有防紫外线辐射的功能,但成本较高。二是使用紫外线吸收剂。紫外线吸收剂是一种能吸收紫外线,并将紫外光能转变成无害热能的物质。紫外线吸收剂的使用方法有:在窗玻璃或荧光灯管壁上涂布紫外线吸收剂;将紫外线吸收剂加入聚甲基丙烯酸甲酯树脂中,制成 UV 有机玻璃;将紫外线吸收剂加入乙酸纤维中,制成 UV 薄膜。采取这些措施,就能将各种光源中的紫外光滤掉。

(3) 人工光源的选择

无紫外线荧光灯是为文物展出、收藏而研发的一种荧光灯,是一种可将由水银辐射出的 400 nm 以下的紫外线完全阻断而仅照射出可见光的一种灯具。紫外线阻断主要有两种方法:一种是使用无机材料;另一种是将有机涂料溶解后涂布。

使用无机材料的方法是在荧光灯管内涂布氧化钛或氧化锑等,再烧结于其上;有机材料涂布的方法是在荧光灯管外壁涂布涂料。

(4) 合理的光照度

文物在收藏、陈列时的照度标准,应从有利于观众观赏文物和文物保护的角度出发,做到既能满足观赏、研究工作的需要,又能最大限度地减少光对有机质文物的危害。对纺织品来说,其照度要控制在 50 lux 以下。

2. 控制温度、湿度

环境温度的升高对虫霉的生长十分有利,并使纺织品纤维材质中的分子从环境中获得较多的能量而成为具有活化能的活化分子,这会导致纺织品的老化。温度降低至露点,产生结露现象,文物表面会生成露珠。纺织品是较易吸湿的文物,在环境温度低于 0 ℃时,会引起内部水分结冰,造成内部结构变化,使纺织品文物受到损害。环境中相对湿度的升高,同样也会促进霉菌、虫害及微生物的繁殖生长,同时还会使纺织纤维吸水,引起体积膨胀而导致变形、纤维强度降低、色彩减退。但空气中相对湿度过低,则会引起有机质文物内部水分蒸发过多,改变文物自身正常的含水量,导致有机质文物纤维中水分子结合键断裂,分子结构被破坏,机械性能下降,致使纺织品文物出现脆裂、起皱、变形、褪色、翘曲、开裂等现象[23]。因此在纺织品文物的保管中需要特别注意控制温度、湿度,常用的方法有以下几种:

(1) 储存于相对封闭的博物馆建筑内

室内空气的温度、湿度极易受室外天气的影响,因此将室内室外隔离开来,是一个较为有效的方法。掌握室外气象规律,在气候不宜的季节,应紧闭门窗,减少空气对流和日光辐射。在室外气候适宜的季节,可开窗通风降温散湿。这种利用自然通风控制室内温度、湿度的方法[24],是我国博物馆文物保管的常规手段,能达到一定的效果。

(2) 存放于封闭陈列柜、文物柜

博物馆开放后,室内外空气的对流是难免的。此时,尽可能地将文物橱柜封闭,使柜内空气流动缓慢乃至静止,避免温度、湿度发生剧烈变化,保持室内环境稳定,是非常有效的办法。

(3) 使用温度、湿度调节设备

对于富藏纺织品的博物馆,应该安装自动空调设备系统,特别应注意采用湿度稳定控制系统。在湿度环境不佳的季节里,应增加除湿设备,或者用机械方法控制温度、湿度状态,且这些设备一般应保持连续运转。

3. 防虫防霉

纺织品纤维原料的主要成分纤维素和蛋白质是微生物和害虫的理想营养源,纺织品文物保管库房环境污染,温度、湿度控制不当,就会引发霉烂虫蛀等病害。因此,纺织品文物入库前要经过消毒处理,入库后需定期检查,发现发霉生虫隐患应及时处理。

纺织品文物常用的防霉杀虫剂有以下几种:

① 环氧乙烷:分子式为 C_2H_4O,沸点为 10.7 ℃,是当前用于文物杀虫灭菌比

较理想的熏蒸剂。它的杀菌杀虫力强,几乎可以杀死所有的霉菌及其孢子、虫卵、幼虫、蛹、成虫等。环氧乙烷和空气混合物的爆炸极限为3%—80%(体积),故当熏蒸时空气中的环氧乙烷含量过高,遇明火易燃烧爆炸,所以一般采用环氧乙烷与氮气或二氧化碳混用,以稳定环氧乙烷,最常用的混合比为1:9[25]。环氧乙烷混合气体熏蒸温度一般在38—50 ℃,相对湿度在30%—50%。

② 溴甲烷:分子式为CH_3Br,在常温下为无色气体,在空气中含量低时(一般熏蒸浓度下)无味,浓度大时略带香甜味,是一种没有警戒性的熏蒸剂。其沸点为4.5 ℃,在常温下即可气化,其挥发性、渗透性均较强,熏蒸后残余量少,散气较快。性质稳定,在一般熏蒸浓度下,不燃烧、不爆炸,对各个虫期的害虫都有良好的毒效,且对棉布、丝、毛织品无不良影响。

③ 植物灭菌剂:主要成分为中草药,如香茅草、茵陈、姜黄、莪术、黄柏、茴香、艾叶等。

4. 控制空气污染物

空气污染物不但给人类健康、生态平衡带来了严重威胁,也对博物馆中收藏和陈列的纺织品构成了严重威胁。

环境污染虽然是个全球性问题,但在博物馆建筑物内外的微环境中采取一些有效措施,便能够控制博物馆环境中大气污染的程度。

首先,设法消除污染源。在博物馆和文物保护机构附近,尽量清除排放空气污染物的机构。同时要改善博物馆馆外环境,通过绿化来减少污染物,因为树木草坪对空气中的污染物可以起拦截、过滤、吸附或滞留的净化作用。

其次,采取措施,阻止空气污染物进入博物馆室内。有条件的博物馆可以安装空气过滤设备,通过物理吸附来清除有害气体。同时,加强管理,阻止污染物进入博物馆内,这是保护博物馆环境的重要环节。例如,在博物馆展厅或库房的入口,放置清除观众鞋上泥土的设施;库房工作人员入库要换鞋,防止将尘土带入库房[26]。

5. 纺织品的保存方法

目前,博物馆中纺织品的保管方法大致有以下几种:

(1) 折叠法。这是博物馆目前最常用的一种贮存方法。将纺织品如同衣服一样折叠起来。这种方法使得文物占地少,但是经过折叠的纺织品容易断裂成片,实验证明,这是不可取的方法。

(2) 悬挂法。将纺织品(如服装、挂毯、旗子等)悬挂起来保存,若纺织品太脆弱、不能承重则可应采用尼龙丝网做衬托,使它能承受住自身的重量,这是一种常用的方法。

(3) 卷筒法。对于成卷的纺织品,可将其卷起并保存在抽屉或柜子中。此法适用于大幅面、成卷的纺织品存放。

(4) 平摊法。将纺织品摊开平放入托纸上或柜中,有时也夹在有机玻璃板中存放。

(5) 密封除氧法。将纺织品文物放在聚乙烯/聚酯复合薄膜塑料袋中,将袋子封口,从另端开以小口,尽可能抽空袋中的空气后封口,或将纺织品文物放在密闭的容器中除氧密封。除氧的方法有:① 抽真空、充氮;② 置放除氧剂,除去氧气而使纺织品文物在无氧条件下保存;③ 在密封袋中放置化学试剂,如RP-K,通过化学反应吸收密封袋内的氧气及其他有害气体,与文物保存专用封装袋 ESCAL 一起使用,可以有效地防止纺织品由于氧化而老化,发霉、虫蛀、损坏和褪色,并在封存空间内保持一定的湿度,从而达到长期保存的目的[27]。

3.3 竹木漆器文物保护

3.3.1 竹木漆器的清洗

竹木漆器的清洗应根据文物不同的出土环境、保存状况和材质特点而选择适合的方法。常用方法有浸泡清洗或蘸水清洗。

对于材料结构较为完整和强度较好的文物,可采用浸泡清洗。将文物放入与其尺寸相适宜的容器中,加入纯水清洗。若器物表面附着淤泥不易溶解,可先将文物先后浸于浓度较低的小苏打溶液和柠檬酸溶液中,所产生的二氧化碳气体可以松散土壤,继而使用软刷等工具将其清理干净。

对于无法浸泡清洗的文物,可用排笔等质地相对柔软的工具蘸水进行清洗,过程中尽量沿同一个方向蘸洗。

对于仍难以清洗的表面污垢,可采用中性洗涤剂清洗,或将其与极性或非极性溶剂配合使用,若洗涤效果不佳可改用弱酸或弱碱,或将它们与中性洗涤剂混合使用。原则上应选用不损伤器物表面的洗涤剂。

针对表面有粉彩的漆器,应先使用可逆的传统或合成胶粘剂进行加固处理,然后用软笔蘸洗。加固材料应对粉彩、漆膜、漆胎无损害,对粉彩起一定的加固保护作用,且不影响漆器的脱水定形。

3.3.2 饱水竹木漆器的脱水保护

对饱水竹木漆器进行保护首先必须解决漆器的脱水定形问题,即采用某种工艺和材料使干燥后的漆器尺寸和形状基本保持不变或无明显变化。鉴于漆膜的尺寸一般比较稳定,因此饱水漆器的稳定问题主要是木胎的脱水定形,这是国内外文物保护界长期以来不断探索研究的一大难题。饱水竹木漆器的脱水保护方法主要有以下几种:

(1) 缓慢干燥法

适用于含水率较低(60%以下)、腐朽情况不严重的漆器以及杉木胎漆器。传统的步骤有:

① 将出土湿漆器放在比较阴暗潮湿的地方,在漆器上铺撒一层碎纸屑,并及时将吸湿后的纸屑重新更换为干纸屑,直至纸屑可保持干燥为止。采用此法,一方面可以逐步把漆器内的水分吸出,另一方面纸屑本身的湿度又起着避免水分骤然蒸发的作用。

② 用数十层至百层湿宣纸包裹漆器,并放入带盖的陶瓷内,使其逐渐阴干。每半月检查一次,同时去掉外表的一层宣纸。如此反复,直至漆器完全干燥,宣纸全部去完为止。使用这一方法的缺点是,在漆器干燥过程中无法观察到其变化过程。

③ 将湿漆器埋放在绿豆、麦草、湿砂、湿木屑内,待其缓慢干燥。

④ 用马口铁制成若干层的套盒(即大盒套小盒),将漆器存放在最里层的盒内,使其逐渐阴干。套盒也可用塑料袋或塑料盒替代。

⑤ 在坚固的薄胎漆器外层用白芨水或肥皂水糊上3—5层棉纸,用打样膏或熟石膏等材料按器物形状做出内外模,把漆器固定在中间,使其逐渐脱水干燥。干燥过程要在恒温恒湿的环境中[28]完成。

⑥ 将湿漆器放在玻璃缸中,置于地下室内缓慢干燥。

国际上一般采用化学方法控制脱水速度,是文物缓慢脱水。做法是将漆器存放在相对湿度递减的一系列封闭容器中,在各容器内分别盛放硝酸钾、氯化钾、氯化钠、亚硝酸钾、硝酸镁饱和水溶液,在 21 ℃的环境中它们的相对湿度为 94%、86%、76%、66%、53%。

(2) 醇-醚连浸法

先将要脱水的漆器浸泡在水和乙醇或甲醇溶液中,开始时溶液浓度较低,随后逐步提高浓度,直至换成无水乙醇或甲醇。当用比重计测得器内水分完全被无水乙醇或甲醇取代时,再用乙醚或石油醚置换醇。用比重计测得漆器内的醇全部被乙醚或石油醚取代后,取出器物。最后,使醚在室温或真空状态下从漆器内自然挥发掉,使漆器定形。此法适用于质地较好的器物。

(3) 聚乙二醇渗透加固法

聚乙二醇的分子量有许多种,分子量愈大,熔点和黏度愈高,燃点与吸湿率愈低。渗透方法是将漆器的部分漆皮揭开,放入聚乙二醇(一般分子量为 4000 或 6000)水溶液中,溶液量最好超过器物体积的 10 倍,水浴温度控制在 45—50 ℃,使聚乙二醇逐渐渗入器物内部。待测得漆器中的水分已被聚乙二醇替代时,取出器物,用湿热毛巾擦去器物表面多余的溶液,放在干燥通风处,冷却晾干,直到恒重为止。对于大件器物,可以用逐步递增浓度喷涂的方法,一般多使用分子量为 1000 以下的聚乙二醇。经此法处理后的漆器可以保持其原状,且聚乙二醇具有可再处理性,但由于漆器木胎颜色较深、重量较大,遇潮气极易析出,使器物表面出现"白霜"。

(4) 冰冻真空干燥法

利用水分子能直接从固态变成气态的原理,对饱水漆器进行低温速冻后,在真空条件下升华干燥,以达到脱水定形的目的。用此法处理小件文物效果较好,但易使器物破裂。为防止破裂,可先用叔丁醇溶液将器物内的水分置换出来,再在 -20 ℃的条件下进行快速冷冻、真空干燥。

(5) 乙二醛脱水法[1]

乙二醛法是 20 世纪 80 年代中期由湖北省博物馆陈中行研究员发明的,已经成功地解决了湖北、湖南、安徽、北京等地的大量战国及汉代漆器的保护问题,为目前国内外比较可靠、有效的饱水漆器稳定方法。由于商品乙二醛是浓度为 30%—40% 的水溶液,如直接使用,其聚合后体积收缩较明显;乙二醛的酸性较强,且在一定的温度范围内存在自聚。因此,要控制乙二醛的聚合,需要首先解决乙二醛的浓缩、溶液酸度的调整和温度控制等技术问题。迄今为止，湖北荆州文物保护中心是该项技术应用、发展较成功的单位，他们在实践中积累了丰富的经验，在材料和技术上进行了一定的改进。

采用乙二醛法稳定出土漆器的基本步骤是：① 将器物在流水下清洗干净，用吸水纸或干布吸去器物表面的水迹和污物，测量、称重、照相、绘图、记录；② 将漆器分阶段浸泡在含有梯级浓度（30%、40%、50%、60%）的乙二醛水溶液中，控制溶液的温度和pH；③ 每隔一段时间测定一下乙二醛水溶液的密度变化，当连续三次测定值基本相同时，表明这一级置换已完成，可以更换高一级浓度的乙二醛水溶液继续浸渍，直至达到60%的浓度（商品乙二醛浓度为30%—40%，需浓缩）；④ 当漆器中的乙二醛水溶液浓度达到60%后，添加催化剂，调整乙二醛水溶液的pH和温度，使漆器逐渐沉入浸渍容器的底部；⑤ 起取漆器，用纯净水洗去表面的聚乙二醛，晾干。

出土饱水漆器的脱水方法还有γ射线辐照聚合法、临界点脱水干燥法、电冰渗透法、明矾渗透加固法等。

含水木质文物的过深色泽脱除是木质文物脱水定型的难题之一，随着近年来脱水定型研究的进一步开展，对于含水木质文物的定型方法逐渐完善，而对于改善文物外观的需求显得尤为重要。目前大部分对于木质文物色素的去除方法，主要依靠的是氧化和还原反应，其应用过程会对组成文物的纤维分子产生影响，纤维链的断裂将对文物的长期保存带来不良影响。应用色素吸附剂交联聚乙烯基吡咯烷酮PVPP为近年来研究出的新方法之一，PVPP分子中有酰胺键可以吸附多酚分子上的氢氧基，从而形成氢键，因此对许多木质文物色素有较好的吸附作用，尤其是对于影响文物色泽的多苯酚类物质有良好的吸附能力。尽管PVPP合成成本较高，但是由于被吸附物质可以在碱的作用下脱附，因此可以重复使用，合成成本并不昂贵，有较好的应用前景。目前生产和销售PVPP的厂商主要有德国BASF公司和美国的ISP公司，相关研究已有专门的报道[29]。

3.3.3 木漆器的修复

在木漆器完成脱水定型后，便可以对其开展修复工作。修复过程中应以传统工艺为主，同时利用现代技术手段，在不改变文物质感和外观的情况下，恢复器物的原状。

1. 胎骨的修复

（1）将不需要修复的部位用麻布等包裹保护起来，以免在修复过程中造成不必要的伤害。

（2）对于支撑点及其他关键部位破损程度低的器物，利用环氧树脂调和石膏粉进行修复，以保持其较高的强度。对于破损较大、但易整形器物的非受力处，应用聚乙酸乙烯脂或三甲树脂调石膏粉进行修复；对于大面积残损的脱水木器漆，可选用相同木材，控制含水率进行修复，并使用环氧树脂进行黏结，缝隙和缺口用环氧树脂或三甲树脂调石膏粉填补；木器漆碎片应使用竹签或相同木材拼成整体，然后利用环氧树脂或聚乙酸乙烯乳液进行黏结，也可进行灌注，以提高胎骨的机械强度。

（3）在修复过程中，修补材料和黏结剂中应适量添加与胎骨颜色相近的颜料。

（4）在黏结材料尚未完全干燥时进行整修和精修，待材料干燥后进行打磨平整等操作。

2. 漆面的修复

（1）刮灰。采用生漆或聚乙酸乙烯乳液调石膏或瓦灰。刮完腻子待干，而后用砂纸打磨，如有凹陷缺口，需再刮灰打磨直至平滑。

（2）糙漆。先上含水率较高的底漆，再根据漆器原色配色漆。古代漆器使用的红色颜料多为朱砂，黑色颜料多为松烟、炭黑。在调制颜色的时候也可以用生漆与氧化铁红（Fe_2O_3）或氧化铁黑（Fe_3O_4）调配相应的颜色，色度、色差应与原漆面相同。最后一道熟漆应根据原件的光洁度使用含水率适当的熟漆涂刷。

（3）漆彩漆面修复。对于绘有几何纹饰的漆器，在漆面修复时应注意纹饰的复原。针对对称图案，可根据已有部分将残缺部分按原样重绘；针对非对称图案，漆面只能恢复到彩绘前状态，不可人为主观重绘，以免破坏原有文物风貌。修复材料应与文物本身材质保持一致。

（4）粉彩漆面修复。粉彩漆面颜料有金粉、银粉、红粉、黄粉，其主要为金、银、铜等金属和矿物质。漆面的制作方法为两种，第一种是将桐油、蓖麻油等植物性油脂，桃胶、虫胶、鱼胶等与金属粉、其他矿物颜料调和后，直接绘制；第二种是用颜料生漆绘制彩漆图案，待彩绘晾干后，用生漆在彩漆预留部位绘制图案,在图案未干时将颜料粉末撒于其上。此类出土漆器通常表面破损严重,修复难度较大。

(5) 针刻纹漆面修复。对于该类漆器,表面先用工具在素面上采用阴纹刻画图案。修复时,先用笔在需要修补的部位勾画图案,然后用针笔将绘制的图案刻画出来。一般针刻纹漆器的漆膜较其他漆器略厚,修复时需要注意刻纹深度与原纹路一致。

3. 漆膜修复

(1) 漆膜的修复工艺

① 漆膜粘贴剂的配制。中国文物研究所和荆州博物馆所研究出的混合粘贴配方为:硬脂酸10份、硬脂精10份、凡士林20份、石蜡60份。其特点为凝固速度快、黏结力较强、具有可逆性。

② 漆膜整形。对于弯曲变形的漆膜,整形方法如下:清洗漆膜并晾干;用蒸汽熨斗在100℃以下加热熨平,或将漆膜喷湿后,用加热平面压平;用适当的压具或夹具使熨平后的漆膜保持平整,待用。

③ 漆膜拼对。将整形好的漆膜依据尺寸、接口、位置、花纹等进行拼接复原。

④ 胎骨的修补与制作。对于局部损毁的胎骨,可按照器物的原始记录,参考完整部位信息进行修补。对于需要重新制胎的漆器,应以实物资料为依据,胎骨的厚薄信息也可以在残留漆膜的痕迹中找到。制作时,皮胎漆器的胎骨应比原胎骨稍薄;木胎漆器则要求与原胎骨尽可能一致,粗胎需要打磨光滑,以便粘贴漆膜。

⑤ 漆膜剪样定位。用纸张按照漆膜的尺寸和形状剪成纸样,比例与原件一致,纸样编号,将纸样在胎骨上拼接,还原漆器原有外形,并判断胎骨的形状是否符合要求。

⑥ 漆膜的粘贴。将黏合剂加热融化后制成大小不一的薄片,并贴于胎骨上适当位置,再依据纸样位置将漆膜贴于漆胎上,加热并轻压,加热温度为80℃,当粘贴材料冷却后,漆膜便固定于胎骨上。如果漆膜粘贴位置需要调整,可重新加热至黏合剂融化,再进行调整。

⑦ 修补缝隙。漆膜粘贴完成之后,若接缝处不平整可使用加热工具热压熨平,凹陷处可使用混合胶黏剂填充。加热后压平,并将多余的黏合剂擦除。黏合剂应选用以石蜡为主体的混合黏合剂,修复效果好于生漆或聚乙酸乙烯脂

调石膏黏合剂。

⑧ 髹漆补彩。漆器在经过胎体、漆膜等部位的修复后,表面仍不完整,必须在修补部位和漆膜连接处髹漆补彩。对于重要文物,尽量选取生漆髹饰,补漆的部位应与周围保持颜色一致,控制生漆的含水率。重绘之前,应当先做色差对比实验。

4. 竹木器修复

对于没有彩绘的竹木器,修复工序相对简单。对于小型木质器物,修复方法可以采用修复胎骨的方法;对于榫卯结构破损的文物应按原样式修复;对于破损严重的出土竹木器,在修复时应用细小竹条在背后固定,采用低黏度环氧树脂、丙烯酸类树脂进行化学加固;对于大尺寸轻薄木器的修复,必要时可采用木板、竹条进行物理加固,待黏合剂固化稳定后再拆除。对于竹编织物的修复,应注意竹条的尺寸,并且新材料应当依据器物本身颜色适当做旧。

3.3.4 竹木漆器的加固

糟朽脆弱的漆器胎骨需要加固,通常用置换法或填充法。出土漆器在脱水定形过程中已经包含了加固工艺。对于未经加固的脆弱器胎,传统的加固方法是用石蜡、虫胶漆片等天然材料,采用微晶石蜡的松香水或醋酸酯溶液、虫胶的酒精溶液加固干燥的器胎,能使漆器的强度有所增加。20世纪70年代以后,合成材料逐步进入文物保护领域:聚乙酸乙烯酯、聚乙烯醇缩丁醛、三甲树脂、B-72树脂、硅酮树脂等高分子聚合物先后被用作漆器加固材料,文物保护人员可以针对器物的保存状况选择合适的加固材料,使脆弱漆器的加固更加科学、有效。

3.3.5 竹木漆器的科学保管

1. 控制温度、湿度

温度、湿度的剧烈变化会导致竹、木胎漆器变形和开裂。过度阴暗潮湿会使漆器生霉、色泽变暗。保存漆器环境的相对湿度最好控制在50%—60%,每日上下浮动不超过2%。环境温度也不宜过高,控制在15—25℃比较合适。为防止漆器干裂,可在漆器表面打上一层微晶石蜡保护层。

2. 杀菌防霉、杀虫防蛀

霉腐虫蛀是文物常见的两大病害,对有机质文物危害最大,因此杀菌防霉、杀虫防蛀是文物日常维护中的重要部分。常用的消毒杀菌药剂有:环氧乙烷、溴甲烷、麝香草酚、樟脑、霉敌。上述药剂在纸质文物和纺织品文物部分已做介绍,不再赘述。

3. 传世漆器的保养方法

传世漆器常采用"滋润漆皮、包装收藏"的保养方法。先将漆器擦洗干净(可用蒸馏水清洗,传世漆不溶于水),擦干;在漆面上均匀地打上一层薄地板蜡或高润蜡,用绒布或绒片轻擦,使漆器表面附着一层薄薄的蜡膜,既可滋润漆皮,又可防止潮湿空气侵蚀,还可提高漆皮的光泽度。

4. 漆器的包装

对于小件漆器的包装,可先用油印蜡纸,再用细"银皮纸"层层包裹外衬棉,放入匣内(一物一匣)。若有条件,可将珍贵漆器用软垫衬里、包装匣包装。对于大件漆器的包装,先用"银皮纸"包裹缠好,套上布面绸里棉套,外包厚蜡纸,再用棉布带缠扎(防止用棉绳、麻绳,以免绳股不平磨损漆皮),再用棉花衬装于木箱中保存。

3.4 陶瓷类文物保护

3.4.1 陶瓷器文物修复

古陶瓷器物的种类繁多,每件器物的损坏部位和损坏程度各不相同。陶瓷器的损坏情况主要有:破碎、断裂、短缺、剥釉、脱彩、严重风化酥解、锈蚀以及因人为修理不当而产生的其他问题[30]。在实施修复时,根据不同的损坏情况和修复要求,修复过程可分为:清洁、拼对粘接、配补、加固、打底、作色、仿釉和作旧八个步骤[31]。

1. 清洁[31]

清洁的目的是把需要被修复的器物的表面及断裂部位的各种污垢、杂质清理干净,为后续工艺的实施提供条件。清洁的方法有许多种,一般在对某件器物实施清洁前,要先了解其胎质、彩绘纹饰和破损情况,确定适宜的清洁方法和清洁剂,而后才可在实物上进行清洁。下面介绍几种基本的清洁方法。

(1) 机械清除法。机械清除法是指用小型超声波清洗机、电动刻笔刀、毛刷和铜刷等工具清除器物上的污垢的一种清洁方法。对于那些不宜采用水洗、酸洗和浸泡方法进行清洁处理的器物,可采用此方法,但这种方法不适用于胎质松软或风化严重的器物。

(2) 皂液洗涤法。皂液洗涤法是指用肥皂水、洗洁精等溶液浸泡、洗刷器物,以去除表面的杂物和污垢的一种清洁方法。此方法是古陶瓷清洁工艺中最常用的方法,适用于大部分器物的清洁。但要注意的是,对于低温烧制的陶器、彩绘陶和风化粉化严重的器物,禁止使用此方法,因为这类器物遇水后会酥解,彩陶上的彩绘纹饰也会因水洗而遭毁坏。

(3) 化学除垢法。化学除垢法是指用化学药剂来清除陶瓷器物表面的碳酸钙镁等锈碱和二氧化铁等污染的一种清洁方法。选用化学除垢法做清洁时,必须先用水将药剂按所需比例稀释,浓度可视具体情况而定。

(4) 有机溶剂去污法。有机溶剂去污法是指用毛笔或棉球蘸取有机溶剂,擦拭器物表面和修复部位,以起到清除各种杂质和油渍作用的一种清洁方法。常用的有机溶剂包括汽油、乙醇、丙酮和乙醚[32]。

在古陶瓷修复中无论采用哪种清洁方法,都应以不伤害器物为基本原则,如果在实施过程中,对某种方法没有足够的把握,可先在替代品上进行实验,确定效果后再在需修复器物上实施。另外,清洁古陶瓷器,并非是清洁得越干净越彻底越好,对于那些具有年代特征的,能反映出品种特点的杂质、锈蚀应适当保留。

2. 拼对粘接[31]

粘接是将古陶瓷器破损或断裂的部位,用黏合剂重新粘接在一起,为下一道工序的实施提供条件。

(1) 粘接前的准备工作

① 拼对。对于有些破损较严重,断裂面较多的器物,在粘接前要根据它们破损或断裂部位的形状、颜色、纹饰等特点先进行拼对,确定各部位所在的位置,并做好编号,以便在粘接时做到准确无误。

② 对接口部位的处理。在实施粘接前,为了进一步提高粘接强度,用有机

溶剂对器物破损或断裂的接口部位进行清洁。可根据具体情况选用不同性质的偶联剂处理接口。例如,使用"502"黏合剂粘补陶瓷,可用聚醋酸乙烯酯乳液作偶联剂涂覆在接口表面,它不仅能提高粘接强度,还能防止吸水率高的陶胎大量吸附稀薄的胶液。环氧树脂类黏合剂可采用 KH-550 处理剂来处理接口,可提高环氧树脂粘接强度至 60% 左右,并且能增强接口的耐水性。

③ 黏合剂的选用。如何选用合适的黏合剂要根据修复器物的大小、胎质的薄厚和破损程度来确定。

(2) 粘接方法

① 直接对粘法。直接对粘法是最基本的粘接法,应用较广。其操作过程是把黏合剂均匀地涂敷在断面上,然后将两个断面吻合拼对在一起,用力按牢,在黏合剂未固化前要对粘接拼对后的各部位加以固定,防止移动错位。在实施直接对粘法过程中需要注意以下几个问题:首先,要注意粘接顺序,应由下往上、对正挤严逐步进行,有时也可以由上往下,需根据实际情况而定;其次,减薄黏合剂涂层是防止错位的有效办法,粘接的部位越多,粘接到最后越容易出现错位现象,这是因为接缝中的胶液有一定厚度,它会致使接缝加宽,产生一定的误差,随着粘接块数的增加,误差也累计加大,到最后就会出现拼对不到位现象,因此涂层过厚不但不会提高粘接牢度,反而会影响粘接质量。

② 灌注粘接法。灌注粘接法是指把需要粘接的各个部位拼接到位,然后再将黏合剂灌注到断裂的缝隙中去的一种粘接法。这种方法适用于采用直接对粘法粘接各个部位之后,接缝处尚有小部分残缺,又无需进行配补修复的器物,以及各类非完全性断裂的器物。

③ 快速粘接法。快速粘接法是指对破损面不严重器物进行应急修复的一种粘接法。常用的快速粘接方法有两种,一是用"502"瞬干胶进行快速粘接;二是用热固型环氧树脂胶进行快速粘接。

3. 配补[31]

在古陶瓷修复中,经常会遇到器物破损的部位短缺不存的现象,这就需要通过配补来复原短缺部位的原貌。如何选择和调制配补材料,应根据所需修复的古陶瓷的具体情况而定。它可以是单一物质,也可以是几种物质混合而成的复合材料。

(1) 常用配补材料的配方

① 配方一:石膏配补法。在石膏粉中加入适量清水,搅拌均匀,即可使用。

石膏为传统的配补材料,在研究修复中被广泛使用。其优点是:可塑性好、施工工艺简单、固化时间短、收缩率低、不易出现裂缝、便于着色;缺点是:固化物的机械强度低、质地脆弱、受潮后容易粉化。该方法不适用于商品修复和展览修复[33]。

② 配方二:复合材料配补法。选择成品黏合剂,如 AB 强力胶、AAA 超能胶等;填料则可选择滑石粉或牙粉(牙科医疗所用)等。将选择好的黏合剂和填料混合调成膏状,软硬度视修补需要而定。例如,模补用料需软,那么调料时黏合剂的比例要高于填料;塑补用料需硬,则填料比例应高于黏合剂。此配方的优点是:粘接力强、牢固可靠,固化后质地坚硬、机械强度高、收缩率低、不易产生裂缝;缺点是:材料固化前流动性大,在其固化过程中要特别注意防止流动变形。复合材料配补法适用于各种陶瓷器修复,目前在古陶瓷修复中广泛使用。

(2) 配补方法

① 填补法。填补法是指选用配补材料,直接将器物上残缺部位填平补齐的一种补配方法,方法简便,应用广泛。凡属下述破损情况的均可用此方法进行修补,即器物上存在各类宽缝隙;无胎装饰花纹的凹缺部位;无胎装饰花纹的小面积短缺部位。

② 模补法。模补法是指采用范模翻制进行配补的一种补配方法。凡属于下列破损情况的器物均可用模补法进行修补,即器物存在某部位大面积残缺;器物立体部位残缺,如琢器上的耳、足等部位;器物残缺部位形状较复杂或压印有胎装饰纹饰。

模补法可分为如下两种:a. 打样配补法。打样配补法适用于无胎装饰纹饰或有简单胎装饰纹饰器物较大面积残缺的修补。其方法是将开水倒入盆状容器内,在盆底铺上纱布或毛巾以防打样膏粘底,然后将打样膏放入开水中使其软化,取出后用手揉搓均匀,捏成 5 mm 左右片状,按压在器物完整部位取样,拓出所需局部范模。经检查无误后,即可用配补材料进行修补,修补方法与填补法一致。待配补材料基本固化后,用热吹风机吹软范模,将其取下,最后用刀具和砂纸进行修整。b. 范模翻制法。即根据器物残缺部位先制出内范,再用内范翻制外范,使用外范翻制出器物缺损的部位,然后再将其粘接到残缺部位上。此方法多用于器物的耳、足、首等立体部位残缺的配补。

③ 塑补法。塑补法是指采用各种雕塑技法进行修补的一种方法。塑补的方法主要有两种,一是把配补材料直接粘贴在器物残缺部位,待其固化到便于

雕塑的硬度后，再进行雕塑成形；二是把配补材料先雕塑成形，再粘接到器物上。塑补法主要适合有较复杂装饰纹饰的小面积残缺部位的修复，以及器物立体部位缺损的修复。

④ 其他配补方法。陶补、瓷补和插接这三种方法一般在商品修复中采用的较多。陶补和瓷补就是用陶土或瓷土做原料，按照器物的残缺部位制作出坯胎，再烧成所需的陶瓷片，然后直接粘接到器物上。插接是一种二合一的修复方法，就是把两件或多件品种、纹饰相同的器物进行对比，取其完整的部位，采用各种手法将它们拼成一件完整的器物。

4．加固[34]

加固是针对器物的某个部位，用技术处理来提高其硬度、强度和牢固度的一种修复方法。

（1）加固的适用范围主要包括以下四种情况：① 对器物上的裂纹或冲口进行预防性处理。② 对器物表面将剥落的彩绘和釉层进行保护性加固。③ 对完成粘接或配补工序的器物施行保护性处理，进一步提高其修复部位的牢固度。④ 对受力或易损部位进行预防性加固。

（2）常用的加固方法主要有以下几种：① 喷涂加固法。喷涂加固法是指将环氧树脂类黏合剂或硝基清漆和丙烯酸清漆类涂料，用稀释剂调制好，然后用喷枪或毛笔涂刷，并一层层喷涂在需要加固的部位上的一种加固方法。此方法适用于风化程度较轻、欲剥落的彩绘和釉层，以及对配补部位的强化处理。② 滴注加固法。滴注加固法是指利用"502"等液体黏合剂渗透性强这一特点，对器物上非受力部位的裂缝、冲口以及粘接后尚不牢固的部位，进行加固处理的一种方法。其操作是将液体黏合剂往裂缝中或待粘接修补部位一点点滴注，让胶渗入缝隙中，表面残留的胶液可用丙酮擦拭干净。③ 浸泡加固法。浸泡加固法是指把整个器物直接放入硝基清漆或丙烯酸清漆类涂料液中浸泡一段时间，而后取出放入一个装有少量丙酮类溶剂的加盖玻璃容器中，使其在饱和的溶剂蒸汽条件下缓缓干燥的一种加固方法。此方法适用于低温陶器风化侵蚀的加固处理。

5．打底[34]

在实施打底工艺之前，首先要对器物经配补、模补或塑形等修复处理后残留的多余填料，用电动打磨机、锉子和各型号砂纸进行打磨，待打磨出原形后再进行细致的打底工作。打磨是打底作色的基础。

打底,即刮腻子,是作色和仿釉的基础。其目的,一是进一步提高作色仿釉部位的平润光滑度,如一件残器在经过粘接或配补修补后,其修补部位表面的平整光滑度往往达不到作色仿釉工艺的要求,这就要通过打底处理使其达到要求;二是提高和改善修复部位表面材料与作色仿釉涂层的结合力。

操作方法是,先向附着力强的涂料中加入适量的填充料,调制成腻子,然后一层层反复刮涂到经过粘接或配补修补部位的表面,再用各型号水砂纸反复打磨,使其平润光滑,用手触摸打磨处时感觉与原物光滑度一致即可。

6. 作色[34]

经过粘接、配补和加固等工艺修复后的古陶瓷器,其修复部位的颜色与原器物颜色通常存在很大差距,需按照器物表面原有的色彩或纹饰,对修复部位进行作色处理,并且不留修复痕迹。

作色是古陶瓷修复中最难的一道工艺,修复水平高低主要看所作之色是否与原物一致。它要求修复者必须掌握一定的绘画和色彩方面的基础知识和技术,要有一定的鉴赏水平和审美观,这样才能修复出高质量的作品。

古陶瓷修复作色技法有很多种,下面简单介绍几种常用的技法。

(1)涂刷法。涂刷法是指使用毛笔蘸取已调制好的涂料,在被涂物表面涂敷作色的一种方法。这是一种传统而又最常见的作色方法。涂刷法使用的工具以各型号羊毫毛笔为主,有时也需要用羊毫板刷或排笔。

(2)喷涂法。喷涂法是指使用空气压缩机及喷笔,把涂料喷涂在修复部位的一种作色方法。喷笔具有作色均匀、细腻、不留接痕、施工速度快、表现技法多样的优势。普通喷笔可用于上底色、仿釉等,特殊型号喷笔如涡轮 AB 喷笔和消色喷笔可用于绘制图案纹饰,以及消减过多色层、消除修复痕迹等。

(3)擦涂法。擦涂法是指用棉球作工具,蘸取色浆或涂料,擦涂在器物表面的一种作色方法。首先选择细绸布料或细麻布料,把棉花或绒线包裹成大小不一的棉球,然后根据所需作色器物的需要进行擦涂。可先在表面往返平涂几下,然后采用圈涂法,即手拿棉球在器物表面按圆圈状移动抹擦。

(4)蹾拍法。蹾拍法是指用硬毛刷或小拓包等工具,蘸取涂料液,扑打蹾拍的上色方法,以求形成各种不规则的色块或色斑。首先把涂料液用毛笔平涂在调色板上,用蹾拍工具蘸取少量涂液,然后往着色部位均匀地蹾拍,操作时要利用手腕的上下运动进行蹾拍,手与着色面呈垂直状态,按从左到右、从上到下依顺序进行蹾拍。

（5）点染法。点染法是指用毛笔蘸取涂料液在着色部位随意点染，以求获得分布不均匀和形状不规则的色斑或色点。

（6）掸拨法。掸拨法是指使用硬毛笔或毛刷蘸取稀薄的涂料液，然后用调色刀拨动笔毛，利用笔毛反弹作用，把涂料液弹成雾状小点，落于着色部位的一种作色方法。

（7）渲染法。即使用稀释剂把点染在着色部位的涂料晕开的一种作色方法。渲染法常用于明清彩绘器物图案纹饰的绘制，另外还常用于消除着色接痕和色彩推移变化的制作过程中。

（8）粘贴法。即使用黏合剂将金箔和银箔粘贴于器物表面的一种作色方法。此方法常用于描金彩绘器物金银纹饰的制作。

7. 仿釉[35]

在展览修复和商品修复中，评估一件古陶瓷器修复质量优劣的关键步骤就在于观察其仿釉。

古陶瓷修复中使用的仿釉材料由两部分组成，一是颜料，即釉层的呈色物质；二是基料，即釉层的成膜物质。仿釉工艺中所使用的颜料基本上与作色工艺中所使用的一样。有时为了使用方便，也可以根据基料的性质选择各类成品磁漆。目前，国内陶瓷器修复普遍使用的仿釉基料是硝基清漆和丙烯酸清漆，两者性能特点有所不同，实施操作时可根据产品说明书使用。

（1）仿釉工艺的基本操作方法

陶瓷器表面的釉层在质地和颜色上都有许多不同之处，例如，有的厚实凝重，有的稀薄光润；有的平润光滑，有的流挂不匀；有的布满不同类型的"开片"，有的呈现出"棕眼"或"桔皮"等。在修复过程中，除了在配料和加工技法上有所不同，仿釉的基本方法和步骤大体相同，可分为调制涂料和施釉。

① 涂料调制方法：仿釉涂料的调制包括调色和配制基料。釉色的调制与作色工艺相同，只需注意在调制仿釉涂料时，要掌握好颜料与基料的比例。一般，对于光泽好或玻璃质感强的釉面，在调涂料时要提高基料比例；对于光泽稍差或浮浊感强的釉面以及找底时，则要减少基料而加大颜料占比。

② 施釉：施釉是指在修复部位涂以调制好的仿釉涂料，使其能呈现出与原器釉面相同的色彩和质感的一种仿釉工艺。施釉的操作方法与作色工艺中的各种着色方法相似，采用哪种方法应视具体情况而定。下面主要介绍施釉的操作要求与注意事项。

a. 在施涂料时动作要娴熟快速,不能在一个地方反复涂抹,这样易造成"翻底"等不良后果。

b. 在施涂料时用料要恰如其分,不可过量,特别是不可以用涂料将原器无需修复之处的釉面大面积覆盖,应做到覆盖面积越小越好。

c. 在采用热固型丙烯酸漆做仿釉涂料时,应注意严格控制烘烧温度,根据说明进行操作。采用硝基漆等非热固型涂料时,需注意不能进行烘烧,否则涂层会出现起泡、变色和剥落等现象。

(2) 几种常见釉面的仿制方法

① 单色釉,是指色相基本一致的釉面。其仿制方法是:以釉层最薄、明度最高的颜色为标准调制涂料,用毛笔蘸取少量料液,采用涂刷法或点涂法进行操作。在开始做涂层时,颜料要多于基料,而后每做一道,基料的占比要逐渐增大,最后颜料的占比要变得很少。每做完一道涂层,待其完全固化后都要进行抛光打磨,可选用 3000♯—4000♯ 金相砂纸。直到做到仿釉涂层的色彩同原釉一致,然后再喷涂一层清漆以提高光亮度。另外,有些单色釉面会有多处深色小斑点、气泡、"棕眼"或"开片"等现象,仿制这些应在做最后两道涂层之前进行。

a. 制作深色斑点。用掸拨法往涂层上掸拨深色涂料,斑点不宜过多,如觉得呆板,可用毛笔蘸取少许溶剂将它们轻轻渲晕一下。

b. 制作气泡。可用掸拨法在制作最后几道仿釉涂层时,往涂层上掸拨透明或浊色的涂料小点,做一道仿釉涂层便掸拨一点,待其固化后用金相砂纸抛光,再做下一道,反复多次直至涂层内呈现出气泡的效果。

c. 制作"棕眼"。取一根稍长点的针,把针头磨扁,用针在修复部位适当扎出一些大小不一的针眼,然后再做上仿釉涂层。

d. 制作"开片"。用手术刀等利器先刻出裂纹,然后根据原器开片颜色,用颜料调色填入裂纹中,擦净多余部分,最后用喷笔喷上硝基或丙烯罩光油。也可以用描笔勾勒画线的方法制作"开片",做"开片"的颜色应以黑黄两色为主,做出"金丝铁线"效果。

② 桔皮釉,因釉面呈现不规则形斑点隆起,如同桔皮而得名。其仿制方法是:先调制好仿釉涂料,选溶解力强、挥发速度快的有机溶剂作为稀释剂,操作时应加大涂层厚度和施工黏度,减少涂层遍数,待涂层呈半干状时,用平头毛笔或其他工具,在涂层表面进行蹾拍提拉,使其涂层表面出现桔皮现象。

③ 窑变釉,是在仿制单色釉的基础上,采用两种以上不同颜色的仿釉涂料同时进行操作。值得注意的是窑变釉上的色彩一般都是推移变化的,其色彩变化中有一定的自然过渡,掌握仿制窑变釉的关键,就是要使仿制的"釉"色表现出这种自然生动的过渡过程。其仿制方法是:在上色相完全不同的两种仿釉涂料时,上完第一种颜色的涂料即基本色后,勿等涂层干透,紧接着上第二种颜色的涂层,并在两色交接部位用渲染法将其晕散开,使之相互渗透。如果两种颜色色差较大,必要时需调制出它们之间的中间色,并使用三种或更多颜色的仿釉涂料同时进行操作。

8. 作旧[35]

由于年代久远,古陶瓷器长期受到自然界各种物质的侵蚀,其表面会呈现出一些自然形成的旧貌。例如,明清瓷器,大部分只是由于"火气"的消减使器物表面光泽变得温润,而年代久远的陶瓷器表面往往是锈蚀斑斑,器表和胎体出现不同程度的风化、剥釉、破碎和酥解等现象。作旧工艺就是要使器物被修复部位呈现出与原器物整体相同的自然旧貌,使其与整个器物浑然一体。

陶瓷器旧貌特征和制作方法主要有以下几种:

(1) 瓷釉光泽处理

陶瓷釉面光泽变化是一种自然现象,新瓷行称"火光强",即器物表面非常光亮。古陶瓷因年深日久,釉面光泽变得温润柔和,即使有的品种看上去釉面仍然十分光亮,但这种光亮与新瓷是截然不同的。有些瓷器表面好似罩有一层极薄的透明膜,行内称"哈蜊光",其釉面有一种散光现象,这是在地下自然形成的。在古陶瓷修复中,不同的釉面有不同的光泽,对其处理可采用以下几种方法:

① 压光法。压光法多用于陶瓷表面的上光工艺中。方法是:先用电吹风对仿釉部位稍做加热,将石蜡或川蜡涂在布上,用蜡布轻擦仿釉部位,然后用光滑且质地稍硬的工具在其表面滚压,直到出现理想光泽,再用绸布擦拭。

② 抛光法。抛光法是应用最广泛的一种处理器物表面光泽的方法。在仿釉工作结束后,基本上都要采用这种方法对仿釉涂层表面进行处理。方法是:在仿釉部位直接涂擦上一些蜡,先用稍粗的麻布擦拭,再用绸布擦拭,有些需要特别光亮的,可采用玛瑙或玉做的滚子滚光,直至修复后的釉面与原物基本相同。

③ 罩光法。罩光法是在仿釉涂层表面喷涂一层上光涂料来进行光泽处理

的一种方法,一般选用较好的无色透明硝基清漆或丙烯酸清漆,待其完全固化后,再用绸布进行打磨。

(2) 釉面锈蚀制作

古陶瓷器由于年代久远,其釉面表层大多会出现各种变化。常见的有以下几种:

① 土锈。因陶瓷器长期在地下埋藏,受到地下水、酸、碱和盐的侵蚀,使器物表面附着了坚硬牢固的泥土。仿制方法一,可使用"502"强力黏合剂、漆皮汁(虫胶酒精溶液)或清漆等,将其喷涂在需要做土锈的部位,然后将研磨好的黄土(针对有些发白的土锈,可在黄土中填加白粉)撒于其上,待干燥后即成土锈。仿制方法二,可以将胶与泥浆混合,用牙刷弹或蹾或刷,做出点状或斑状土锈。

② 水锈。因陶瓷器在土中埋藏时,受到土中碳酸钙镁盐类及氧化铁和碳酸铜等物质的侵蚀,使器物表面附着一些灰白色沉积物,有的颜色呈铁红或铜绿色。仿制方法一,将清漆或漆皮汁喷涂或刷涂在需要做水锈的部位,然后用滑石粉或其他颜料粉扑撒其上。仿制方法二,可将"502"黏合剂喷撒在需要做水锈的部位,在其未固化前用水喷湿,"502"遇水后泛白并固化,即可形成人造水锈。另外,在制作过程中加入少量染料,可制出铁红色或铜绿色水锈。

③ 银釉。在出土的汉代绿釉陶器上,常会发现有一层银白色金属光泽的物质,行内称"银釉",这主要是因为釉色中的铅受地下环境影响而生成了金属氧化物。银釉不同于器物上其他污垢,它是年代久远的象征,一般在清洁工艺中不做处理。仿制方法一,可在清漆中加银粉,喷刷在需要做银釉的部位,在其未干时吹上一点研磨好的黄土即可。此方法做出的银釉效果非常逼真。仿制方法二,可采用云母粉硅酸钠溶液涂刷,然后再涂稀盐酸,硅酸钠与稀盐酸发生分解反应会产生一层带有云母光泽的盐类物质,反复做几次,使附着物逐渐加厚,即可呈现银釉的效果。

3.4.2 陶器文物的脱盐和控盐[36]

当环境温度、湿度发生交替变化时,陶器中的可溶性盐也会不断反复发生可溶盐的溶解—结晶现象,对陶器孔壁造成巨大压力,在降低其机械强度、导致酥粉的同时,从陶器内部析出的可溶盐还会造成表面泛白,影响彩绘陶表面的色彩。因此,脱盐处理对陶器的保护具有重要意义[37]。常用陶器脱盐方法有蒸馏水浸泡脱盐法、吸附脱盐法、环境控制法等。对可溶盐大量析出到表面或表面被不易溶解的盐壳所覆盖的器物来说，可以先采用机械法将表面可见的盐分去除后，再进一步脱盐。

1. 蒸馏水浸泡脱盐法

蒸馏水浸泡脱盐法为陶器脱盐的传统方法之一。操作时需将待清洗器物浸泡于蒸馏水中，通过定期更换蒸馏水（如每周更换1—2次）来达到降低器物内部可溶盐含量的目的。脱盐过程中，可采用监测水溶液导电率变化的方法来判断可溶盐的脱除程度。但若单独使用这种方法，则存在效率低、清洗周期长的问题，因此常与超声波或冷热交替法等结合使用，来加快速率[38]。蒸馏水浸泡脱盐是一种基于离子扩散机制的物理反应过程。一般情况下，物质会自发地由高浓度区向低浓度区转移[39]。因此，以蒸馏水为介质进行浸泡清洗时，陶器内部浓度较高的盐离子会向浓度较低的浸泡清洗液中扩散，进而达到脱盐目的。

2. 吸附脱盐法

传统吸附脱盐法一般以纸浆等吸水性较强的物质作为吸附材料，以水为溶剂，通过使吸附材料中的水渗入多孔物质来溶解器物内部的可溶盐。可溶盐溶解之后，随着多孔物质外表面水分的不断蒸发，在毛细管作用的影响下，盐溶液就会由多孔物质内部向外部迁移，最终使盐分被吸附到纸浆上[40]。对陶器文物来说，脱盐操作时常将器物用制好的纸浆（或多层纸张）包裹起来，待纸浆干燥后取下，换以新纸浆，如此反复操作，以达到脱盐的目的[41]。

3. 复合材料贴敷脱盐法

传统的吸附脱盐法虽对于脆弱的多孔材质文物具有一定的适用性，也被较多地被应用在脆弱陶器及壁画脱盐方面，但脱盐效率较低。文物保护工作者在此基础上发展出了复合材料贴敷脱盐法。复合材料贴敷脱盐法所使用的材料由透水、吸水性较好的载体材料（如木浆纸等）与吸水脱盐材料（一般为高吸水树脂）结合而成。在采用此方法脱盐前，需要将处理对象进行一定程度的加湿，使其内部的可溶盐溶解为盐溶液。此方法作用过程与传统吸附脱盐法相同，盐溶液向外迁移，逐渐透过载体材料被高吸水树脂吸收，借助吸水树脂的吸水和保水能力达到脱盐目的。

4. 环境控制法

影响陶器盐害发生的主要因素包含两个方面：其一，陶器内部存在可溶盐；

其二,可溶盐发生溶解—结晶反应。可溶盐的溶解与结晶均需要在一定的温度、湿度下发生。陶器内部的可溶盐包括 $NaCl$、KCl、K_2SO_4 等多种成分,不同种类的可溶盐发生结晶的环境临界点不同,而多种成分的混合可溶盐又与单一种类可溶盐的情况不同。由此可知,对不同处理对象来说,环境控制所要达到的条件也会有所不同。总之,若陶器内部的可溶盐含量在一定范围内,可以从环境控制方面着手,以阻止盐害的发生,这样既可起到与脱盐处理相同的作用,对陶器文物的损伤也较小。

3.4.3 陶瓷类文物的加固保护[42]

对于脆弱的陶瓷类文物,加固处理可以提升其强度,有利于文物的长久保存。通常在陶瓷器的加固方法之中,多数是依靠加固剂来提高文物材料强度的。常用的陶瓷类文物加固剂有聚醋酸乙烯酯、聚甲基丙烯酸甲酯、无机-有机复合加固剂等。

1. 聚醋酸乙烯酯加固剂

聚醋酸乙烯酯是乙酸乙烯酯(醋酸乙烯酯)的聚合物,英文缩写为 PVAc,外观透明、溶于苯、丙酮和三氯甲烷等溶剂。聚醋酸乙烯酯陶瓷类文物加固剂的特点有:黏合力强、黏合强度高;耐老化、耐气候变化,性质极为稳定,即使加热到 180 ℃也不会发黄;与填料、增塑剂相溶性好;可以自由调节黏度,且有良好的早期黏合强度,是较理想的陶瓷类文物加固剂。

(1) 质地、强度较好的陶瓷类文物的加固

用聚醋酸乙烯酯乳液加固瓷器的具体操作:① 先在木箱内铺一层塑料布;② 加入蒸馏水,浸没瓷器;③ 视文物情况加入聚醋酸乙烯酯乳液加固剂,浓度由稀到浓,隔日增添;④ 数日后浸渗完毕,取出文物;⑤ 小心擦去多余的乳液加固剂;⑥ 晾干即可。

(2) 脆弱陶器的加固

因为陶胎多孔隙、疏松、脆弱,可用 5%—15% 的聚醋酸乙烯酯-酒精(或丙酮)溶液渗透加固(最好用减压渗透)。

脆弱陶器加固的具体操作:① 将欲加固的脆弱陶器放在一个可以减压的容器中,加入 5%—15% 的聚醋酸乙烯酯酒精(或丙酮)溶液,浸没陶器;② 减压渗透,将陶器事先置于 40 ℃烘箱内进行干燥处理,加速渗透,缩短浸泡时间(一

般三四小时即可渗透完毕）；③ 取出,因溶剂酒精（或丙酮）挥发较快,聚醋酸乙烯酯可以很快固化。

（3）潮湿而又不便干燥的陶器的加固

潮湿而又不便干燥的陶器加固的具体操作：① 用聚醋酸乙烯酯乳液渗透加固。由于乳液浓度高,可使渗透完全且固化较快。② 渗透完毕取出。③ 擦去表面多余的聚醋酸乙烯酯乳液。④ 晾干。

（4）表面酥粉的陶器的加固

表面酥粉的陶器不宜采取渗透加固,可用5%尼龙酒精溶液多次轻轻喷涂（喷时以不吹起粉末为原则）,若需进一步加固,则可采用聚醋酸乙烯酯酒精或丙酮溶液渗透加固。

2．聚甲基丙烯酸甲酯加固剂

（1）强度较好的陶瓷类文物的加固

用聚甲基丙烯酸甲酯加固剂加固瓷器的操作：① 将器物置于一个可减压的密闭容器中（小件可放在真空干燥器中,稍大者可置于密闭可抽气减压的容器内）,加入5%的聚甲基丙烯酸甲酯-丙酮溶液浸泡,并通过减压加速渗透；② 渗透完毕,停止减压,缓慢打开容器上的活塞,使容器内压力慢慢和外界大气压达到平衡；③ 打开容器,取出器物,擦去器物表面多余的聚甲基丙烯酸甲酯溶液即可。也可采用丙烯酯聚合物乳液渗透加固。

（2）脆弱陶瓷类文物

可用5%—8%的聚甲基丙烯酸甲酯-丙酮或氯仿溶液通过减压渗透加固,也可用5%的聚甲基丙烯酸甲酯-丙酮溶液喷涂或用接触渗吸法加固。

（3）表面酥粉的陶瓷类文物

可用5%—8%的聚甲基丙烯酸甲酯-氯仿溶液喷涂或用接触渗吸法加固。

3．无机-有机复合加固剂（改性硅溶胶）

该加固剂是以硅溶胶为主,以聚醋酸乙烯酯（PVAc）和聚乙烯醇缩丁醛（PVB）对其混溶改性的无机-有机复合材料加固剂,即改性硅溶胶加固剂。以上三种物质相互结合,使得长链分子中含有众多的官能团（羟基、酯基、羧基、醚链、缩醛基等）,这提高了材料的疏水性、耐老化性。因此,经无机-有机复合物加固剂加固的陶瓷类材料试样,在提高抗压强度、抗折强度及耐水性等方面效果很好。

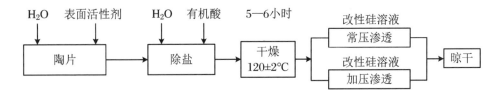

图 3.1 用改性硅溶胶加固处理陶片的工艺示意图

3.4.4 陶瓷类文物的表面保护

空气中的有害气体、微生物等会引起陶瓷类文物的风化,在陶瓷类文物表面涂刷或喷涂保护层可以起到有效的保护作用。陶瓷类文物的表面保护一般采取涂刷、喷涂无机或有机高分子材料保护层的方法。常用的表面保护材料有有机硅树脂、聚丙烯酸酯类溶液等。将保护材料涂刷或喷涂于陶瓷砖瓦类文物表面,形成一层肉眼看不到的无色透明保护膜。因陶器、砖瓦文物结构疏松多孔,故在进行涂刷、喷涂表面保护材料时,会有表面保护剂渗入器物表层以下一定的深度,这样不仅可以保护器物的表面,还可以起到一定的加固作用。

3.4.5 陶瓷类文物的科学保管

1. 控制温度、湿度

当环境温度发生剧烈变化时,陶瓷器材质会突然膨胀与收缩,产生压力,从而损害胎釉结构。陶瓷器在冰冻环境下,吸入的液态水凝固成冰,体积膨胀而挤压陶瓷器内部结构,这将会造成表层装饰釉面或彩绘的碎裂与脱落,这种情况通常发生在室外文物上,如陶瓷外部建筑装饰、陶花盆等。因此,陶瓷器适宜在温度为 18—25 ℃的室内保存和展出。

烧结温度高的陶瓷器不易受到相对湿度变化的影响。但对质地粗糙、孔隙率高的陶器来说,当其内部含有可溶性盐时,随着湿度的波动,可溶性盐会反复溶解和结晶,结晶时盐类体积膨胀挤压,这将导致陶瓷材质受损。对稳定的陶瓷器来说,理想的环境相对湿度为 50%—65%,展出时应为 55%—60%。

2. 控制光照

光照产生的热量会导致陶瓷器局部温度升高,伤害器物胎釉,导致彩绘层褪色剥落,且会加速陶瓷器上修复材料(黏结剂、颜料)的老化和变色。因此,在保存和展览环境中,必须避免强力聚光灯和日光直射。建议的光照规格是:紫外辐射小于 75 uW/lm(中度敏感),光照度为 50—250 lux。

3. 控制空气污染物

颗粒污染物会覆盖陶瓷器表面,改变其外貌色泽。污染的程度取决于污染物的种类和器物表面吸附污物的清洁难易程度,污染物颗粒也会擦伤磨损器物表层。因此,储存和展览区域需尽量保持无尘,如果储存区域难以实现无尘,那么应在器物上覆盖无酸纸[43]。

4. 防震[44]

地震及地铁、飞机经过等各种原因会导致存放、展览陶瓷器的建筑物产生震动。这些震动会直接磨损器物,令釉面产生裂纹,或者导致器物意外跌落,发生磕碰和撞击。因此,集存陶瓷类文物要特别注意防震。目前主要的防震措施包括:基础隔震技术、隔震装置法、降低重心法、固定安置法、减震隔离法、装箱法等防震技术。

(1) 基础隔震技术

所谓基础隔震,就是在建筑物或者设备的基座安装隔离装置。从字面上理解就是延长文物和建筑物的运动周期,使它运动时间越长越好。建筑或文物在地震作用下运动时间增长,这相当于避开了地震波的共振影响。安装了隔震装置的建筑或设备在遇到震动时,即便下部晃动较大,上部却仍可以保持平稳。

(2) 隔震装置法

隔震装置法就是采用隔震台座装置陈列文物的一种防震方法。日本的一些博物馆使用的是水平双向隔震台座,这种隔震台座由上下两层平台组成,每个平台有四个轮子及四个可调轨道。在水平地震作用下,该装置可在水平向自由运动,通过调整轨道曲率改变支座刚度,可避开地震波卓越频率,产生隔震效果[45]。

(3) 降低重心法

降低重心法,即降低物体的重心或扩大浮放物与基础的接触面积,以提高其稳定性,减小摇晃及倾覆倾向,达到防震的目的。对于浮放于陈列柜内底座上的文物,一般可将铅粒或沙子装袋,置于器物内底部,以降低文物个体的重心。

(4) 固定安置法

固定安置法是采用粘、吸、捆、卡、支等方法,尽可能使浮放物固定在基础面上或增加接触面的摩擦力,以"硬抗"的方式来抵御地震的强烈震动,使其不产生滑移、摇晃或倾覆的一种防震方法[46]。

(5) 减震隔离法

减震隔离法,即用减震、吸震缓冲材料,将文物与底座隔开,减轻其在地震时的振动,达到保护文物的目的。对于陈列文物,可在文物底部垫以适当厚度的弹性橡胶,并设法将文物、弹性橡胶、底座三者装配联接在一起[47]。

(6) 装箱法

装箱法,即将文物收藏在具有隔震效果的软锦盒内,以实现地震作用下的保护。

3.5 金属文物保护

3.5.1 铁质文物的保护

1. 干燥

由于水对铁质文物的破坏力极强,因此,在实施任何有水参与的保护方法后,都必须马上对文物进行强制干燥。干燥的方法较多,可采用鼓风干燥、化学试剂干燥等方法,而更多的时候可将铁质文物放进电热箱或者红外灯下进行干燥[48]。

2. 铁制文物的除锈

(1) 机械除锈

对于锈层厚重且蓬松的铁器,可使用小型金属工具进行剔、挑、拨、磨、凿、锥或锤震等操作,也可以使用小型机械如电动振动钢针、振动凿、微型电动磨床等,处理坚固的锈层。煤油对锈蚀层有较好的软化作用,去锈前可将煤油与石蜡粉末混合,调成糊状涂抹在锈层上[49]。

(2) 试剂除锈

化学试剂的除锈原理可分为两类:一类为直接与含铁的盐类或氧化物作用,形成可溶性盐;另一类以配位键形式与金属离子形成络合物而溶解。常见的第一类试剂主要为草酸、乙酸、柠檬酸、磷酸、柠檬酸氨等[50]。为了抑制该类溶液对铁器本体的影响,浓度应该控制在5%—10%,并在去锈之前进行相应的实验。进行局部去锈时,不宜将器物整体放入溶液。除锈结束后,应用弱碱性稀溶液和纯净水依次冲洗器物。同时,可在弱酸溶液中加入腐蚀抑制剂来减缓其对金属的锈蚀。乙二胺四乙酸为常用络合剂,与金属离子有很强的络合能力,可将铁器中的金属离子络合溶解下来,但是溶解速度较慢,且需要不断调整溶液pH。

(3) 还原除锈法[50]

① 电化学还原,是使电铁活泼的金属在一定的电解质溶液中和腐蚀铁器相互接触,发生原电池反应来还原腐蚀铁器的一种除锈方法。所选用的金属为阳极,被还原的金属为阴级,阳极失去电子,阴极获得电子,从而使阴级上的铁锈被还原,铁被保护。常选用的金属为锌。

② 电解还原,即利用外加电流的方式对腐蚀金属进行还原以实现除锈。

③ 高温处理及高温还原。高温处理,即利用高温将出土腐蚀铁器内部的一些有机盐和无机盐分解,来防止这些因素所造成的对铁器的进一步腐蚀破坏。金属和盐有不同的膨胀系数,利用热胀冷缩效应,在加热又冷却的交替作用下,使金属腐蚀物从器物本体上脱落。高温还原,是指让腐蚀铁器处于还原性环境中,在高温条件下,使铁锈还原成铁。该高温处理过程需要使用专业的还原炉。经过高温还原处理的铁器,在其空隙内部引发铁器腐蚀的有机物和无机物杂质已基本分解消除,铁的腐蚀产物也已还原成铁,但整体结构易因铁锈的去除而疏松,因此后期需要对铁器进行加固。

3. 铁器缓蚀处理

要使铁质文物保持长期稳定,对其进行缓蚀处理是非常必要的,因为只有在铁器表面形成一层比较致密的络合物膜,才能使其可以抵御外部环境的酸碱性变化,并处于一种稳定状态。在缓蚀剂的应用上,应选择延缓铁器腐蚀效果佳、保留时间长、无污染、无色透明、不改变文物外观的材料[48]。

(1) 磷酸盐

磷化处理可使铁器表面形成一层致密的保护膜。用磷酸水溶液浸泡铁器,可使磷酸铁在锈层孔隙中沉积,增强铁器表层的致密性。六偏磷酸钠是多磷酸盐,能产生连续无定形的保护膜,是理想的铁器表面处理材料。鞣酸、铬酸也能与铁锈反应,形成稳定的保护膜,强化对铁器基体的保护[51]。

(2) 鞣酸盐保护法

鞣酸是一些多元酚混合物,由于酚基容易氧化,常作为强抗氧剂,且分子中的酚基和羧基又可以和金属形成配合物,生成一层不溶性的保护膜,从而起到防止铁器继续锈蚀的作用。鞣酸溶液的配方为鞣酸 200 g,乙醇 150 mL,水 100 mL[52]。当铁器被锈蚀得非常严重时,在上述配方中还可加入 80%—85% 的磷酸 100 mL,多次涂刷效果会更好。

(3) 硅酸盐保护法

硅酸盐是一种环保型缓蚀剂。上海博物馆研究用硅酸盐水溶液处理铁的锈蚀物时,发现硅酸盐能吸附位于锈蚀表面的 FeO(OH),并反应生成新的物质,从而形成较为致密的缓蚀膜,且对电化学的阴极反应有较强的抑制作用[53]。

4. 铁器表面封护[48]

铁器经处理后在大气中仍有被腐蚀的可能,因而要及时进行表面封护。所使用的表面封护剂必须具有防潮、耐老化、耐冲击、附着力强、无眩光等特点。铁质文物保护的最后步骤是进行表面封护,即采用隔绝大气的保护方法,将涂有缓蚀剂的铁器封护在一个小环境中。由于一般的缓蚀剂都有一定的挥发性,为了避免缓蚀剂受长期挥发作用的影响,通常需选择合适的封护剂,将缓蚀剂封护在铁器与封护剂之间。优良的表面封护剂会使铁质文物在缓蚀的基础上取得更好的耐候效果。文物是比较特殊的保护对象,对其进行保护所使用的材料,除了应具有良好的保护效果外,还应遵循以下几个原则[54]:

① 不改变原状,即不损坏文物的原貌,保证文物的完整性,这是文物保护的一个总原则;

② 充分利用现代科技手段,突出科学性;

③ 在需要替换材料时,做到与原有材料具有一致性;

④ 为便于今后的修缮,要确保所采用的方法具有可再处理性;

⑤ 符合生态要求,对环境的污染要尽可能小。

目前,国内外应用广泛的保护材料有无机材料和有机材料。使用无机材料的保护方法主要有无机缓蚀剂保护法、磷酸盐保护法、鞣酸盐保护法等。有机材料主要指适用于涂料的聚合物,聚合物比无机材料具有更好的保护效果,因此应用较为广泛。目前,国内外广泛采用的有机材料有以下几种:

(1) 石蜡

石蜡是保护文物最早采用的封护剂,它有一定的封护作用,与文物不会产生反应。但石蜡耐温性差,状态极不稳定,且表面会有油腻感。

(2) 环氧树脂

环氧树脂品种繁多,其中产量最大、用途最广的是比酚 A 型环氧树脂。这种树脂与固化剂混合后,可以在低温、低压下固化,且收缩率低,固化产物具有优良的物理机械性能和电绝缘性能。由于其分子主链中存在极性羟基和醚基,因而具有优异的黏结力,面对碱性介质也有优良的稳定性,还可掺入添加剂和改性剂,配合使用。

(3) 丙烯酸树脂

丙烯酸树脂一般是由甲基丙烯酸甲酯与丙烯酸类衍生物单体共聚而成的。树脂的性能主要受聚合物单体的影响,一般都具有良好的弹性,对热、光、化学氧化分解都有很好的防护性,以其为基料制成的漆膜耐化学性能、耐老化、防湿热、防霉菌及防盐雾性能都很好。

(4) 有机硅树脂

有机硅树脂是指带有支链或高度交联的聚有机硅氧烷,硅原子通过氧原子而互相连接,没有被氧占有的化合价被至少一个有机基团所饱和。固化前的分子中含有活性基团,在加热或催化剂的作用下可进一步交联成网状结构。作为硅酸盐化学与有机化学的纽带,聚有机硅氧烷的结构特征使其兼具无机材料和有机聚合物的功能。它具有不易氧化,优异的耐紫外、耐候等性能,暴晒后不易粉化和失光,并且对许多材质具有良好的润湿性,以它为基料的漆膜具有优良的耐热性、耐候性、耐潮湿和抗水性,且对一般化学药品的耐腐蚀性也很好。

(5) 复合材料

随着对文物保护材料的要求越来越高,单一组分的材料已难以满足需要。因此,人们开始开发研制功能性高分子复合材料。例如,用有机硅氧烷改性丙烯酸树脂,可获得性能更为优异的树脂。改性的树脂通常同时具有两种树脂的优点,弥补了各自原有的缺点,因此更加适合应用。在丙烯酸树脂的合成中导入一定的有机硅官能团后,由于有机硅硅氧共价键的键能较碳碳键的键能大,因而面对热、光较为稳定,不易因紫外线作用而劣化。当有机硅单体与丙烯酸单体共聚时,其分子中的硅基团紧靠聚合物链,起着局部改性的作用。少量的有机硅能大大改善丙烯酸共聚物的性能,如耐水性、抗粘污性和耐候性等,而且可进一步提高树脂涂层的耐久性。作为硅氧烷键交联的有机硅,丙烯酸共聚树脂涂料与一般的双组分共聚涂料相比,不但综合性能优越,而且在环保、安全性和施工性等方面更胜一筹。

鉴于水分是铁器最大的天敌,封护好的铁器仍需妥善保管在干燥的环境中,相对湿度应控制在45%以下。对于大型的铁器,在封护后还应对其裂纹、裂缝及其他断裂的部位采取修理、修复、加固等保护措施[55]。

3.5.2 青铜器保护技术

1. 青铜器的修复[56]

青铜器修复技艺历史悠久,保存至今的北宋至晚清的不少青铜器都是经修复技术加工过的。青铜器的修复,其目的在于使破碎或变形的铜器通过整形、焊接(或粘接)、修补等修复技术,恢复原貌,便于科学研究和展览陈列。对于文物价值高的青铜器,在修复之前应完成采样、金相分析和成分分析,并存档。

(1) 变形铜器的整修方法

出土的古代青铜器被不同的土质长期侵蚀,又因墓穴的坍塌、地层的变化、挤压撞击和人为破坏等影响,产生了不同程度的变形。在整体修复之前,要先了解铜器的原始情况,如铸造年代、合金成分、器物造型、质地好坏、碎块机械强度以及残缺的具体位置等,针对不同情况采用不同的整形方法。

① 模压法。青铜器大多是铜锡合金,无论是铸造或是打制的铜器,多少都有些弹性。对于质地好、铜胎薄、韧性强、腐蚀轻的铜器,可采用模压法。用锡制成模具,共分两块,一块是内模,一块是外模,合起为一套。把变形的铜片按照合适位置置于模具之间,与模具形状相对,然后将模具夹在大台钳口内或液压机上施压,动作要小心缓慢。第一次的施压可使变形的铜片大约恢复1/3,之后停一段时间,去掉压力,然后检查所恢复的变形是否正确;第二次加压时,需时紧时松,直至铜器变形部位恢复原形。模压后会产生小的变形,可用锤打法来修补。

② 锤打法。锤打法对矫形韧性强的铜器有良好的效果。如果铜器弧度是向外扩张的,可在变形部位先垫一个凹的铜砧子,再用铅锤从内侧轻轻锤打,使弧度逐渐向里收缩。也可用半球体的铜砧子,垫在铜器弧壁内侧上,从外面轻轻锤击,使变形部分慢慢向外扩张,从而得以矫正[57]。

③ 锯解法。对于质地较差、弹性较差、铜胎厚、损伤或腐蚀严重的铜器,可

采用加温矫形、锯解分割拼接法。例如,圆形或椭圆形的鼎,应先根据鼎口周长,求出变形前的口径,依此在变形的口上设计锯缝。锯缝一般选在器壁受压变形的那些断口处,不要选在有铭文及纹饰的部位,尤以最短锯缝为好。根据经验,应从铜器内侧用钢锯锯开一条缝,锯缝深度约为铜器厚度的2/3,余下的1/3用台钳夹开。对于锯下的各块先做矫形再做拼接,也可自制一些矫形机在矫形时使用。

(2) 青铜器的拼接方法

青铜器残片的拼接方法有焊接、销钉和粘接,要拼接的铜片如果要进行去锈与化学保护,应在拼接开始之前进行。

① 焊接法。破碎青铜器的传统修复方法多采用锡焊法。该方法是对碎块与碎块的交界处加热,用锡作为粘接剂将其修复完整。焊接前,首先需对铜器做细致的观察和了解,掌握铜器有无铭文、纹饰、嵌饰以及锈层下是否有铭文等。焊口一般选在铜器内壁,使外表纹饰得以完整保存。如果器形特别,但又不得不在正面焊接,焊口则必须选在无纹饰处。有时为增强整体牢固度,可采用间断点焊或两面焊口,大件铜器则采用连续焊口。此法对青铜器破坏较大,建议尽量少用。

② 销钉法。对于器形较大的铜器,如青铜鼎,由于口边宽厚、器物沉重,用胶粘接或焊接强度不够时,可在口边上另加销钉。

③ 钻接和粘接法。有些特殊的铜器表面上有纹饰或彩绘,不允许大面积焊接,这时可采用钻接和粘接法。钻接一般用于剑、刀、戈、钺等兵器之类的器物修复,因其形体多数扁平窄长,采用钻接方法,能提升器物的机械强度和拉力。具体操作步骤是:先将器物裂口处的铜锈处理干净,接着在裂口两侧钻若干小孔,用丙酮清理碴口,而后灌抹环氧树脂,内加扒钉固定,对准接口,压拢断缝,待固化。粘接,指的是用环氧树脂胶(或其他粘接剂)将残片粘接起来。钻接法和粘接法通常会结合起来使用,以达到更加牢固的效果。钻接和粘接法对那些已经断裂,但还未完全分离的铜器更适用,它们能将那些腐蚀较严重、铜胎质薄的残片,修复时无法焊接的器件有效地连接起来。

(3) 补配

补配是青铜器修复工艺中的一种重要方法。铜器上常有因小面积残缺而形成的空洞,需及时修补,以加强连接强度。采用铸型补配或补锡法,即在器物相对完整的部位翻取一套模型,晾干后将模型预热,用铅锡合金熔液浇铸出所需刻嵌的配件,铅锡比例可按照一定标准灵活掌握,然后将配件准确焊补到器物残缺的部位上,再将接口处按原貌修整好。同时还可用高分子材料补配,以环氧树脂胶为例,它操作方便、质地坚硬、粘接力强、抗老化性能好,可用石膏、油泥和硅橡胶等材料做模具,复制补件灌注时,无需将模具加热,只需在模具内侧涂上隔离剂即可,既简单又方便。在用环氧树脂补做大配件时,需加入金属粉或滑石粉等作为填充材料,必要时加铺玻璃纤维布,以增强其韧性。待环氧树脂胶在模具中固化后,脱模取出,修整形状,然后先把铜器残缺断面全部锉出新口,再用环氧树脂(粘接剂)进行补配。对于青铜器上的洞口,可用环氧树脂胶调铜粉直接粘补,最后用锈色做旧。

(4) 青铜器做旧

经过整形、补配缺块、錾刻花纹、焊接等修复工序,残破的铜器基本可以恢复原形,但要恢复其古朴风格,还需对焊道和补配部件进行作旧处理,即用人工方法,将一些化学粘剂和各种颜料调成漆料,涂抹在补配和粘接的部位,使它们产生腐蚀生锈的古朴效果。

2. 青铜器去锈

(1) 机械除锈

对于锈层厚重且蓬松的青铜器,可使用小型金属工具进行剔、挑、拨、磨、凿、锥或锤震等处理;对于较为坚固的锈层,可以使用小型机械,如电动振动钢针、振动凿、微型电动磨床等。

(2) 化学试剂除锈

对于青铜器表面最外层的碱式碳酸铜、碱式氯化铜、硫酸铜等,可以选用甘油的碱性溶液或酒石酸钾钠的碱性溶液,其对铜盐的溶解效果良好。此外,柠檬酸、甲酸也可用于除锈。

当最外层锈蚀产物溶解后,对于内部锈蚀氧化亚铜的处理可向甘油的碱性溶液或酒石酸钾钠的碱性溶液中添加5%、10%、15%的稀硫酸溶液。同时为了避免稀硫酸去锈产生沉积铜,可用双氧水代替稀硫酸,使氧化亚铜氧化并被酒石酸钾钠的碱性溶液溶解。六偏磷酸钠(5%—10%)也是常用去锈溶液,由于其可以与Ca^{2+}、Mg^{2+}形成络合物,因而对石灰质锈也较为有效。

(3) 还原法

还原法主要包括两种:① 电化学法。青铜器中含有Zn,因此选择Al做阳离子,电解质则使用碳酸钠水溶液。② 电解还原。被处理的腐蚀青铜器作为阴极,不锈钢板作为阳级,以 5% 的碳酸氢钠溶液作为电解质。同时也可使用乙酸、甲酸等溶液。

对于需要进行局部去锈的青铜器,可将铝粉和氢氧化钠的水溶液调成糊状敷于青铜器表面锈蚀部位。进行局部去锈时,要将还原出来的沉淀铜及时处理掉,除锈结束后及时清理残留溶液。

3. 青铜器缓蚀技术

(1) 碱液浸泡法

将被腐蚀的青铜器置于倍半碳酸钠溶液中浸泡,使铜的氯化物逐渐转换为稳定的铜的碳酸盐,青铜器的氯离子被置换出来转入浸液中。浸液需定时更换,直至浸液中无氯离子出现。随后将器物用蒸馏水反复清洗,除去碱液,干燥后封护。碱溶液仅可把氯化物提取出来,色彩斑斓的孔雀石等腐蚀层会被保留下来,不损害青铜器的原貌。此法的缺点是置换反应时间长,同时氯化物通常不仅附在锈层表面,而且早已渗入器物腐蚀结壳的深部,因此难以置换彻底。

(2) 氧化银保护法

使氧化银与氧化亚铜接触,封闭氯化亚铜的暴露面,以达到控制青铜器腐蚀的目的。可先用机械方法剔除粉状锈,露出灰白色蜡状物氯化亚铜,然后将氧化银与酒精调成糊剂,涂在氯化亚铜表面,并将青铜器置于潮湿环境中使其充分发生氧化作用,形成氧化亚铜和氯化铜,覆盖氯化亚铜表面(两者皆为稳定性盐)。如此操作多次,直至将器物置于高湿环境中仍不出现粉状锈的腐蚀点。此法适用于有斑点状局部腐蚀的器物及有金属镶嵌物的器物。

(3) 苯骈三氮唑法

苯骈三氮唑是杂环化合物,与铜及其盐类能形成稳定络合物,可在铜合金表面生成不溶性且相当牢固的透明保护膜,使青铜病被抑制并稳定下来,同时可用于防止水蒸气和空气污染物的侵蚀。先用蒸馏水和甲苯、丙酮等有机溶剂清除青铜器表面的泥土油污,然后将其浸入苯骈三氮唑酒精溶剂中进行渗透,即可在其表面形成络合物保护膜。但苯骈三氮唑易受热升华,失去保护作用,所以最后应在青铜器表面涂一层高分子材料,作为封护膜[58]。

(4) BTA-Na_2MoO_4-$NaHCO_3$ 复合配方封护法

在缓蚀剂的使用中,复合缓蚀剂往往比单独使用其中任何一种缓蚀剂的效果要好得多,这种复合发挥各成分作用的效应称为缓蚀剂的"协同"效应。采用 0.5% BTA + 0.5 mol/L Na_2MoO_4 + 5% $NaHCO_3$ 的复合配方有较好的缓蚀效果。钼酸钠溶液能提高金属钝化膜抵御氯离子的能力,并降低某些金属点腐蚀小孔中氯离子的富集作用,且随钼酸钠浓度的增加,其作用会更加明显[59]。

(5) AMT 保护法

AMT 是五元杂环化合物,分子式为 $C_2H_3\text{-}N_3S_2$,常温下为浅黄色针状晶体,水溶液呈微酸性,能与多种金属离子生成微溶盐。利用 AMT 处理青铜器表面,其会与铜锈中 Cu^+、Cu^{2+} 形成络合物而结膜,以多层吸附的方式覆盖在青铜表面,层与层交叉排列,使保护膜非常致密,保护膜由线性单元结构组成,每个小单元由 3—5 个五元杂环化合物构成。有关研究显示,保护膜中含 N、S、C、O、Cu,不含 Cl,说明 AMT 能够完全除去粉状锈,同时膜下的花纹和铭文依然清晰可见,青铜器文物的颜色基本不变[60]。

3.5.3 金器保护技术

对于保护金质文物,稳定胎质是一种非常必要的手段。通常采用的方法是用青铜或铁的缓蚀剂来防止胎质的腐蚀病变,也可以使用浓度较低的高分子材料从边缘的缝隙中灌入,加固金层和胎质,从而起到保护的作用。

在金质文物的保养方面,特别是鎏金文物,应注意环境的治理,注意防尘、防潮及防止有害气体的侵蚀,从而杜绝鎏金文物胎质锈蚀的发生,从根本上解决鎏金脱落的问题。对于金器上的灰尘,可用软毛刷刷去,或用柔软的羚羊皮拂去。金器需要清洗时,可用乙醚、苯、中性皂液或浓度为 10% 的氨水洗涤,随后用蒸馏水洗净并烘干[61]。

3.5.4 银器保护技术

对于经去锈处理后的银器,为防止其继续被腐蚀,还要用高分子材料封护。对于机械强度很低的脆性银器,可以用加热的方法来提高其韧性和强度。但要注意,温度过高可能会加剧器物的损毁,为安全起见,宁可使用较低温度进行长时间加热,也不要盲目选择高温短时间加热。将器物置于烘箱中,在两个小时内使温度从 250 ℃ 逐渐上升到 400 ℃ 左右,并保持一段时间就可以达到提高韧性和强度的目的。

缓蚀剂的纯化处理:使有机缓蚀剂与氧化剂反应,可以阻止银基体氧化所引发的硫化作用，同时也能与氧化形成的银离子络合，使银离子失去与腐蚀物反应的能力，进一步有效地防止银的变色，同时阻断光、氧化剂、腐蚀介质和银的反应。某些缓蚀剂能和银作用，在银表面形成致密的缓蚀表面保护膜，产生隔离作用并能有效地吸收紫外光，且缓蚀处理工艺简单，如苯骈三氮唑（BTA）、1-苯基-5-疏基四氯唑（PMTA），能用来防止银器变色，符合文物保护的要求。类似结构的有机杂环类化合物，如 2-巯基苯骈恶唑（MBO）、2-巯基苯并咪唑（MBI）、2-巯基苯骈噻哟（MBT）等，也可作为优良的缓蚀剂，列入缓蚀配方的选择范围[62]。

银器封护还可以使用聚乙烯醇和丙烯酸共聚物 B-72，B-72 是一种性能良好的封护材料。

对于修复完成的金银器，其保存环境要满足两个条件，而密闭和稳定的保存环境。

(1) 密闭保存

保存在库房中的金银器可用柔软的薄连纸包裹好，在外层再包一层可吸附空气中 H_2S 的包装纸（这是种浸有铜化合物、叶绿素等化学试剂的软纸），然后存放于密封的聚乙烯袋子里或者是密闭的玻璃匣内。密闭还可以防止金银器受到紫外线的照射[63]。

(2) 稳定的保存环境

金银器文物一般要在恒温环境下保存，以温度较低为好，湿度应控制在 50% 以下。为了使文物保持色彩艳丽，可常用丝绸擦拭。要避免文物受到碰撞或挤压，以免遭受机械损伤。

3.5.5 锡器保护技术

在锡器的保养方面，对于轻微锈蚀的器物可采用电化学还原法或电解还原法进行处理。常用氢氧化钠作电解质溶液，锌、铅或镁作阳极。如果锡器上有镌刻的铭文时，一般不宜采用还原法，以免还原出的金属覆盖纹饰的细部。若遇到"锡疫"现象，需将器物放在水中做加热处理，并保持 1 小时左右。在保存锡器时，应注意保存温度不得低于 13 ℃，避免发生"锡疫"。同时，由于锡器性质柔软，为避免机械碰撞或挤压，应将锡器放在布套子或盒子里保存[63]。

3.5.6 铅器保护技术

铅的化学性质不如锡稳定,因此腐蚀情况要比锡复杂一些。铅器放置在空气中,表面会很快被氧化,从而覆盖了一层氧化膜,呈现出一种古朴色调。铅的氧化物与铁和银的氧化物不同,它所形成的膜是致密的,可以防止铅器继续被氧化,有一定的保护作用。埋藏在地下的铅器会受到各种盐类、地下水中的氧气及二氧化碳的腐蚀,生成很不好看的白色锈壳,需要加以除去。处在潮湿环境下的铅器,受空气中过量二氧化碳的影响,会与之反应生成白色的碱式碳酸铅,碱式碳酸铅会使铅器体积膨胀,改变器物的原貌。另外,铅器还容易受有机酸(如乙酸、鞣酸)及油脂等物质的污染而产生腐蚀,这些危及器物安全的因素应设法避免[63]。

3.6 石质文物保护技术

3.6.1 石质文物的清洗

石质文物表面污染物清除技术从实施角度通常分为常规清洗和特种清洗两种。常规清洗包括吸附脱盐、化学清洗以及各种只需要小型工具就能完成的物理清洗[64]。特种清洗主要指需要借助特殊设备的清洗技术,目前效果较突出的有蒸汽喷射清洗、激光清洗、粒子喷射清洗等[65]。

1. 常规清洗技术

(1) 物理清洗[65]

对于石质文物表面的浮尘,可用软毛刷或毛笔进行刷除。石质文物表面可溶性泥垢污物的去除,可以先用普通水结合毛刷清洗,然后再用去离子水进行洗净。例如,当文物的石材表面已经酥松或是泥污覆盖处有彩绘及其他类型的纹饰,直接用水浸泡、冲洗会对文物本体造成损伤时,可用脱脂棉蘸水或酒精等溶剂,将泥垢浸软后使用削薄的竹片慢慢剔除,最后再用浸湿的棉签擦除剩余的污垢。石质文物表面如有体量较大的污染物需要去除,如出水石质文物表面所覆盖大面积的凝结物及生物残躯等,在确认石质文物本体强度较好的情况下,可以使用机械工具小心地凿除。

对于石质文物表面难溶性污染物或凝结物,可以使用小型电动工具进行去除,较常用的是超声波洁牙机。首先使用脱脂棉蘸水将污染物表面润湿,根据难溶物的硬度和文物本体强度来选择适当的功率,轻柔地慢慢打磨、剔除污染物。需注意洁牙机等工具的使用对文物保护工作者操作技能有一定程度的要求,如操作不当则会对石质文物本体造成划痕等损伤。在常规物理清洗无法有效进行污染物的清除时,则需采用适当的化学清洗技术或借助于特种清洗技术。

(2) 化学清洗

① 石膏黑垢的清洗。石膏黑垢污物的成分主要是风化产物石膏,其次是各类盐分和杂质。对于石膏黑垢污物的清洗,可以选用含有氢氧根活性离子的碱性溶液,常见的主要是碳酸铵、磷酸盐和硅酸盐类等。也可以选用含有螯合剂的材料进行清洗,如 EDTA 可以单独或结合碳酸铵对石材表面的黑色石膏壳层发生作用[66]。对于含有烟熏黑垢污染物的石质文物,使用5%的螯合剂、低浓度的氟化氢铵、20%的碳酸氢铵、95%乙醇、正丙醇、二氯甲烷、CMC 以及碳酸钠和丙酮的复合溶液可有效清洗烟熏黑垢[67]。

在使用化学药剂清洗石膏壳体的工艺方面,现今使用比较成熟的方法是贴敷法,即以纤维、纸浆、胶体、海泡石、离子交换树脂等为载体,将清洗剂与载体以一定比例混合制成药膏,然后涂刷在石质文物待清洗区域表面,并用塑料薄膜覆盖保湿,依次进行渗透、溶解反应、溶剂蒸发、脏物抽提等过程[65]。

② 盐碱结晶的处理。盐分能导致多孔岩石材料产生风化,现今重要石质文物保护项目一般首先需要对文物进行脱盐保护。目前比较成熟的脱盐技术主要是吸附脱盐,一般都是采用脱脂棉、纸浆、纤维纸、纱布膨润土等吸附物质,以水作为溶剂,使水渗入岩石微孔溶解可溶盐类[65]。

③ 金属氧化物色斑的清洗。金属氧化物色斑主要是指在石材表面类似铁锈的黄色顽固附着物所形成的黄色斑痕。针对石质文物表面金属氧化物色斑的清洗,如铁锈的痕迹和污垢等,主要使用氧化还原化学清洗方式来完成,经常使用的还原剂主要有柠檬酸、草酸、二氧化硫脲等[65]。

④ 生物和微生物的清洗。石质文物表面生物和微生物一方面影响文物的

外观并造成物理破坏,另一方面它们释放的有机酸会造成文物本体的腐蚀等危害。不同类型的微生物对化学清洗药剂的适用性也有差异,一般可通过使用氯气或次氯酸盐作为灭杀剂来清除表面的生物污垢;对于微生物残留的有机色斑,可以使用过氧化氢溶液进行清洗;对于难以去除的地衣类微生物,使用氨水或者 AB-57(配制方法:碳酸氢铵 25 g,碳酸氢钠 25 g,EDTA 25 g,水 1000 g,少量表面活性剂,加羧甲基纤维素调至糊状),作用一段时间后,再用手术刀、刷子等工具去除可达显著的效果[68]。

2. 特种清洗技术

(1) 粒子喷射清洗技术

粒子喷射技术适用于石质文物表面大面积难溶性硬垢层的清洗,是一种效率较高、适应面较广的清洗技术。磨料硬度是微粒子喷射清洗安全性控制的首要因素。采用莫氏硬度小于 4 的海绵、核桃砂类的软性磨料时,其去除效果以机械摩擦为主,基本不会导致常见文物石材的表面损伤。喷射压力、喷射距离及其喷射角度等操作因素为微粒子喷射清洗安全性影响的二级影响参数,会对破损的程度及形制构成影响[69]。

(2) 激光清洗技术

激光清洗技术是运用激光与物质相互作用的一种清洗技术。相比于化学清洗、粒子喷射清洗等技术,激光清洗的优势在于能够无损清除文物表面微米级污染物,并且不会产生附加的污染,在进行清洗工作时能够精准定位污染物,对于清洗石雕纹饰、石质文物边角等部位的污染物能发挥更大的效用[65]。

(3) 蒸汽喷射清洗技术

蒸汽喷射清洗也称饱和蒸汽清洗,指在一定的温度和压力条件下利用蒸汽流的热溶解作用达到清洗目的的清洗技术。国外利用该技术的历史较长,是近几十年来广泛应用于建筑物石质外墙清洗的有效清洗技术,也是较环保的清洗方法之一。蒸汽清洗技术尽管属于湿法清洗,但因为处理表面干燥速度较快,因而不会引发水解、可溶盐迁移和微生物繁殖等危害问题[70]。

3.6.2 石质文物的加固

1. 加固材料

石质文物加固剂分为无机加固剂、有机加固剂、复合加固剂三类,对其的基本要求是：材料的黏度低、渗透性或可灌性好；材料抗老化性能良好；材料与岩石有较好的粘接力和附着力等[71]。

(1) 无机加固剂

① 石灰水。石灰水加固是利用氢氧化钙和空气中的二氧化碳作用，生成碳酸钙固体填充在石灰岩孔隙间来加固岩石[72]。

② 氢氧化钡。其原理是用 $Ba(OH)_2$ 溶液中的钡离子与钙离子交换而产生碳酸钡和氢氧化钙，氢氧化钙又与空气中的二氧化碳反应重新生成碳酸钙[73]。

③ 硅酸盐。敦煌研究院研制出以高模数硅酸钾为主剂的 PS 材料，主要用于孔隙大、强度低的砂岩及土遗址的加固。它的加固机制是加固剂与砂岩内部易受水作用的泥质胶结物及与它们的风化产物起作用形成难溶的硅酸盐，从而提高岩石的物理强度和抗风化能力[74]。但是，需要控制好加固剂的模数（模数指 SiO_2 和 K_2O 的摩尔数之比），理想的模数为 3.8—4.0。若模数过大，则浆液黏稠，难以渗透，影响施工；若模数过小，则是极其危险的，因为其会产生大量的氧化钾，吸收空气中的二氧化碳后生成可溶性盐分碳酸钾而加快岩石酥碱[72]。

(2) 有机加固剂[72]

① 正硅酸乙酯。正硅酸乙酯是一种渗透性好的加固剂，加固时以有机态进入岩石孔隙，缓慢地与空气中及岩石中的水蒸气发生毛细水反应，生成无机态、矿物状的 SiO_2 胶体，沉积在岩石的孔隙中形成新的胶结物，从而对岩石起到加固作用。

② 丙烯酸树脂。由于具有良好的化学稳定性、耐热性、耐候性等特点而广泛用于涂料工业，但其耐水性较差、树脂溶液黏度较大，因而限制了其在石质文物保护中的应用。

③ 环氧树脂。环氧树脂类加固剂主要包括主剂、稀释剂、固化剂、增韧剂、填料等部分。在文物保护中，一般用的是二酚基丙烷环氧树脂，其平均分子量在 300—7000。环氧树脂单独使用时黏度大、渗透性差，必须配合稀释剂使用，常用的稀释剂有糠醛、丙酮、二甲苯等。固化剂为胺类物质，如二乙烯三胺、乙二胺、间苯二胺[75]。

④ 有机硅材料。这是国内外文物保护领域使用范围最广泛的材料。由于其分子中有烷基又带有硅氧键链，是一种介于有机高分子和无机材料之间的聚合物，因此也称为硅酸盐的有机衍生物。它具有一般高聚物的抗水性，又具有透气透水性，同时与石质又有很好的相容性。其耐老化性能也较好，老化的最

终产物是稳定的硅物质,因而不会给再次进行封护加固造成困难。有机硅树脂与石质文物之间不仅会产生物理的结合力,而且会通过化学反应形成化学键,能对风化石质文物表面产生明显的加固作用[76]。

(3) 复合材料

复合材料是对两种或以上的材料复合使用,发挥各自优点或取长补短。例如,丙烯酸树脂与有机硅树脂复合;PS材料与甲基三甲氧基硅烷分层使用,后者则作为表面加固层[76]。

2. 加固技术[72]

(1) 喷涂法

加固石质文物最简单的方法是在表面喷涂加固剂,使其逐渐向内部渗透。一般先用低浓度溶液,再提高溶液浓度,否则会对渗透深度产生不利影响。

(2) 贴敷法

通过在器物表面贴敷棉纱布,外加塑料膜以减少溶液挥发,可以延长石材和溶液的作用时间,加深加固剂的渗透度。

(3) 浸泡法

对于小型的馆藏石质文物,如果能够搬动,可将其放在一个密闭容器中通过毛细作用将加固剂溶液渗透至器物内部,浸泡的时间一方面与石材的薄厚有关,另一方面与岩石孔隙率有关。采用真空浸泡,可以加深加固剂的渗透度[77]。

(4) 灌浆法

对石窟寺进行加固一般采用灌浆加固法。灌浆主要工艺步骤包括:① 清洗裂面,铲除杂草:可用高压水或高压空气流冲洗,用水洗的缝隙在灌浆前必须先经由空气吹干,以保证其粘接强度。② 涂脱膜剂:将有机硅树脂(或硅油)涂刷在岩石裂缝边缘,如有浆液漏出,也可轻松剔除,保护岩面不受损伤[78]。③ 布灌浆管。④ 封缝:沿岩石缝隙用环氧树脂胶泥封缝,缝封得严密与否是灌浆成败的关键,封缝不严密就会出现漏浆,导致灌浆的质量难以保证。⑤ 检漏。⑥ 灌浆:利用压缩空气将浆料压进岩石的裂缝中。⑦ 修补作旧。

3.6.3 石质文物的粘结

表面比较完整,石刻质地、强度比较好的大块石质艺术品(石雕或石刻)断裂时,可用强度好、黏着力强、收缩率低、内聚力大、稳定性好、低儒变高韧性的环氧树脂黏合剂来黏结。粘结操作:① 清洗石质文物断裂面;② 干燥(自然干燥或用吹风的办法干燥);③ 用毛刷在断面均匀涂环氧树脂黏合剂;④ 待半干时,合对差口粘结,稍用力,使粘结得更好;⑤ 固化;⑥ 修理作旧。针对比较脆弱的石质文物,为防止因黏合力过强造成结合面后侧部分破碎,而与石材主体分离,因此不能采用环氧树脂黏合,而应采用硝酸纤维素等黏合剂粘结[73]。

3.6.4 石质文物的修补

许多露天保存的石质艺术品,经物理、化学、生物及人为破坏,有的已经断裂残缺。针对残缺文物,常用环氧树脂胶泥修补。环氧树脂胶泥修补剂的组成:① 液态环氧树脂;② 固化剂;③ 增塑剂(增韧剂);④ 填料:常用的填料有炭、石墨、硅石、石英粉、大理石粉、铝粉等,具体用什么填料需视被修补的石质文物的强度、残缺部位及颜色等而定[38]。

3.7 泥塑壁画文物保护

3.7.1 泥塑的修复

泥塑类文物的制作历史可以追溯至石器时代,和岩画艺术一样,甚至可能早在陶器制作技术产生以前就已经出现。长久以来,人们通过泥土与颜料将个人或族群的宗教信仰、生死观念,生动形象地表现出来。我国现存数量众多的泥塑类文物,包括佛教道教塑像、墓葬随葬俑等。和陶质文物不同的是,这些泥塑类文物未曾经过烧制,因而质地脆弱,又历经千百年的保存,大多已残损严重、病害丛生。比如,我国新疆阿斯塔纳古墓群出土的大量彩塑文物,具有很高的历史、科学与艺术价值,但出土时几乎没有一件是完整的。参照《中华人民共和国国标古代壁画病害与图示》,可将泥塑类文物病害分为粉化、起甲、脱落、裂隙、微生物损害等几大类。很多泥塑类文物现今都面临两种以上的病害干扰,亟待修复。

要想科学得当地修复泥塑类文物,首先要了解文物的制作过程。大多数泥塑文物制作都要经过以下几个步骤:① 制作骨架。骨架的材质通常为木质,也有用金属丝缠绕而成,骨架主要起支撑和连接作用,以防止制成的躯体坍塌,通常还会在主骨架上缠绕铁丝或者稻草以填充内部空间。② 粗泥造型。用泥和稻草或麻按一定比例混合,在躯干骨架上涂抹均匀,稻草的作用是防止泥浆开裂。③ 细泥塑造。用掺有棉花、细沙的泥浆在粗泥上进行塑型,这一步骤也是体现制作工艺水平的重要工序,通常会采用压、堆、捏、塑等多种手法刻画造像的五官、衣褶等细节特征。④ 上色贴金。待泥塑胎体部分完全干透之后,将表面打磨光滑,然后在胎上刷一层白粉,以方便上色,再根据彩塑造型的需要,将胶水和矿物颜料调和在一起,涂在胎体表面,有些泥塑还需经历贴金和镶嵌等步骤才为最终完成。

在对泥塑的制作步骤有了清晰的了解之后才可以开展对泥塑的修复工作。泥塑类文物的修复大致可分为清理、加固、回贴、粘接、修补和全色等工序。

1. 清理

清理又可分为表面除尘和去除硬结物两个部分。除尘就是用洗耳球和软毛刷等工具将泥塑表面的灰尘和污垢清理干净,应注意起甲和缝隙部位,这事关最终回贴和粘接的效果。硬结物的清理就是用竹签、手术刀等工具,将泥塑表面埋藏所致污染物或其他硬结污染物剔除干净,清理时不能损害颜料层,对于难以清除干净的部分可以先用蒸馏水、乙醇等进行回软,再做清理。

2. 加固

加固又可分为对胎体的加固和对颜料层的加固,需要根据泥塑本身的酥粉程度来选择加固剂的种类和配比,常用的天然加固剂有虫胶乙醇溶液、桃胶溶液等。

3. 回贴

回贴主要是对颜料层起甲的部分而言,起甲是泥塑壁画类文物广泛存在的病害种类之一,回贴时应注意所选择的粘接材料是否会对起甲部分的强度造成负面影响。

4. 粘接和修补

粘接和修补是直接影响泥塑文物修复效果的环节。其中,争议最小、对文物本体干预最小的方式就是传统修复方法,即与制作工艺一致的修补方法。很多泥塑类文物由于年久失修、损坏严重,内部骨架都已腐朽锈蚀,需要首先对骨架进行加固和替换,替换前应对骨架材料的硬度、膨胀系数等参数进行测定,并对材料进行防霉虫、耐腐蚀和加固处理,尽量不对原有材料造成影响,替换前应做好对比实验。对有依据的缺失部分进行补塑,按照泥塑制作顺序先后用稻草泥浆、细泥等修补平整,最后用细泥浆对缝隙进行填充。对于与缺失部分重复的部位可以采取翻模的方法,翻模材料可选用医用打样膏,翻模时应先在泥塑表面铺一层宣纸,避免石膏干燥时吸收过多水分,也可防止硅胶黏度过大对表面颜料层造成影响。例如,在修复成都观音寺彩绘泥塑文物时,张芳、周萍等人采用大漆等材料补塑的方法取得了理想的效果,具体方法是将补配部位胎体打磨光滑后,用大漆渗透加固表面,在容易开裂的部位用浆糊裱上麻纸贴牢,然后用大漆和砖粉腻子再做一层表面处理,干燥后打磨光滑(砖粉经过烧制性质比较温和,是一种优良的填料)[79]。

5. 全色

表面打磨好后用骨胶混合矿物颜料在表面作色,要依照先淡后浓、先白后黑的原则,全色时要注意色调与本体的统一。

3.7.2 壁画的修复

古代壁画按功用可分为墓室壁画、石窟壁画和建筑壁画三类,根据制作方式又可分为有地仗层和无地仗层两类。地仗层是用泥、麦秆、麻、棉等材料混合而成的壁画底部的基础层。地仗层上通常再涂有一层白粉层,白粉层的主要成分为碳酸钙。在地仗层中加入植物纤维可以增强自身强度,也可以提高地仗层与墙体的黏结力,从东汉时期开始就已经出现了草拌泥层壁画。宋代建筑学家李诫在《营造法式》一书中对壁画的制作工艺做了详尽的描述,其中光地仗层部分就需经粗泥搭络、钉麻、中泥细衬、施细沙等多道工序。颜料层多为矿物颜料和动物胶混合而成,常见的矿物颜料有石青、石绿、雄黄、白垩、朱砂、铅丹等,与泥塑制作类似,许多壁画在完成之后表面还会做贴金处理。无地仗层类壁画则是直接在岩壁上进行绘画。

由于古代壁画多处在高湿、多盐碱、多微生物的复杂环境当中,因此通常病害严重,再加上很多壁画内容丰富、线条优美、色彩艳丽,也吸引了很多国内外盗掘者的注意,导致这类存世文物九成以上都是残件,且病害丛生。常见的壁画类文物病害有污染、起甲、酥碱、裂隙、地仗层空鼓、脱落、颜料层脱落、微生物损害等,同泥塑类文物一样与很多病害相伴相生。为防止文物遭受进一步破坏,需对上述病害造成的损害进行逐步修复。具体步骤如下:

1. 清理

壁画表面的污渍类型主要有灰尘、烟渍、动物粪便、墨渍等,清理时首先需要将污渍表面用去离子水喷湿软化,然后用竹签、手术刀等轻轻剔除干净;对于污渍较厚的部位,可以将纸张打湿贴敷在表面,待污垢完全软化后再予以剔除;对于顽固污渍可采用棉签蘸乙醇溶液润湿后,用去离子水清理干净[80]。

2. 起甲回贴

首先用 40 ℃左右的去离子水对起甲部位进行软化,注入黏合剂溶液,用工具将起甲处压贴回原位,上覆保鲜膜,再用沙袋加压使其贴合牢固。隔一段时间检查贴合情况,若发现起甲部分翘起,则重复上述步骤。

3. 脱盐

将高强度纸张用去离子水润湿贴敷在壁画表面,待纸张干透移除,至纸张不再有盐渍为止,在此步骤前应先对颜料进行褪色实验,必要时需预先对颜料层进行加固。

4. 加固

对于酥粉部分和强度不足以支撑回贴的地仗层部位,需要进行加固。常用的加固剂为水溶性丙烯酸乳液(AC-33溶液),操作时用注射器连接橡胶软管自下而上将其注入需加固区域,加固前应先将缝隙间和起甲处的灰尘清理干净。

5. 揭取与回贴

若就地保护较为困难或保存环境恶劣,可采取异地搬迁的形式对壁画进行保护修复,这就需要对其进行科学的揭取与回贴。揭取时,首先需用软毛刷除去表面灰尘,对起甲和破碎部位进行修复。然后沿着壁画原有裂隙将其切割成大小不一的数块,使其能够拼成一个相对完整的整体。用黏合剂在壁画表层贴一层宣纸,再将洁净纱布贴于宣纸之上,对颜料层进行保护,在纱布上进行编号并拍照,以便后期回贴[81]。用特制平铲沿裂隙对壁画进行铲割,应缓慢而谨慎地利用轻微震动来铲取,避免开裂。揭取完后需要将壁画地仗层厚度缩减至1.5 cm左右,再用加固剂加固。回贴时,首先要制作新的支撑体,由外而内依次可以由 B-72 隔离层、碳素纤维布、软木和纤维铝板材料组成,后再涂刷环氧树脂混合胶液,粘贴时要将壁画与托板一起翻转,并在托板上适当添加重物,以确保壁画与支撑体紧密结合。

6. 修补

对于壁画残缺的部位依次按照支撑体、地仗层、白粉层的顺序进行填补,填充物应根据事先对各层进行检测后所获得的成分信息而定,并对填充物进行脱盐灭菌等处理,同时需按壁画本体情况适量掺入稻麦秸、麻丝、棉絮等材料,确保填充强度。为防止修补部分含水量过高,与壁画收缩率不同,从而造成本体的开裂,应采取少量多次的修补方法,并让其自然干燥。

7. 全色

待修补部分完全干透后用天然颜料进行全色,一般不对缺失部位线条、纹饰进行接笔处理。新上的颜色通常会浅于壁画本体颜色。对于残缺严重的壁画,一般将残缺部分与泥土背景处理为相近颜色,这样既不会违背最小干预的修复原则,又可使修复部分与壁画本体风格和谐统一,达到远观一致、近看有别的效果。

3.7.3 加固技术

泥塑壁画的加固技术主要包括锚杆加固和灌浆技术。

1. 锚杆加固技术

锚杆加固技术又称锚固技术,是针对构筑体(岩土体、建筑体、砌筑体等)因力学状态变化诱发的应力松弛、开裂等失稳现象而实施的力学加固技术。它通过对构筑物施加拉应力、剪应力、应力,调整构筑物本身的应力状态,充分利用构筑物自身的强度和自稳能力,提高构筑物的安全稳定性,是一种力学加固措施。

从不同角度考虑,锚杆分为多种类型。按锚固方式(机制)分为黏结型锚杆、摩擦型锚杆、端头锚固型锚杆和混合型锚杆;根据锚杆作用力形式(范围)分为端头锚杆和全长锚固式锚杆;按是否预先施加预应力分为预应力锚杆和非预应力锚杆;按锚固体的传力方式分为压力型锚杆、拉力型锚杆和剪力型锚杆;按锚固体的形态分为圆柱形锚杆、端部扩大型锚杆和连续型锚杆等。

(1) 预应力锚杆

一般锚固技术选用的锚杆类型主要为预应力锚杆。预应力锚杆由锚杆头、杆体、锚固体三部分组成。锚头分为锚具、承压板、台座、支挡结构等部分。杆体,又称为自由段,连接锚头与铺固体,利用其弹性变形的特征,在锚固过程中对锚杆施加预应力。锚固体位于锚杆的根部,为锚杆体提供抗拔力。

(2) 黏结型锚杆

黏结型锚杆是通过黏结剂与杆体一起组合锚固体。黏结剂有合成树脂、水泥浆、水泥砂浆等;杆体可以选钢筋、木材、竹材、玻璃钢、玻璃纤维等。黏结剂注入锚孔中,凝结后将杆体黏结在锚孔中。锚杆的锚固力主要通过黏结剂与杆体或黏结剂与周围的岩土体的黏结力来实现。对于预应力铺杆,锚固段黏结剂凝固一段时间后,由锚头施加预应力,再锁定锚头。黏结型锚杆的优点是根据使用和操作要求;可满足所需的锚固力,而且适应性强,并可根据需要制作成既能施加预应力,又具有沿钻孔全长注浆锚固的锚杆。

黏结型锚杆的锚固力是指锚杆被拔出的最大荷载,其大小主要取决于锚固剂与杆体之间的黏结强度、锚固剂与锚孔周围岩土体的黏结强度和杆体自身的强度。为了充分利用杆体强度,黏结型锚杆的设计锚固力,接近于杆体本身的承载力(杆体净截面的屈服荷载)。

木杆体一般用于土墙体等土遗址软结构体的稳定性加固。木材要求杆体平直、少节、无病害,顺纹抗拉强度应大于 $800 \times 105 \ N/m^2$,抗压强度大于 $400 \times 105 \ N/m^2$。木杆体直径为 $0.030 - 0.035 \ m$,杆体与锚孔孔径差 $0.008 - 0.01 \ m$。合成树脂黏结剂主要有不饱和聚酯树脂、环氧树脂、聚氨酯树脂三种,其中不饱和聚酯树脂价格低、性能好、应用较多。由于不饱和聚酯树脂固化很慢,因此在常温下需加入一定的固化剂、促进剂才能实现聚合。

锚固工程中普遍应用的黏结剂是水泥浆或水泥砂浆。水泥砂浆的材料要求水泥采用新鲜的大于 325♯ 的普通硅酸盐水泥,为防止杆体的锈蚀,必要时可选用抗硫酸盐水泥;沙子的粒径不得大于 $2 \ mm$,灰浆的水灰比为 $0.4 - 0.45$,灰砂比为 $1:1 - 1:2$。锚杆体的强度与锚固剂和周围岩体的黏结强度有关。

(3) 楔缝式锚杆

楔缝式锚杆的结构是锚头部分的杆体由一条楔缝分成两瓣,由锚头端将楔子打入楔缝,由楔缝撑开向两侧推压使锚杆紧固在锚孔中,达到锚固的目的。杆体一般由 3 号和 5 号钢制作,杆体上端有宽 $2 - 5 \ mm$、长 $150 - 200 \ mm$ 的纵向楔缝。楔子用钢材或铸铁制造,其长度较楔缝短 $10 - 20 \ mm$,以免在杆体薄弱截面处产生过大的局部应力;楔子宽度等于杆体直径或略小 $2 - 3 \ mm$,楔子厚度20—25 mm,尖端厚度1.5—2 mm。楔缝式锚杆的锚固力,与杆体材质和锚孔岩土体的物理力学性质、楔子的角度、杆体与孔壁接触面积、压入孔壁岩体内的深度等有关。金属楔缝式锚杆的锚固力在中硬岩层中,可达$(4—6)\times 10^4$ N以上,在硬岩中可达10×10^4 N[82]。

2. 灌浆技术

(1) 灌浆的主要作用

① 化学胶结作用。水泥浆液或化学浆液等都具有能产生胶结力,将松散颗粒或分开的岩石、土连结在一起,使被加固的岩土体的整体性得以加强、密实度得以提高,从而达到提高岩土体的强度和防渗能力的目的。

② 惰性填充作用。填充在岩石裂隙及土体孔隙中的浆液凝固后,会因不同程度的刚性而改变岩土体对外力的反应机制,使岩体上的变形受到约束。

③ 离子交换作用。浆液在化学反应过程中,某些化学组分与岩土体中的元素进行交换,生成具有更加优良性质的新物质[83]。

(2) 影响灌浆效果的因素

① 浆液的渗入能力。浆液的渗入能力是指浆液渗入裂隙中的能力,渗入性越好,浆液在压力的作用下扩散距离越大。浆液的渗入能力与浆液材料的尺寸和岩土体裂隙尺寸的比例、浆液的含水率、浆液的黏度、流动性的维持能力、灌浆压力有关[84]。

② 浆液的稳定性。浆液的稳定性是指其在常温常压下存放时,是否会发生强烈的物理、化学反应或性质改变。对于粒状浆材,除了化学稳定性外,其稳定性还包含颗粒沉淀分层性、析水性(水灰比是影响浆液析水性的主要因素)。

③ 结石率。结石率是指浆液的最初体积与凝固后结石体积的比率。在强度指标得到满足的条件下,结石率越高,加固、防渗效果越好。影响结石率的因素包括:浆液的析水沉淀、浆液在凝聚过程中体积收缩。有些高分子聚合体的收缩性很高,如甲凝(聚甲基丙烯酸甲酯)的收缩率高达15%—20%。而水泥浆材在水的养护下收缩率很低。

④ 浆液的含水量。浆液的含水量越大,结石的强度越小,同时浆液的含水率小,黏度就会增大。比如,水泥颗粒凝结所需的水灰比仅为0.25—0.45,而水泥的可灌性要求的水灰比大于1。为保证浆液的可渗入性,浆材应达到适当的含水率。

⑤ 容许灌浆压力。浆液的扩散能力与灌浆压力的大小密切相关。高灌浆

压力能够使一些微细裂隙张开,有助于提高可灌性,还可以人为地制造或扩大岩土的裂隙,劈裂灌浆,同时使岩土的密度、强度、不透水性等得到改善。但是,当灌浆压力超过地层的压重或强度时,将导致地基结构被破坏,尤其是在文物本体周围进行灌浆,压力过大有可能造成文物的损坏。灌浆压力大小应以不使地层结构发生破坏或只发生少量破坏为原则[85]。

3.8 古建筑的保护与修复

中国古代建筑保护技术是一门综合性的专业科学,不仅包括建筑维修、保护有关的技术,还包括材料性能、操作工艺和各种勘察、分析、检测等。

古建筑保护的历史久远,早在唐代就有关于用木楔拨正古代建筑梁架的记载。古木建筑化学材料的使用可追溯到公元前 450 年左右,当时已把明矾用作阻燃剂。1735 年,有使用明矾、硼砂等物作防火剂的记载。18 世纪时,用明矾、食盐、硫酸亚铁和五倍子的混合液作阻燃剂。19 世纪后半期,用水玻璃和硼砂浸注木材,既可起到加固作用,又可起到阻燃作用。一直到 20 世纪 70 年代,水玻璃仍被用作木材的阻燃剂。随着科学技术的不断进步,古建筑的保护、维修中逐渐引入了高分子材料、物理检测技术。古建筑的化学保护技术也因此成为整个古建筑保护的重要组成部分[86]。

我国在多年的保护实践过程中出台了相关修复标准。《古建筑木结构维护与加固技术规范》(GB/T50165—2020)中明确指出,古建筑木结构的维护与加固必须遵守不改变文物原状的原则。该规范也说明了古建维修保护的几种工程类型,分别为:① 常性保养工程,不改动文物现状结构、外貌、装饰、色彩而进行经常性的保养维护;② 重点修缮工程,以结构加固处理为主的大型维修工程;③ 局部复原工程,指按原样恢复已残损的结构,并同时改正历代修理中有损原状以及不合理增添或去除的部分;④ 迁建工程,由于各种原因需要将古建迁建到新址;⑤ 抢险加固工程,指古建结构面临严重危险时,受技术、经济、物资条件的限制,不能即时进行彻底修缮而采取的临时加固措施。在保证文物安全的前提下,维护和加固还应确保不妨碍日后的进一步修缮[87]。

3.8.1 古木建筑保护技术

1. 古木建筑的防腐与防腐剂

木材易被霉菌腐蚀而致糟朽。当菌类的孢子附着于木材上,并侵入到木材内部组织中去时,只要温度和湿度适宜,腐菌的孢子就会发芽,产生菌丝。在这种菌丝分泌的酵素的作用下,木材中的纤维素和木质素等组分会被分解或者吸收,进而使木材腐烂。防腐剂是指能保护木材免受菌、虫等生物损害的化学药剂,一般都含有杀菌或杀虫成分[88]。防腐剂可分水溶性防腐剂与油类和有机溶剂型防腐剂两大类。无机药剂主要是一些水溶性盐类,现在多采用几种不同成分的材料进行复配,以改善性能,提高药效[89]。

(1) 水溶性防腐剂

水溶性防腐剂以各种无机盐为主,是目前世界上应用广泛、种类最多,也是人类历史上使用最早的一种防腐剂。水溶性防腐剂可分为:单一防腐剂和复合防腐剂。① 单一水溶性防腐剂。主要有氯化物、氟化物、硼化物、砷化物、铬盐、铜盐、五氯酚钠、烷基铵化合物(AAC)等。② 复合型水溶性防腐剂。人们在长期实践中逐渐认识到,把两种或两种以上不同性质的盐类按一定比例混合,不但能弥补使用单一盐类的不足,而且能产生协同效应,形成新的特性。

目前,世界上共有数百种复合型防腐剂,采用的药剂和配比大同小异。现介绍以下几种:

a. 酸性铬酸铜(ACC)。国际上常用的一种水溶性防腐剂,在欧洲称为赛尔苦(Celcuren),在美国则称酸性铬酸铜(ACC)。其配比为硫酸铜45%,重铬酸钠50%,醋酸5%。当ACC渗透入木材后,醋酸挥发,铜与铬盐生成不溶于水的铬酸铜,沉积于木材细胞中,当木腐菌分泌微酸性酶液时,药剂又变成溶解状态,从而起到杀菌作用。一般使用浓度为2%—3%,吸药量为 $8-12 mL/m^3$。该药剂的优点是对所有木腐菌都有毒效,其缺点是处理后木材呈褐色。为了增强杀虫能力,在配方中加入适量的砷盐,即可制成性能优良的铜铬砷复合剂(CCA)。

b. 铜铬砷复合剂(CCA)。当今世界最著名的水溶性复合防腐剂,自1938年首获专利,发展至今已有60年历史,也称CelevreA、TanalithC 和 K33 等。当该药被浸注到木材中后,能相互作用,生成不溶于水的化合物(如铬酸铜等)

并固着在木材细胞中，不随雨水流失，是一种快速固定型药剂，具有较强的杀菌、杀虫毒性。处理后的木材表面呈灰绿色，无臭味，可再次油漆，对人畜的毒性低。CCA 防腐剂由含砷化合物、含铬化合物及铜化合物组成。其中，砷是杀灭木腐菌和害虫的主要毒性物质，加入硫酸铜不但能提高毒效，而且能增强抗流失性。铬化合物是氧化剂，能与其他金属盐作用而生成不溶于水的化合物，使药剂固定在木材组织中[90]。目前世界上应用最多的是 CCA-C 型，其配比为氧化铬（CrO_3）47.5%，氧化铜（CuO）18.5%，五氧化二砷（As_2O_5）34%，一般用量为 4.0 mL/m^3。

（2）油类和有机溶剂型防腐剂

① 油类防腐剂常用的木材防腐油主要有克里苏油和煤焦油，由于多种原因而在古建筑保护中很少使用。

② 有机溶剂型防腐剂是一种具有杀菌、杀虫毒效的有机化合物，能溶于有机溶剂（有机溶剂为药剂的浸注载体，将药剂带入木材中），这种药剂的渗透性比水溶性药剂好[91]。有机溶剂型防腐剂种类很多，有机锡化合物就有几百种，但其中效果较好的仅有三丁基氧化锡。三丁基氧化锡简称 TBTO，为无色或微黄色透明液体，沸点为 186—190 ℃，密度为 1.169—1.172 g/cm^3，溶于苯和溶剂汽油，不溶于水。半数致死量，即 LD50 为 132 mg/kg，对人及动物有一定毒性，使用时需注意配比浓度。三丁基氧化锡毒杀能力很强，比五氯酚强 20 倍，且毒效期长，使用浓度为 0.1%—0.5%，当吸药量达到 1 kg/m^3 时，能有效防治木材蠹虫。目前主要用于建筑木材的杀虫、防虫、防腐等处理，效果很好[92]。

2. 古木建筑的防火与防火剂

几千年来，中国建筑大至宫殿、庙宇，小至民居，尽管规模不同、质量有别，但共同之处是大多以木构架为主体。众所周知，木料容易着火，因此，对古木建筑的保护来说，防火问题尤为重要[93]。古木建筑的防火工作一定要坚持"以防为主、以消为辅"的方针。在古建筑物内及周围应设消防设施，如设置各种灭火器、蓄水池以及防火管道与消火栓，且需经常检查，及时排除隐患[94]。同时，给古建筑木构件涂刷防火涂料，以提高其耐火性能，也是重要和必要的措施[95]。

关于古木建筑的防火，从古至今积累了不少经验。约公元前 450 年，明矾已被用作阻燃剂。1735 年，人类开始使用明矾、硼砂等物作为防火剂。18 世纪时，已有人用明矾、食盐、硫酸亚铁和五倍子的混合液作阻燃剂。19 世纪后半期，用水玻璃和硼砂浸注木材，既起到加固作用，又有阻燃效果。直到 20 世纪

70年代,水玻璃仍被用作木材的阻燃剂。

目前防火涂料一般采用不燃烧或难燃烧的树脂制成,常用的有过氯乙烯树脂、酚醛树脂和氨基树脂等[96],另外还有一种涂料叫自熄性树脂。它们在受热时能分解出可抑制火焰的气体,而使火焰熄灭。例如,用四溴苯二甲酸酐制成的醇酸树脂和用四溴双酚制成的环氧树脂等,它们在燃烧时,可分解出溴化氢气体,从而达到抑制火焰或熄灭火焰的目的[97]。

在防火涂料中,若加上适当的辅助材料,则防火效果会更好。例如:

(1) 根据二氧化碳、氨气、氯气等不燃气体所固有的特性,在防火涂料中加入受热能产生这类气体的辅助材料,从而达到熄灭火焰的目的。此类辅助材料有氯化石蜡、五氯联苯、磷酸铵、硫酸三甲酚等[98]。

(2) 加入一些遇热能生成厚泡沫层的辅助材料,隔绝火源,防止继续燃烧。常用的发泡剂有硼酸锌、磷酸三氢铵等。

(3) 根据一些低熔点无机物遇火熔化成玻璃层,可使物件表面与火焰隔绝的原理,可在防火涂料中加入硼酸钠、硅酸钠、玻璃粉之类的物质,遇火时可以封闭物体的表面,防止引起火灾。

古建筑防火涂料研究虽然取得了一些成果,但效果仍不是十分理想,有待进一步深入研究。

3. 古建筑白蚁的防治与防蚁剂

白蚁是世界性害虫,主要分布在热带和亚热带地区。我国长江以南各地区几乎均有白蚁分布。由于我国古建筑主要由砖、木结构组成,且大多位于山林、园圃之中,环境阴湿,极易成为白蚁的滋生地[99]。尤其是我国长江中下游和南方地区的木构建筑,白蚁蚁患十分普遍。例如,江苏南通天宁寺、杭州六合塔、苏州轩辕宫、泉州开元寺、宁波报国寺、贵州遵义纪念馆等,都曾发生严重的白蚁危害,致使部分木柱、角梁、地板、门窗、塑像彩画等损害严重,有的甚至已蛀蚀一空,使一些珍贵文物遭受无可挽回的重大损失。因此,防治白蚁是古建筑文保工作的一项重要内容。

国内外学者针对防治白蚁做了大量工作,积累了不少经验,目前可采用以下几种措施:

(1) 设坑投饵诱杀

在白蚁经常活动处挖掘诱杀坑,放置松木,并洒上糖水盖上覆盖物,将白蚁引诱到坑内,喷洒灭蚁灵粉剂,再盖上覆盖物,利用其生活习性将药粉传递到其他白蚁身上,达到杀死全巢白蚁的目的[100]。

(2) 毒土处理

在建筑物基础四周,距墙基外侧 1—2 m、深 1 m、宽 0.6 m 处挖封锁沟,并于回填灰土前施药,一般按 1.5%—2% 的氯丹乳剂与填土混合,形成一道屏障[101]。

(3) 化学药剂毒杀法

化学药剂毒杀是防治白蚁最为有效和普遍使用的一种方法。目前我国常用的白蚁防治剂,主要有水溶性砷酸盐、氯丹乳液、氯丹油剂、二氯苯醚菊酯、灭蚁灵和熏蒸剂等,其中如砷酸盐、氯丹在国外已禁用,国内尚未禁止。这些药剂对白蚁有很好的杀灭作用,但遗憾的是对古建筑彩画都有副作用,且具有对人畜毒性强等缺点。某些拟除虫菊酯,虽刺激性小、毒性低,但稳定性差、易受酸碱作用而分解,因而耐久性不理想。南京博物院文物保护技术研究所采用中草药提取液与新型有机磷复配,研制出新型白蚁防治剂——灭净蚁,将中国传统白蚁防治药物与现代杀虫药物相结合,找到了一条白蚁防治的新途径[102]。

近期国外学者成功研究出生物防治白蚁的方法,采用微生物学疫菌杀灭白蚁。这种疫菌喷涂在木材表面后,可保持活性数天。白蚁表皮上染上疫菌,将其带入巢穴,传染给其他白蚁。疫菌穿透白蚁表皮,以白蚁体液为生长环境,破坏白蚁的生理机能,从而致其死亡,效果令人满意。

4. 油漆、彩画的防光老化

我国古建筑不仅形式优美、气势雄伟,而且画梁雕栋、色彩鲜艳、非常华丽。受日晒雨淋、有害气体污染、温度湿度变化等因素影响,古建筑上的油漆、彩画会出现老化现象,如漆皮龟裂、起翘、剥落、失去光泽、褪色及变色等。而导致油漆老化最为有害的因素是光的照射。

目前,防止油漆老化最有效的办法是在油漆中添加适量的紫外线吸收剂。紫外线吸收剂是一类能吸收紫外光波或减少紫外光透射作用的化学物质。它能有效吸收高能量的紫外线,并进行能量的转换,以热的形式将能量释放,从而保护高分子材料免受紫外线的损伤[103]。

(1) 紫外线吸收剂的选择

紫外线吸收剂的种类很多,按其化学结构大致可分为如下五类:多羟基苯酮类、水杨酸苯酸酯类、苯并三唑类、络合物类、磷酰类。

虽然紫外线吸收剂种类很多,但是它们所吸收的紫外线波长范围各不相同，另外各种油漆对紫外线最敏感的波长范围也有所差异。因此，选择什么样的紫外线吸收剂添加到油漆中最为有效，这要根据具体的油漆种类和性质以及紫外线的种类和性质而定。实践证明，将紫外线吸收剂 UV-9(2-羟基-4-甲氧基二苯甲酮)加入油漆中，能提高油漆的耐光老化能力，以延长其使用寿命[104]。

加入油漆涂层的紫外线吸收剂应具备以下性能：① 波长为 300—400 nm 的有强烈吸收紫外线能力；② 具有良好的光、热稳定性和化学稳定性；③ 应尽可能是无色的；④ 能溶解于所使用的溶剂，特别是溶解于稀释剂；⑤ 应与加入油漆成分内的多数配合剂相溶，避免渗出；⑥ 应具有染色性、挥发性、并且毒性小。

实验证明，将紫外线吸收剂 UV-9 加入所用油漆中，能基本符合上述要求，并提高耐光老化能力，延长其使用寿命。

(2) 将紫外线吸收剂加入油漆的方法

聚合方法：用聚合方法制备黏合剂，可将紫外线吸收剂加入单体内。例如，在制备聚苯乙烯时，先将紫外线吸收剂加入苯乙烯单体内，这时它们很容易混合，加入的 UV-24(2,2-二羟基-4-甲氧基二苯甲酮)不会影响过氧化物催化的聚合反应。

混合法：是最常用、简便的方法，将紫外线吸收剂加入油漆组分的稀释剂或增塑剂内，调匀即可。

(3) 紫外线吸收剂的用量

紫外线吸收剂用量的多少，与紫外线吸收剂的结构(种类)、聚合物(油漆)的性质以及喷涂的厚度有关。例如，以聚氯乙烯为基体的薄膜用量是：每平方米加入的 UV-24 吸收剂量为 1.1—3.3 g；在厚为 0.025 mm 的薄膜中，紫外线吸收剂浓度为 3%—5%，而在厚 0.25 mm 的薄膜中则是 0.3%—0.5%。

以聚氯乙烯为基体的薄膜，经紫外灯照射实验，发现未含紫外线吸收剂的对比样品，14 小时后出现第一个降解斑点，而含有 UV-24 的样品，出现上述降解斑点的时间则在照射 680 小时和 1800 小时之后。

将紫外线吸收剂加入油漆中的应用，可以用同样方法对大多数油漆体系进行防护，如以醇酸树脂为基体的配方(重量计%)：醇酸树脂 47.2、乙醇 47.2、UV-9 5.6。

先将 UV-9 溶于乙醇内，再加树脂混合均匀，即可用于油漆、彩画表面，作为封护层，以隔绝有害气体、水分的侵蚀。

5. 油漆、彩画的加固和封护

油漆、彩画老化后非常脆弱，容易开裂和脱落，需要进行加固和封护。选择彩画加固和封护材料的要求是：无色、透明、无光泽、耐老化。曾用于文物保护的加固和封护材料有：

(1) 桐油

俗称罩油，在旧彩画或新绘制的彩画上涂刷一道光油，旧彩画在刷油前，为防止颜料层年久脱胶应先刷一两道矾水加固。此种做法，对于地仗碎裂的画，防止颜色脱落、褪色有明显效果，在有些建筑上试用了20多年，彩画仍基本完好。但使用该材料后，彩画颜色会变暗，且有光泽。若用在新绘彩画上，可事先在青绿等深色内调入适量的白粉，使颜色变浅，而罩油后即可达到所需的深浅度，但光泽仍不易消除。

(2) 高分子材料

将高分子材料喷涂在彩画表面，目前观察效果较好，但需等待时间的考验才能得出最终结论。曾试用过的材料如下：① 聚乙烯醇，用2%—5%聚乙烯醇水溶液，喷涂两三遍，干后无色、透明、无光泽。② 聚乙烯醇和聚醋酸乙烯乳液混合剂，其配比为1.5%—2.5%聚乙烯醇：1%聚醋酸乙烯乳液＝4∶1，喷涂两三遍。③ 三甲树脂，将三甲树脂溶于（丙酮与二甲苯）混合溶液中，浓度为3%，喷涂两遍。④ 聚甲基丙烯酸丁酯，将树脂溶于丙酮溶液中，浓度为3%，喷涂两遍。⑤ B-72（甲基丙烯酸乙酯与丙烯酸酯的共聚物），将树脂溶于二甲苯溶液中，浓度为3%，喷涂两遍。⑥ 聚乙烯醇缩丁醛（PVB），将树脂溶于乙醇溶液中，浓度为2%—3%，喷涂两遍。

6. 古建筑糟朽木构件的化学加固

木材的化学组成可分为主要成分和次要成分，主要成分有纤维素、半纤维素和木质素，次要成分有盐类、可溶性多糖、苯酚、蛋白质和其他化合物[105]，这些组分是细菌、昆虫的养料，在适宜的温度、湿度环境中，细菌孢子附着于木材上，会发芽，产生菌丝，菌丝会分泌酵素，以分解、吸收木材中的纤维素和半纤维素及木质素，从而破坏木材组织，使其糟朽。而昆虫（如白蚁、蛀木甲虫、天牛、黄蜂）以木质为食，穿孔食蛀木材，后果更为严重。久而久之，木构件便会腐烂、蛀空，木材空隙加大、重量减轻，内部呈海棉状，机械强度明显降低，进而会使得承重的木梁和木柱等构件因质地太脆弱而支撑不住，最终导致建筑物倒塌[106]。

处理糟朽、腐烂的木构件，传统的方法往往是更换糟朽、腐烂的木构件，这种做法不大符合文物保护的原则。正确的方法是尽可能地保留原构件,因为这些构件是文物,是宝贵的历史实物资料,丢一件就少一件。对糟朽木构件的加固,国外早在19世纪末就开始用高分子材料以增加朽木强度。至20世纪50年代,高分子材料已被广泛应用,而我国从70年代初才开始正式将高分子材料应用于木构件加固。实践证明,高分子材料加固木结构,省时、省力,加固后的强度高于原先木材的强度,更重要的是保留了原来的构件,且加固部位还具有防腐、防蛀的效果,在古建维修中值得大力推广[107]。常用于糟朽木构件加固的材料有环氧树脂、不饱和聚酯树脂等,这些材料会被用于粘接断裂的木构件,填补残缺部位或以溶液形式对糟朽木材进行渗透加固。

(1) 加固实例与方法

① 南通天宁寺木柱的加固。南通天宁寺是江苏省重点文保单位,大雄殿有木柱24根,其中12根遭到不同程度损害。立柱的主要功能是支撑梁架,天长日久,立柱受环境影响和生物损害,往往会出现开裂和腐朽,柱根更容易腐朽,特别是包在墙内的柱子,由于潮湿和白蚁的蛀蚀,有时整根柱子都会出现腐朽[108]。立柱的损害情况不同,加固处理的方法也应有所不同[109]。

南通天宁寺木柱的加固工作主要包括以下几个部分:a. 局部腐朽的处理。柱子表面局部腐朽,深度不超过柱子直径的1/2,而尚未影响主柱强度时,一般采用挖补和包镶的做法。挖补时,先将腐朽部分剔除干净,剔除部分应成标准的几何形状,将洞内木屑杂物弄干净,嵌补木块与洞的形状应尽量吻合,用环氧胶粘剂粘接,粘接剂配方可用6101环氧树脂100份、501活性稀释剂10份、多乙烯多胺14份。也可采用聚醋酸乙烯酯乳液调合木粉填补孔洞或剔除部分。如果立柱腐朽部分较大,柱身周围全部腐朽,而深度不超过柱子直径的1/4,可采用环氧树脂为涂料,先将玻璃纤维布粘贴在柱子上,然后涂刷环氧树脂,如此一层层贴上去,以增强木柱的强度。b. 立柱的裂缝加固处理。裂缝宽度在0.5 cm以内,用环氧树脂腻子堵封严实。腻子是由环氧树脂加入干燥石英粉调合而成。裂缝宽度超过0.5 cm,可用环氧树脂粘木条将其补严实。在裂缝中灌浆的配方为:6101环氧树脂100份加501活性稀释剂20份,再加入多乙烯多胺15份。c. 立柱中空的加固。立柱由于受白蚁危害,往往外皮完好,内部已被蛀空,可用不饱和聚酯浇灌,也可用环氧树脂浇灌。先在柱子受损害部位用刀锯开宽13 cm的槽口,保留锯下的木条,将木柱内部所有腐烂物或蛀屑清理干净。用环氧树脂将槽口原木条贴实,并用环氧腻子封堵四周贴缝及木柱上面大小裂缝和孔眼。浇注部位上端留有浇注孔,分段浇注,每段长1m左右,不饱和聚酯料需3—4 kg(不包括填料)。每个浇注的间隔0.5 m,直至灌满为止。其灌浆料配方为:307-2不饱和聚酯树脂100份、过氧化环己酮浆(固化剂)4份、萘酸钴苯乙烯液(促进剂)2—3份、石英粉(200目)100—120份[110]。

② 无锡曹家祠堂木梁的加固。采用不饱和聚酯玻璃钢加固。操作时先将朽烂的部位剔去,为了增加强度,嵌填以新木或钢条,再用不饱和聚酯与木粉混合填补残缺,然后用不饱和聚酯树脂作涂料,粘贴玻璃纤维布数层,即可达到加固的目的。其配方为:307-2不饱和聚酯树脂100份、过氧化环己酮浆4份、萘酸钴苯乙烯液1—2份、厚0.2—0.4 mm的无碱无蜡玻纤布等。

以上仅列举了两个实例。对于糟朽的木头,还可采用合成树脂进行渗透加固,使用较多的合成树脂有聚醋酸乙烯酯、丙烯酸酯类以及环氧糠醛树脂。常用的配方为:6101环氧树脂100份、糠醛30份、丙酮30份、二乙烯三胺14—17份。以传统工艺的木材加固为主,辅以化学材料加固是为上策。

化学材料在古建筑维修中的应用越来越广泛,随着化学工业的发展、科学技术的进步,一些新型的化学材料将会得到更广泛的应用[111]。

3.8.2 古建筑的修复技术

我国古建筑分布广泛、形式多样,主要结构为建筑屋顶、木梁、内外装饰和地基等。大量古建筑在各个历史时期受到自然因素和人为因素的破坏严重,亟待修缮。古建筑的修复技术主要包括以下几个部分:

1. 木结构整体变形修复

木结构是我国常见古代建筑的主体结构,我们将环境因素造成的结构位移称为歪闪,如柱根糟朽下沉,构件歪闪错动、拔脱,木构件糟朽、压缩变形等。局部构件的位移会造成应力集中,整体结构失稳,导致坍塌。对于这类变形构件需要进行扶正修复,具体为以下四种:

(1) 打牮拨正

将下沉的构架抬平称为"打牮",将倾斜的构件归正叫作"拨正"。修复时结合现场条件,合理使用现代施工工具,完成打牮拨正。施工方案应经过专业施工单位和文物保护专家论证。对于有彩绘壁画部分的结构,应先对其做预先保护,再进行结构性修复。

(2) 局部落架拨正

为了整体结构的拨正,而将局部构件卸载。特点是针对性强,对整体结构影响较小。在施工过程中需要注意对其他结构的固定,避免局部失稳。

(3) "偷梁换柱"

部分结构中的木构件损毁严重,已经无法继续使用,需要进行替换,这也是局部更换梁柱的一种方法。对于柱的替换,可以保留柱基,斜切柱根,柱顶与上方结构卯口开通,并将新柱以旧柱上下接口为依据进行,处理后平移替换;或是将新柱上端以旧柱为依据制作卯口并将其整体替换。

(4) 落架整修,重新归安

对于结构变形严重、主要承重结构破损严重的建筑,可采取上述三种方法综合施工,使建筑稳定。

2. 木结构的加固

对于已完成木结构变形修复后的古建筑,为防止其再次出现变形,需要进行加固;同时对于尚无条件进行结构修复的古建筑,也需要实施暂时的加固,防止劣化。

(1) 节点加固

在各个木构件之间进行加固,如柱透与额枋之间、柱头与柱头之间、檩条之间。

(2) 柱框加固

采用加装抱柱、斜撑等方式,加强单个杆件的抗压能力和柱框的横向抗变形能力。未修复结构的加固所遵循的原则为:在结构闪歪的反方向上给予其支撑,增加水平支撑力,防止变形扩大。加固所使用的构件应具有可逆性、可辨识度,可适当考虑使用表面加工及表面处理技术,以确保整体外观的协调性。

(3) 受压柱体的加固维修

受压柱体的加固维修主要包括以下几种:

① 裂隙加固。对于自然开裂的的木柱,当其裂缝还不大时,可使用木条、竹条嵌补。若裂缝较大,则使用铁箍进行加固。可直接将铁箍加固在柱体上并做以装饰处理,减少对外观的影响;或者做暗槽,将铁箍埋设其中。考虑到温度变化对金属的影响,可在铁箍下适当增垫麻布。

② 柱根糟朽加固。由于柱根处于通风较差的和较潮湿的环境,容易糟朽,加固方式的选择通常依据其糟朽程度而定。糟朽高度不超过柱高的 1/4 时,先

将糟朽部分剔除,再根据剩余完好部分的情况,选择适合的榫卯样式进行墩接[112]。常用样式有如下几种:巴掌榫,搭接长度至少 40 cm,搭接后用铁箍绑扎;抄手榫,在柱面上划十字,分为四瓣,剔去搭接的两瓣,上下相对,卡牢,外用铁箍扎紧;螳螂榫,将墩接处做成螳螂样式插入原有柱 40—50 cm。修复时依实际情况选取最适合的卯榫方式,木材的选用应依据实际情况,并且经过处理以适应当地环境变化。

当木柱柱体糟朽时,可采用高分子材料灌注的方法,具体操作步骤如下:a. 对需要灌注的柱体周围进行支撑,以保证操作时的稳定性;b. 选定柱体一面,自上而下分段开 10—15 cm 深槽口至未糟朽处,并清理木屑等杂物;c. 用环氧树脂将柱身孔洞和裂隙填补;d. 从上至下依次灌浆,不宜过多,以免导致温度升高,影响质量。灌注完一段后,待凝固干燥,将槽口木条用环氧树脂粘牢并干燥,再进行下一段灌注。

当整个柱体糟朽部分达到 1/4—1/3 柱高时,已不适可用灌注法进行修复,因而需要更换柱体。新换柱体应严格按照原有文物的材质、形制、工艺、艺术风格进行处理。木材应选用含水率低于 15% 的干木材,以减少变形、霉变等病害的发生。

(4)受弯结构加固维修

受弯结构主要为梁、枋、椽等结构,这类结构上部承受压力,下部承受拉力。在荷载和环境的作用下,会出现材料劣化及疲劳损伤。受弯结构加固维修工作主要包括以下几种:

① 弯垂构件的处理。对于没有糟朽和开裂、弯垂程度超标的构件,如果在塑性变形范围内,卸载后会恢复原形,在恢复后可适当进行结构加固。若未恢复,则应检查材质质量是否合格,在受弯的反方向施加支撑防止进一步变形。或增加斜撑,用钢条加固。

② 受弯构件开裂。对于不影响结构的细小开裂,修复以实际条件为准,在不影响表面漆面的情况下,可适当封补以避免进一步风化,填充材料可以选择地仗油灰或木条。对于较大的裂缝,若裂纹长度不超过杆件一半,深度不超过梁宽的 1/4 时,可用铁箍进行加固并填充。若裂缝宽度超过 0.5 cm,则可以用相同材质的干木材嵌补,灌注环氧树脂,表面装饰处理后,用铁丝加固。开裂的处理依实际情况而定,若构件已经无法通过加固修复确保其安全性,则需对其进行整体更换。

(5) 额枋类结构加固

以额枋为链接柱头的结构,梁架的歪闪会使额枋产生变形,相交的榫头会出现拔出、断裂。将木结构打牮拨正后,若榫头完好则原位插入,若榫头开裂糟朽则更换新的榫头。当荷载过大时,额枋也会出现弯曲现象,可在结构搭接部位插入暗栓,或使用角钢加强结构抗剪稳定性。

承橡枋主要作用为承托山面椽,或重檐建筑的下层檐椽,或花架椽后尾的横向结构。因结构特点承橡枋容易产生扭闪,可对关键结构点进行加固,在檩与梁之间加铁钉吊来防止檐头檩子滚动,再按具体情况对承橡枋进行加固。

(6) 檩条修复

① 糟朽裂纹处理。檩上皮的糟朽深度不超过檩直径1/5,只需剔除糟朽部分,用同样树种的干木材进行补配加固[87]。如果裂纹不超过直径的1/4时,可加铁箍或将环氧树脂灌缝进行加固。若糟朽开裂严重,则需整体更换。

② 拔榫处理。檩条拔榫主要是由梁架歪闪所引起的。若歪闪不严重,则拆卸后将其重新归位。若无法拆除,则对变形结构进行加固,在拔榫构件下面加钉木托或用其他手段支托节点。a. 弯曲处理。若荷载过大、檩条弯曲,则在檩条内侧或下方加装一根檩条,在形式上尽量做到与建筑风格相统一;或是在檩条下的坊子加装支架,以提高檩条的承载能力。b. 檩条滚动加固。选择檩头相交处的两根椽子,将椽头处的椽钉改为螺栓,穿透檩条,自下而上的拉杆椽直达脊檩,使前后坡形成两道通长的拉杆,防止滚动。

(7) 角梁加固

首先对角梁的破损情况进行评估,确定应修复或整体更换。若选择修复,可对局部进行剔补、拼接、加铁箍或铁件补强。对糟朽的部分进行剔补,并做防腐处理。拼接时,应掌握新旧材料的合理搭配,避免损伤原受力面。对于小块梁头的拼接,可采用榫卯或暗梢交接。

(8) 斗拱的维修

斗的维修:糟朽严重无法维修时,可采用更换方式。对于断裂段落的斗耳,应按照原式样、尺寸补配,粘钉牢固;若荷载过大产生弯曲,可在斗口内用与原木质木纹一致的硬木板补齐。

拱的维修:对于产生裂痕的拱,可使用灌浆粘牢。断裂的榫头可使用高分子材料粘接。糟朽部分可锯断后用相同木材按原样加工后粘接,两端与拱头粘接并使用螺栓加固。

(9) 屋面修复

① 除草。古建筑屋面通常为瓦片覆盖,瓦垄、瓦缝之间易滋生杂草造成瓦片松动。屋面除草分为人工手动除草和化学药品除草,化学除草剂分为选择性除莠剂和灭生性除莠剂。古建筑附着杂草种类较多,为减少重复性除草工作对古建筑的影响,一般选用灭生性除莠剂。

② 瓦顶勾抹。除草工作完成后,瓦垄、瓦缝之间的勾灰会受到不同程度的破坏,需要将松动的勾灰重新抹实。传统勾灰材料的质量配比为:黄色琉璃瓦用红土麻刀灰,白灰∶二红土∶头红土∶麻刀∶江米∶白矾＝100∶100∶10∶8∶1.4∶0.5;蓝色、绿色、黑色琉璃瓦及布瓦用青白麻刀灰,白灰∶青灰∶麻刀∶江米∶白矾＝100∶11∶8∶1.4∶0.5;红灰中所用的红土由于产地不同,需酌情使用,无红土的情况下可使用氧化铁粉代替。

③ 屋脊重修。如果屋脊破损不严重,可以用灰勾进行抹补。当脊件发生破碎时,可用黏合剂修补后,继续使用。对屋脊的加固需依据实际情况进行,例如,对糟朽、脊桩高度不恰当的,可以更换或调整,达到补强的效果。

④ 瓦片重铺。屋面破损严重需要重铺瓦片时,需要先揭取瓦片。瓦片揭取前要做现状记录,记录损毁情况,并对瓦片进行编号。之后从檐头开始,卸除勾头、滴水、帽钉,然后进行坡面揭瓦及清理。对于拼合的瓦兽,可分开拆取也可整体拆取。对于损坏的瓦片应视实际情况进行粘补,在无法粘补的情况下,可参照保存状况较好的瓦片进行复制。在重铺瓦片之前,需要对苫背进行重修。北方地区苫背自上而下分别为护板灰、灰泥背、青灰背三层,南方通常只有灰泥背一层。

护板灰:一般厚度为 1—2 cm,材料配方重量比为:白灰∶青灰∶麻灰＝100∶8∶3。

灰泥背:北方为白灰∶黄土＝1∶3 或 1∶4,泥内另掺麦草,每 100 kg 白灰掺麦草 5—10 kg;南方多用 1∶2 灰泥背,同时也可采用焦渣∶白灰＝3∶1。

青灰背:灰泥背七八成干后,上抹青灰背 1—2 cm。用料重量比为白灰∶青灰∶麻刀＝100∶8∶3。在刷青灰背赶压时,往往还散铺一些麻刀,随刷随扎,以增强青灰背的拉力。

⑤ 瓦瓦。根据设计图纸和拆除记录来进行瓦瓦。

排瓦当:根据拆除记录,查明各面坡顶的瓦垄数。

瓦筒板瓦:一般自中线向两边分,每边先从垂脊靠近中线的一垄瓦起。

瓦瓦时板瓦底部需用灰泥垫牢,灰泥厚度为 4—5 cm[113]。

(10) 地基修复

① 基础修复。当地基出现下沉时,主要有以下几种修复方式:a. 打桩加固,因地基下沉导致柱础下沉时,应先拆除柱础及残碎的磉墩灰土,然后在基础松软处打木桩加固,最后按原形制补砌完整[114]。b. 灌浆加固,使用灌浆技术,将松软下沉的部分圈在"围墙"内,然后在"围墙"内灌入加固材料,防止地基下沉。常用的灌浆材料有水泥、水玻璃、氯化钙,需分次灌注。

② 地面维修。现存古代建筑地面多为砖铺,少数采用石材铺设。当砖石破损数量较小时,只对破损砖石修补或替换。若地面因为地基沉降等外力原因大面积破损时,则需将地砖全部揭取,平整地面,修补砖块后再重新墁砖。

(11) 装饰维修

古建筑装饰主要包括门窗、天花、藻井等,均为木质雕刻,是古建筑艺术风格的主要体现。

① 门窗维修。门窗根据形制可分为板门和格扇门。板门因长期环境影响会产生裂隙,细微裂隙可使用腻子勾抿后再上色;裂隙较大时,可用与门板厚度相同的长条或木板黏结严实。若格扇门、窗存在扭闪变形,维修时应整扇拆除,归安方正,接缝处用胶粘剂加固,背面使用薄铁板加固。破损的格栅芯以原檩条为样本复制后将其替换。门窗发生倾斜下垂时,需在上下门镶处加装铁套筒调整门窗开合,以减少磨损。

② 天花的维修。天花支条下垂时可在支条搭接处加宽 5—7 cm、厚约 0.3 cm 的拉扯钉板,并用螺钉钉牢。若整体天花板弯垂需要临时加固,可用薄铁条,每间纵横各 2—3 道,沿支条底皮钉牢,两端固定在梁上。需要彻底修理时,可垫木板,用千斤顶将天花板底皮顶起,恢复水平位置,再将糟朽或榫头劈裂的支条,按原尺寸更换后,安装加固铁活。

③ 藻井的维修。对于轻微松散的藻井,应在背面加装铁钩、铁板与周围梁枋联结牢固。对出现严重松散的藻井,应采用整体拆卸,在经结构加固后,重新安装。

(12) 墙壁维修

对于砖石墙壁歪闪坍塌的维修,应以实际情况为依据,制订专业施工方案。墙面上如果有壁画,应先将壁画揭取保护后,再进行墙体保护。对于 0.5 cm 以下的墙缝,可使用铁扒锔每隔 1 m 进行加固。对于 0.5 cm 以上的裂缝,可在墙面上剔除一部分,用扁铁对其进行加固、补砖,并使用1∶1或1∶2的水泥砂浆调砖灰勾缝。

对于夯土类墙体表面剥落坍塌现象,先测量其厚度、夯土掺和材料及其比例,再按照原样式对表面和墙体进行涂刷和垒起。对于内部含有木骨的编壁墙,重新垒起时,应拆除破损的木骨,并对新木骨进行防虫、防霉处理后,按原样编制,再抹灰刷浆。

3.9 其他类文物保护

3.9.1 砖瓦保护

砖瓦类文物包括历代建筑物的砖、墓砖、画像砖、空心砖、板瓦、筒瓦、瓦当等。砖瓦的损破主要是断裂、酥粉。古建筑上的砖瓦,因长期处在室外环境,气候变化、大气污染、生物危害都会导致砖瓦材质的劣变。需采用渗透加固的方法,提高古砖的耐久性、抗磨性。常使用的加固材料有聚氨基甲酸酯、生桐油等。生桐油是我国传统的保护地砖的涂布材料,与合成树脂中的聚氨基甲酸酯的抗磨性能相近。"攒生泼墨"法就是先用红木水将黑烟子和黑矾一起熬,并分两次热泼在砖面上,再以桐油浸泡,最后施白蜡保护地砖。经这种方法保护的铺地砖,可历经数百年的考验,效果非常理想。

瓦顶除草分人力拔除和化学药剂灭除两种方法。人力拔除主要选择在春天和初秋进行,尽可能连根拔去,必须年年坚持才能有效,这就是古人所谓的"每岁岁修,三伏与十月拔草,春季淘修"。目前化学除莠剂效果较为显著,其中许多除莠剂已在古建筑保护上得到应用。

3.9.2 玻璃器保护

熔制玻璃的主要原料是石英砂,西方古代玻璃一直以钠钙玻璃为主,原料是石英、碳酸钠和石灰。我国古代玻璃以铅玻璃为主,氧化铅、氧化钡的含量较高。玻璃器易遭机械性破坏,还会出现粉化剥落、变色、炸裂、失去光泽和透明度等劣化变质现象。

1. 表面封护

对于透明度下降程度较轻的,可用稀醋酸擦拭,中和玻璃表面的游离碱,使玻璃器恢复透明度。对已风化、粉化的玻璃可用无色透明的丙烯酸类树脂进行封护加固,防止继续腐蚀。对已开裂的玻璃器可用高分子材料进行减压渗透予以加固,或用环氧树脂黏合加固。对已经过清洗、拼对、固定、灌缝处理的玻璃器皿,若表面仍存在风化、粉化、掉片的现象,可用高分子材料进行表面封护,防止继续脱落。

2. 保管条件

(1) 玻璃器是脆弱物体,热力学状态不稳定,要避免振动和机械损伤。

(2) 避免剧烈的温度变化,同时,环境湿度以控制在35%—55%为宜。

(3) 保持空气的清洁、干净、少污染。

玻璃器的受腐蚀程度与环境温度、湿度密切相关。空气相对湿度或含水量过高都会对玻璃造成侵蚀。因此,玻璃器要放在干燥低温的环境中,保持空气洁净、无污染[115]。

3.9.3 骨角牙器的保护

1. 骨角牙器的加固

对于质地疏松脆弱,表面酥粉的骨、角、象牙器或人骨架,可用2%—3%的三甲树脂即甲基丙烯酸甲酯和甲苯、丙酮溶液,或用15%聚醋酸乙烯酯甲苯丙酮溶液渗透加固。加固要分多次进行,以获得一定强度和表面不显光泽为宜。表面残留的树脂流痕可用丙酮溶去除,也可用2%—5%聚乙烯醇缩丁醛乙醇溶液渗透加固,一般用滴渗或注射加固。若是采用减压渗透法加固,则效果更好。也可采用熔化的石蜡浸渗加固,取出后擦去表面多余的石蜡,用热的微风吹器物表面,以防蜡凝固使表面产生炫光。还可按达玛树脂1份:巴西棕榈蜡1份:蜂蜡3份:普通硬石蜡1份,混合均匀,加热至120 ℃,将骨角器浸入蜡液,冷却到快要凝固时取出,用甲苯去除表面多余的凝蜡。此外,B-72、聚乙烯缩丁醛、聚乙二醇等也常用于加固骨角质文物。

2. 骨角牙器的科学保管

关于骨角牙器文物病害与保存环境、保存方法的研究十分有限。研究表明,在干燥环境下骨的强度会明显降低,不适宜于骨器的存放[116]。甲骨在干燥的环境下保存会更脆弱,表面风化更明显[117]。因此,应避免骨质文物在干燥环境下保存。

3.9.4 皮革类文物的保护

皮革文物是由牛、羊、马、猪等动物皮经加工而制成的,其主要成分是一种网状结构的蛋白质纤维。在潮湿的墓葬中极易腐烂变质,因而在我国古代文物中,发现和保存下来的皮革制品较少,因而皮革类文物的保护就显得十分重要。

1. 皮革文物的加固

(1) PEG 法

该法常用于饱水皮革的保护。对于保存状况较好的干燥皮革,可先用水或乙醇浸泡,使其饱水后,再用 PEG1450、PEG600 或 PEG400 处理。但采用这种方法处理后的皮革文物,易回潮、发黏、色泽暗淡。

(2) 硅油法

硅油法原理是在真空、负压条件下将液态高分子多聚合物渗透到文物内部结构中,置换其中的水分和脂类,随后用固化剂将其固化,形成纤维支架。其优点是能保持文物原有的色泽、花纹、弹性和质地,并能防霉防蛀。硅油法保护皮革文物的步骤包括:丙酮脱水、高分子聚合物渗透、固化剂渗入成型、防霉处理[118]。

(3) 胶原蛋白法

以动物皮为原料,制备与皮革文物具有同源性的皮浆作为加固材料,将皮浆经一定的工艺过程制成膜,用戊二醛、单宁对皮浆膜进行改性交联,提高皮浆膜的热稳定性,该皮浆能补充和改善糟朽皮革中流失和变性的胶原蛋白,有效提高其物理性能[119]。

2. 皮革文物的科学保管

(1) 防霉

皮革的主要成分是一种网状组织的蛋白质纤维,是微生物的营养基,这是皮革霉变腐烂的内因,而适当的温度和湿度则是霉菌生长繁殖的重要外部条件。皮革不仅很容易被霉菌蚀损,而且容易被虫蛀,故防霉杀菌、杀灭害虫、控制合适的温度、湿度是皮革制品文物保存的关键。

通常使用五氯苯酚衍生物作为浸透剂,或采用月桂酸衍生物作喷雾杀菌,如麝香、樟脑、硫酸锌和水杨酸等都可用作皮革的杀菌剂。皮革文物的杀虫可采用溶液喷雾法,如将滴滴涕(DDT)和除虫菊的混合溶液喷雾于皮革制品上,或用硫代氰酸脂杀虫剂(如 β-丁氧基-β-硫氰酸基二乙基醚)喷雾杀虫,效果均较好。熏蒸杀虫法起效较快,但熏蒸效果不太持久,溴甲烷、二硫化碳等都可作熏蒸剂[120]。

(2) 养护

对于脆弱的皮制品,可用甘油、羊毛胎、蓖麻油等加以保护。对于薄皮革、毛皮,可用甘油和水(1∶1)加入蛋黄(1 L 溶液中加入两三个蛋黄)制成乳剂,再加入0.02%的 NS851 防霉剂,效果亦较好。对于已经变干、变硬、变脆的皮革文物,需先做处理以防破裂,一般是先用一块湿海绵将皮面擦拭一遍,再用掺有蜡的羊毛脂混合液进行鞣革。羊毛脂能浸透到皮组织内,使之润滑。蜡不会浸入皮里而是留在皮面上,因而可将皮的酥化部分凝固。英国博物馆所采用的配方为:羊毛脂 200 g、蜂蜡 15 g、雪松木油 30 mL、乙烷(或三氯乙烷)350 mL。美国中央档案馆修整皮革文书的配方比例是:干羊毛脂∶日本蜡∶加司特油∶硬脂酸钠∶蒸馏水 = 30∶5∶12∶3∶50[121]。

被水浸泡的皮革或皮革制品类文物,不能立即让其自然干燥,否则会完全失去韧性,难以复原。处理方法之一是先将皮面洗净,用 0.02% 的 NS851 丙酮溶液擦拭皮面,然后将皮件放入 110 ℃ 的熔蜡中,浸半小时后取出。应在皮件里塞上柔软的纸张,以便冷却时能保持原形;在蜡中可加入极少量沥清粉以加深颜色,使皮面不会显示出一层蜡壳。此外,也可以用聚乙二醇来处理饱水皮革文物制品,如用聚乙二醇 1540 和聚乙二醇 300 的混合溶液将皮革浸泡几天。或把皮革放在蒸馏水 100 mL、聚乙烯醇 2 g 和 40 mL 甘油的混合液中浸泡几天后,让皮革自然干燥。

针对糟朽、脆弱的旧皮,可在皮的背面裱上帆布加固。有褶皱的地方,可先将褶皱处湿润,然后用玻璃慢慢压住,当皮回软后,可适当加些重物压平,直至皮革变干,撤去重物即可复原。

(3) 控制温湿度

在库房环境中,皮革文物应采用文物柜、箱、盒多层存放方式,库房温度应控制在 14—24 ℃,湿度控制在 55%—60%。文物柜中放置防虫、防霉药剂。在陈列环境中,展柜需密闭,且展柜内应具备调节与控制温湿度的能力。展厅严格控制灯光照明,光源采用冷光源,照度应小于 50 lux[122]。

参 考 文 献

[1] 黄凤梅.浅析纸质文物保护[J].文物鉴定与鉴赏,2016(5):71-73.

[2] 李致忠.中国书史研究中的一些问题:古书经折装、梵夹装、旋风装考辨[J].文献,1986(2):218-240.

[3] 王蕙贞.文物保护学[M].北京:文物出版社,2009.

[4] 奚三彩.纸质文物脱酸与加固方法的综述[J].文物保护与考古科学,2008,20(S1):85-94.

[5] 韩玲玲.天然脱酸剂对纸质文献脱酸的研究[D].广州:广东工业大学,2011.

[6] 仝艳锋.云南少数民族档案文献遗产保护研究[J].档案学通讯,2015,000(5):80-83.

[7] 奚三彩.现代科技在可移动文物保护中的应用[J].中国文化遗产,2004(3):57-58.

[8] 金慧.郑州博物馆纸质文物保存保护调查研究[D].郑州:郑州大学,2015.

[9] 刘静贤.院藏近现代纸质文物的管理和保养:以吉林省博物院现今院藏近现代纸质文物为例[J].长春理工大学学报,2012,7(8):97-98.

[10] 徐景和.浅谈图书馆的古籍收藏与保护[J].中国科技博览,2009,000(19):336-336.

[11] 刘祥麟.档案库房沿革:从传统走向智能化[D].苏州:苏州大学,2008.

[12] 戴旸.新型纳米材料防治档案库房微生物可行性研究[D].合肥:安徽大学,2005.

[13] 张晓彤,王云峰,詹长法.纸质文物保护修复的传统与现代[J].中国文物科学研究,2007(1):61-65.

[14] 甘肃省博物馆.一种可用于保护纸质文件的复合材料的制备方法及其应用:CN201110329836.2[P].2012-06-20.

[15] 西安文物保护修复中心.糟朽丝绸揭展剂研究[J].中国文化遗产,2004(3):73.

[16] 曹晓晔,周旸,赵丰,等.出土丝织品固结成分分析以及揭展剂模拟保护研究[J].纺织学报,2012,33(3):83-88.

[17] 荆州文物保护中心.一种高含水低强度文物丝绸的分离揭取方法:CN200810197979.0[P].2009-04-15.

[18] 耿璐,魏彦飞,龚钰轩,等.脆弱黏结出土丝织品文物揭展技术研究及应用[J].文物保护与考古科学,2017,29(3):6-13.

[19] 周旸.脆弱丝绸文物的化学加固研究[D].杭州:浙江大学,2009.

[20] 吴玥,魏彦飞,王玥,等.TGase/SC 加固技术在脆弱丝织品文物加固中的应用[J].文物保

护与考古科学,2019,31(6):12-18.

[21] 高燕.浅谈日本纺织品保护修复[J].文博,2017(1):85-88.

[22] 温小宁.江西明代宁靖王夫人吴氏墓龟背卍字纹绫绵上衣的修复与保护研究[D].北京:中国社会科学院研究生院,2017.

[23] 谭斌.博物馆藏纺织品的保护[J].西藏科技,2006,(3):11,43.

[24] 蒋家莉.浅析西藏馆藏纺织品的保存环境[J].西藏科技,2011,(6):22-24.

[25] 张慧.明清古旧工笔绢画的耐久变性和耐久工笔画用绢的研制[D].西安:陕西师范大学,2005.

[26] 王菊.西北地区平面类糟朽纺织品文物展存问题研究[J].丝绸之路,2017,(12):73-75.

[27] 王旭,徐军平,赵林娟.考古出土纺织品的保护、修复和保管综述[C]//中国文物保护技术协会,故宫博物院文保科技部.中国文物保护技术协会第五次学术年会论文集.中国文物保护技术协会、故宫博物院文保科技部:中国文物保护技术协会,2007:222-231.

[28] 张飞龙,张志军,张武桥,等.漆物质文化遗产保护技术研究[J].中国生漆,2007,26(1):11-37.

[29] 郑幼明.木质文物色素吸附剂PVPP的测定方法[C]//中国化学会应用化学学科委员会.文物保护与修复纪实:第八届全国考古与文物保护(化学)学术会议论文集.中国化学会应用化学学科委员会:中国化学会,2004:455-461.

[30] 江员发,施民卿.明代双龙戏珠陶瓷香炉修复[J].陶瓷研究,2011,28(3):84-85.

[31] 徐戈.如何修复古陶瓷(上)[J].收藏界,2008(11):63-66.

[32] 范佳平.浅谈考古出土陶瓷的保护方法[C]//泉州市文物保护科学技术协会.2016泉州市文物保护科学技术协会学术年会论文集.2016:5-10.

[33] 陈进东,邓佳.出水陶瓷文物保护修复方法概述:以"南海Ⅰ号"出水陶瓷为例[J].文物鉴定与鉴赏,2017(10):79-83.

[34] 徐戈.如何修复古陶瓷(中)[J].收藏界,2008(12):68-71.

[35] 徐戈.如何修复古陶瓷(下)[J].收藏界,2009(2):54-56.

[36] 杨莹.脆弱陶器中常见可溶盐的脱盐研究[D].西安:西北大学,2013.

[37] 王丽琴,杨莹,周铁.复合材料贴敷脱盐技术在脆弱陶器脱盐中的应用[J].江汉考古,2016(6):91-95.

[38] 马清林.陶器文物保护方法综述[J].考古,1993(1):81-84.

[39] 王惠贞,宋迪牛,程玉冰,等.汉阳陵出土陶器文物保护研究[J].文博,2009(6):244-250.

[40] 张秉坚,铁景沪.大型石质文物表面清洗技术的现状和发展趋势[J].石材,2007(11):19-22.

[41] COUSSY O. Deformation and stress from in-pore drying-induced crystallization of salt[J]. Journal of the Mechanics and Physics of Solids,2006,54(8):1517-1547.

[42] 王蕙贞.文物保护学[M].北京:文物出版社,2009.

[43] 俞蕙,杨植震.古陶瓷修复基础[M].上海:复旦大学出版社,2012.
[44] 故宫博物院.故宫学术讲谈录第1辑[M].北京:紫禁城出版社,2010.
[45] 周乾.不可移动文物与可移动文物抗震性能研究[D].北京:北京工业大学,2014.
[46] 吴来明.馆藏文物的防震保护[C]//中国文物保护技术协会.中国文物保护技术协会第二届学术年会.2002:466-474.
[47] 吴来明,王忠良,高华平,等.博物馆文物的防震保护研究(一):传统抗震措施与现代隔震技术[J].文物保护与考古科学,2001,13(2):46-53.
[48] 许淳淳.铁质文物的腐蚀与防护[C]//中国化学会应用化学会学科委员会.文物保护与修复纪实:第八届全国考古与文物保护(化学)学术会议论文集.中国化学会应用化学会学科委员会,2004:11.
[49] 徐毓明.艺术品和图书,档案保养法[M].北京:科学普及出版社.1985.
[50] 李化元.青铜器、铁器的腐蚀与保护[J].中国博物馆,1987(2):64-70.
[51] 王宏钧.中国博物馆学基础[M].上海:上海古籍出版社,2001.
[52] 魏书亚.化学原理与方法在文物保护中的应用[J].华夏考古,1995(3):100-104;99.
[53] 周浩,祝鸿范,蔡兰坤.铁器文物脱盐清洗溶液中硅酸盐缓蚀性能的研究[J].文物保护与考古科学,2002(S1):51-62.
[54] 侯卫东.文物保护原则与方法论浅议[J].考古与文物,1995(6):10-12.
[55] 赵丛苍.科技考古学概论[M].北京:高等教育出版社,2006.
[56] 郑龙亭.文物科技保护研究与实践安徽博物院建馆60周年文物保护工作纵览[M].合肥:安徽美术出版社,2016.
[57] 李立新,曹心阳.南派青铜器修复技艺的工艺特征[J].美术教育研究,2015,(15):29-29.
[58] 《文物保护与鉴定执法实务全书》编委会.文物保护与鉴定执法实务全书第1卷[M].北京:科学技术文献出版社,2002.
[59] 李玲.考古青铜器的保护[C]//中国化学会应用化学会学科委员会.文物保护与修复纪实:第八届全国考古与文物保护(化学)学术会议论文集.中国化学会应用化学会学科委员会:,2004:10.
[60] 付海涛,李瑛,魏无际,等.古代青铜文物保护研究现状及AMT的应用[J].腐蚀科学与防护技术,2002(1):35-37.
[61] 王蕙贞.文物保护学[M].北京:文物出版社,2009.
[62] 祝鸿范,周浩,蔡兰坤,等.银器文物的变色原因及防变色缓蚀剂的筛选[J].文物保护与考古科学,2001(1):15-20.
[63] 宋迪生.文物与化学[M].成都:四川教育出版社,1992.
[64] 周华.石质文物表层风化的原位检测与防治:以云冈石窟为例[D].北京:中国科学院大学,2013.
[65] 王昊.石质文物清洗技术研究综述[J].中国文物科学研究,2018(1):81-88.

[66] TORENO. Study of the action of tetrasodium EDTA on calcium, copper, and iron compounds present in calcareous materials[J]. OPD restauro: rivista dell' Opificiodellepietredure e laboratorio di restauro di Firenze, 2004, 16: 114-121.

[67] 石美凤. 云冈石窟表面黑垢的作用及其清除研究[D]. 上海: 复旦大学, 2011.

[68] 傅亦民, 金涛, 周双林, 等. 宁波东钱湖石刻群微生物病害研究[J]. 文物保护与考古科学, 2009.21(4): 31-37

[69] 周伟强. 石质文物表面污染物微粒子喷射清洗技术研究[D]. 武汉: 中国地质大学, 2015.

[70] 赵林娟, 王丽琴, 齐扬, 等. 蒸汽清洗在石质文物清洗上的研究现状[J]. 文博, 2011(6): 86-88.

[71] 祝延峰. 摩崖石刻保护及研究[J]. 黑龙江史志, 2013, (19): 314, 318.

[72] 王丽琴, 党高潮, 梁国正. 露天石质文物的风化和加固保护探讨[J]. 文物保护与考古科学, 2004(4): 58-63.

[73] 王蕙贞. 文物保护学[M]. 北京: 文物出版社, 2009: 119-121.

[74] 梁尉英, 李最雄, 等. 石窟保护论文集[M]. 兰州: 甘肃民族出版社, 1994.

[75] 卜军. 气相甲醛光催化去除及一种石质文物保护涂层研究[D]. 江苏: 南京工业大学, 2008.

[76] 中国文化遗产研究院. 中国文物保护与修复技术[M]. 北京: 科学出版社, 2009.

[77] 曹静伟. 东汉墓碑书式研究(北京石刻艺术博物馆实习报告)[D]. 北京: 中央民族大学, 2013.

[78] 孙秀娟. 石质文物加固材料性能及其加固机理研究[D]. 甘肃: 兰州理工大学, 2013.

[79] 张芳, 周萍, 井燕, 等. 传统工艺在成都新津观音寺彩绘泥塑保护修复中的应用[J]. 中国文物科学研究, 2009(4): 88-90.

[80] 申茂盛. 陶器修复中的清洗[J]. 文博, 1999(1): 3-5.

[81] 赵林毅. 布达拉宫壁画的保护修复[D]. 兰州: 兰州大学, 2007.

[82] 王金华. 锚固加固技术及其在石质文物保护领域中的应用[C]//云冈石窟研究院. 2005年云冈国际学术研讨会论文集(保护卷). 云冈石窟研究院: 云冈石窟研究院, 2005: 317-328.

[83] 吕宁.《中国文物古迹保护准则》推动下的石窟遗产保护[D]. 北京: 清华大学, 2013.

[84] 裴吉溢. 灌浆法在尾矿库拓宽坝基处理中的应用[J]. 安徽科技, 2012(8): 45-46.

[85] 何伟俊, 胡石. 中国古建筑科技保护的发展历程[J]. 古建园林技术, 2016(1): 17-20.

[86] 何伟俊. 古建筑化学保护材料回顾与探讨[C]//中国化学会. 第七届全国考古与文物保护化学学术会议论文集. 2002: 263-269.

[87] GB50165—92 古建筑木结构维护与加固技术规范.

[88] 雷思, 张兴莲. 化学防腐技术在古建筑文物保护工程中的应用[J]. 云南化工, 2020, 47(4): 11-13.

[89] 梁歌,方文斌.化学防腐技术与古建筑保护[J].建筑与文化,2017(2):130-131.

[90] 段新芳,孟水平,赵昭霞.环境激素、POPs危害与我国木材保护环境安全对策[C]//中国林学会中国木材标准化技术委员会.2006年木材防腐新标准宣贯暨防腐木材产业发展研讨会论文集.2006:152-159.

[91] 谢轩.岭南传统木构建筑防潮、防腐、防白蚁技术研究[D].广东:华南理工大学,1999.

[92] 段新芳.木材变色防治技术[M].北京:中国建材工业出版社,2005.

[93] 杜梅.防火涂料在木构古建筑的防火保护中的应用[J].山西建筑,2013,39(11):98-99.

[94] 田静.传统村落中民居建筑的分类保护与更新改造研究[D].北京:北京交通大学,2017.

[95] 田宏.古建筑的消防安全问题[J].中国西部科技,2006(5):39-40.

[96] 李同信,梁文涛,刘非,等.涂料在文物保护中的应用[J].文物保护与考古科学,2005(4):59-63.

[97] 何伟俊.古建筑化学保护材料回顾与探讨[C]//中国化学会.第七届全国考古与文物保护化学学术会议论文集.2002:263-269.

[98] 奚三彩.火灾对文物的危害及消防[J].东南文化,2001(3):93-96.

[99] 汝军红.历史建筑保护导则与保护技术研究[D].天津:天津大学,2007.

[100] 林树青.认真贯彻"预防为主,综合防治"的方针积极开展新建房屋预防白蚁工作[J].白蚁科技,1987(3):1-5.

[101] 奚三彩,郑冬青.灭蚁净在古建筑白蚁防治中的应用[C]//中国文物保护技术协会,故宫博物院文保科技部.中国文物保护技术协会第五次学术年会论文集.中国文物保护技术协会,故宫博物院文保科技部:中国文物保护技术协会,2007:75-81.

[102] 晏石林.复合材料建筑结构及其应用[M].北京:化学工业出版社,2006.

[103] 陈宗山.抗UV保护膜的研制[J].中小企业管理与科技(中旬刊),2015(9):235.

[104] 郭立颖.咪唑类离子液体的合成、对纤维素和木粉的溶解性能及其在高分子中的应用[D].合肥:合肥工业大学,2009.

[105] 李玉香.布达拉宫与化学科学[J].西藏研究,1996(1):119-125.

[106] 王清文.苏北传统乡土民居气候适应性研究[D].上海:上海交通大学,2009.

[107] 李安顺.浅析砖木结构文物建筑的修缮[J].江西建材,2013(4):96-97.

[108] 奚三彩,王勉,龚德才,等.化学材料在南通天宁寺古建筑维修中的应用[J].东南文化,1999(5):3-5.

[109] 龚德才,周健林,于军.无锡曹家祠堂古建筑保护[J].东南文化,1999(6):3-5.

[110] 胡飞,钟志良.闽西永定土楼的病害调查与保护对策[J].文物鉴定与鉴赏,2019(19):81-85.

[111] 邢台文庙大成殿修复工程[J].古建园林技术,2003(1):18-25,68.

[112] 王志良.府学文庙修缮工程技术性总结及古建筑保护模式的讨论[D].济南:山东大学,2011.

[113] 祁英涛.中国古代建筑的保护与维修[M].北京:文物出版社,1986.
[114] 王丽娟,马立军.浅议文物古建筑修缮的阶段验收[J].古建园林技术,2001(2):40-41.
[115] 许绍银,许可.中国陶瓷辞典:首部中国陶瓷百科全书[M].北京:中国文史出版社,2013.
[116] 王蕙贞.文物保护学[M].北京:文物出版社.2009.
[117] 王翀,齐扬,刘林西,等.骨角质文物保护研究进展[J].文物保护与考古科学,2016,28(1):118-125.
[118] 张杨.国外皮革文物保护研究概述[C]//中国文物保护技术协会.中国文物保护技术协会第八次学术年会论文集.2014:114-121.
[119] 张杨,陈子繁,龚德才.糟朽皮革保护加固材料的研究[J].中国皮革,2017,46(3):22-26.
[120] 卢燕玲.由武威出土马胸勒的化学处理谈皮制文物的保护[J].文物保护与考古科学,1999(2):3-5.
[121] 何俊.老化牛皮革的回软及其结构与性能研究[D].杭州:浙江理工大学,2014.
[122] 陈晓宇.博物馆文物保存环境控制研究[J].黑龙江史志,2013(23):190-191.

第4章 文物的预防性保护

4.1 概述中国历代文物保护制度

文物是指具有历史、科学、艺术价值的文献及实物,包括古生物、史前遗物、古墓葬、古建筑、绘画、雕塑、铭刻、图书、货币、舆服和器具等。新中国成立后,我国政府对文物的保护工作十分重视,发布了一系列有关文物保护的法规、法令。

《中华人民共和国宪法》和《中华人民共和国刑法》中都有关于保护文物的条款。1982年颁布、2002年修订的《中华人民共和国文物保护法》更是指导我们加强文物保护、防止文物破坏的法律准则。

回顾文物保护的历史,我们更能切实地体会到文物保护立法之于一国的重要性和迫切性。在古代,不可能像我们今天对文物的涵义、内容、性质认识得一样清楚。然而统治阶级制定的法律从来都是为了维护其利益,并对他们的财产、财物从法律制度上进行严格保护,这客观上也对文物起到了保护作用。早在周代,就有关于盗窃宝器罪的规定。《左传·文公十八年》记载周公作誓命曰,"毁则为贼、掩贼为藏、窃贿为盗、盗器为奸,主藏之民,赖奸之用,为大凶德,有常,无赦"。"器"指国家宝器、宝物、重器,"盗器为奸"意即盗用国家宝器是奸诈的行为,和其他某些罪行一样都是重大的恶行,是不能被赦免的。这是关于保护文物的最早记载。对损坏宝器者,也要处以刑罚。例如,《周易·鼎》记载,"鼎折足,覆化𫗧,其刑渥"。"渥"专指古代贵族在户内受刑,严重的处死于屋下,属于大刑。这句话就是说,无论是谁,只要折断了宗庙的鼎足,都要受到渥刑。这实质上也是保护了文物。此外,珠玉宝器是绝对不能流入民间的,更不允许买卖。《孔子家语·刑政》记载,"珪璋璧琮不鬻于市。宗庙之器不鬻于市……文锦珠玉之器雕饰靡丽不鬻于市"。周代以后,统治者更加严格地保护其财产、财物及帝王们的宗庙、陵墓。

战国时期,魏国李悝制定的《法经》是我国最早的一部初具体系的法典。商鞅制定的《秦律》继承了李悝"王者之政,莫急于盗贼"的立法原则。其中关于盗窃罪的刑罚都非常严酷。汉朝的法律将毁坏皇家的宗庙、陵墓及宫殿的行为称为"大逆不道"。这是以后各朝"十恶"之罪的最早形式。汉《九章律》中有"盗园陵物"的条款,犯了这项罪名,要受到极重的刑罚。例如,《汉书·张释之传》记载:"其后人有盗高庙座前玉环,得,文帝怒,下廷尉治。案盗宗庙服御物者为奏,当弃市。上大怒曰:'人亡道,乃盗先帝器!吾属廷尉者,欲致之族,而君以法奏之,非吾所以共承宗庙意也'。释之免冠顿首谢曰:'法如是足也,且罪等,然以逆顺为基。今盗宗庙器而族之,有如万分一,假令愚民取长陵一抔土,陛下且何以加其法乎?'"由此可见,依汉律的规定,不仅是盗宗庙服御物,即使只窃取了长陵(即高祖陵,今西安市北)的一抔土都会遭受到严重的刑罚。又如,汉武帝时,有人盗取了文帝陵园内埋藏的钱财,丞相严青翟因为对先帝的陵墓保护不力而引咎自杀。汉代对发盗普通人坟墓者也处以重刑。据《淮南子·氾论训》记载,"天下县官法曰:'发墓者诛,窃盗者刑'"。《太平御览·汉记》记载,"上洛男子张卢,死二十七日,人盗发其冢。卢得苏,起问盗人姓名。郡县以盗无意奸轨,卢复由之而生,不能决。豫州牧呼延谟以闻,诏曰:'以其意恶功善,论笞三百,不齿终生。'"该人救活了一个人,尚要论笞三百,倘若没有救活死者,盗墓者受到的刑罚肯定更重。

中国古代刑律的"十恶"大罪,起源于西汉,到北齐的时候固定。北齐律确定了"重罪十条",即"一曰反叛、二曰大逆……其犯此十者,在八议论赎之限"。"大逆"指侵犯皇帝的宗庙、陵寝、宫殿的行为,位列"十恶"第二。可见统治者对宗庙、陵墓极度重视。唐朝的法律是我国古代法律制度高度发展和完备化的标志,而最大成就与集中代表是《唐律疏议》(又称"唐律"),它是我国古代法律制度建设上的最大成就。

《唐律》"十恶"中"二曰谋大逆"。注云,"谓谋毁宗庙、山陵及宫阙"。对"谋大逆"的刑罚极其严酷。《贼律》规定,"诸谋反及大逆者,皆斩;父子年十六以上皆绞,十五以下及母女、妻妾、祖孙、兄弟、姊妹若部曲、资材、田宅并没官,男夫年八十及笃疾、妇人年六十及废疾者并免。伯叔父、兄弟之子皆流三千里,不限籍之同"。除了"谋大逆"的条款,为了维护皇帝的尊严和权威,惩罚大不敬的立法还包括对政治窃盗的刑罚。例如,《贼盗律》对盗大祀神御物的规定,"诸盗大祀神御之物者,流二千五百里。其拟供神御,及供而废缺,若饔荐之具已馔呈者,徒二年。未馔呈者,徒一年半。已缺者,杖一百。若盗釜、甑、刀、匕之属,并从常盗之法"。对盗御宝及乘舆服御物的规定,"诸盗御宝者,绞;乘舆服御物者,流二千五百里;其拟供服御及供而废缺,若食将御者,徒二年;拟供食御及非服而御者,徒一年半"。又如《杂律》对弃毁亡失神御之物的规定,"诸弃毁大祀神御之物,若御宝、乘舆服御物及非服而御者,各以盗论;亡失及误毁者,准盗论减二等"。对毁大祀丘坛的规定,"诸大祀丘坛将行事,有守卫而毁者,流二千里;非行事日,徒一年。门,各减二等"。《唐律》中还有一些关于地面文物保护的规定。例如,《贼盗律》规定,"诸盗毁天尊像、佛像者,徒三年。即道士、女官盗毁天尊像,僧、尼盗毁佛像者,加役流。真人、菩萨,各减等。盗而供养者,杖一百"。又如《杂律》规定,"诸毁人碑碣及石兽者,徒一年;即毁人庙主者,加一等。其有用功修造之物,而故损毁者,计庸,坐赃论。各令修立。误损毁者,但令修立,不坐"等。同时,它也包括关于地下文物保护的条款。如《杂律》规定,"诸于他人地内得宿藏物,隐而不送者,计合还主之分,坐赃论减三等"。由于唐代"令行不止"的情况,唐玄宗开元廿五年下诏令重申,"诸官地内,得宿藏物者听收。他人地内得者,与地主中分之,即古器形制异者,悉送官酬直"。《贼盗律》对发冢进行了规定,"诸发冢者,加役流;已开棺椁者,绞;发而未彻者,徒三年。其冢先穿及未殡,而盗尸柩者,徒二年半;盗衣服者减一等;器物、砖版者,以凡盗论"。这无疑对墓葬起到了很大的保护作用。此外,《杂律》尚有对拾遗物不送官的规定,"诸得阑遗物,满五日不送官者,各以亡失罪论;赃重者,坐赃论。私物,坐赃论减二等"。唐代法制完备,对保护文物的法律规定也很完善,除关于惩罚"谋大逆"的规定外,尤其是制定了对地上、地下文物保护的条令。所有这些都为宋元以至明清的法律所沿袭。"十恶"大罪在隋唐时完备,宋元明清各朝继承,"谋大逆"一直位列第二。一方面,朝廷是为了维持其统治;另一方面也是对其财物以及宗庙、陵墓进行保护。历代王朝均有关于所有权的规定，以保护统治阶级的财产不受侵犯。涉及到文物保护，唐代出现了上述的关于埋藏物归属的法律条款。宋代法律将所有权分为物主权（即动产所有权）和业主权（即不动产所有权），物主权的取得有几种形式，而宿藏物（即埋藏物）的发现也是其中之一。元朝在唐宋所有权规定的基础上，《大元通制·禁令部》对宿藏物的所有权做了规定，"诸锄获宿藏之物在他人地内者，与地主中分；在官地内者，一半纳官；在己地内者，即同业主"。明代《大明律》沿袭唐律，并增加了一些新内容，包括关于文物保护的条例。关于"得遗失物"，《大明律》明确规定，"若于官私地内，掘得埋藏之物者，并听收用，若有古器、钟鼎、符印异常之物，限三日送官。违者杖八十，其物入官"。还有禁止私藏某些器物的规定，"凡私家收藏天象器物、天文图谶应禁之书及历代帝王图像、金玉符玺等物者，杖一百"。并且明令禁止"凡历代帝王陵寝及忠臣烈士、先圣先贤坟墓，不准于上樵采耕种及放牧牛羊等畜，违者杖八十"。清代依明律制定《大清律例》，关于文物保护的法令也基本继承前朝。凡宫室官府的器物都严禁盗窃，如有盗内府财物，得御宝、乘舆服、御物者，俱作实犯死罪。清朝晚期，政府腐败无能，根本无力保护文物，帝国主义列强入侵，毁坏和掠走了大量的珍贵文物。例如，1860年，火烧圆明园；1873年，英国人福赛思将和阗附近城址中的神像和硬币带出中国，这是外国人从中国运走的第一批文物；1898—1899年，俄国人D.A.克列缅茨在吐鲁番开帝国主义国家派人来中国盗掘并窃取文物的先例，之后日、英、法等国陆续从新疆、甘肃等地盗取了大量的文物和壁画；1900年，敦煌石窟发现大量的古代写本文书和其他文物的"藏经洞"后，英国人斯坦因、法国人伯希和、日本人桔瑞超等掠夺走了许多文物精品；1909年，桔瑞超由楼兰遗址窃取了李柏文书等。这些罪恶的行为一直持续到民国初期，致使我国的珍贵文物大量流失海外。太平天国时期，对文物的保护政策是服从于"革命"的需要。1851年，天王下诏，"凡一切杀妖取城，所得金宝绸帛宝物等项，不得私藏，尽缴归天朝圣库，逆者议罪"。1852年，天王再次下诏："通军大小将自今不得再私藏私带金宝，尽缴归天朝圣库，倘再私藏私带，一经查出，斩首示众。"定都天京后颁布的《十款天条》中第八条规定，"不好偷窃抢……凡偷窃人物、劫抢人物者，足犯天条"。《太平刑律》规定，"自后杀妖之时，路旁金银衣服，概不准低头捡拾，以及私取私藏，违者斩首不留"。"凡典圣库圣粮及各典官，如有藏匿盗卖等弊，即属反草变妖，概治以点天灯之罪"。这些措施加强了对文物的保护，但也有其狭隘性和局限性，例如，《太平刑律》又规定，"凡一切妖物妖文书一概毁坏，如有私留者，搜出斩首不留"，辛亥革命推翻了2000多年的封建专制统治，临时政府采取了剥夺清廷及其官吏财产的行动[1]。《外交部照会驻宁英、美、德、日各国领事沪通商交涉使除清帝原有财产外，所有清廷手内之动产或不动产均属国有不得私相授由》指出，"除清帝可以保留的原有财产外，一切清廷的动产或不动产，均属民国所有，不得私相授受"[2]。临时政府还向东三省都督府下令，严禁皇族将奉天行宫所藏器物私自卖与外国。1912年，发布《保护人民财产令》，保护人民财产，剥夺反动官吏的财产。但不久后，军阀割据，法治处于极度混乱的状态，更有"东陵大盗"孙殿英这样的土匪出世。20世纪20年代，中外联合进行的地质、考古、生物调查发掘工作增多，关于发掘权及所得遗物归属问题初步有了一些具体的规定。1925年，李济先生指出与美国合作发掘的条件是：一、在中国开展的田野考古工作，必须与中国考古团体合作；二、在中国发掘出来的古物，必须留在中国。1927年，中国学术团体协会第九次代表大会拟定了《中国学术团体协会为组织西北科学考察团与瑞典的斯文赫定博士订立了合作办法》，共十九条，其中第十四条规定了发现所得的归属，"关于考古学者，须经交与中国团长或其委托之中国团员归本会保存。关于地质学者，其方法同上。但将来运回北京之后，经理事会审查，得以副本一份赠与赫定博士"。1928年，马衡与中亚考察团达成协议，规定调查发掘须由中美双方共同参与，并须经政府同意；发现的历史学、考古学材料留在中国，有脊椎动物化石送至美国天产博物馆以供研究之用，其中以全份标本（包括至少每种化石之一代表标本）与一全份曾经绘画刊布之标本模型，送还中国。1928年，南京政府设立中央古物保管委员会，这是我国历史上第一个专门的政府文物管理机构。1930年，颁布了《古物保存法》十四条，涉及私有、公有古物的区别，中央、地方的保存，地下古物的发掘，古物的流通、研究等种种问题。例如，第一条界定了古物是指与考古学、历史学、古生物学及其他文化有关之一切；第七条是最关键的，规定了"埋藏地下及由地下暴露地面古物概为国有"；第十三条规定了古物的流通，"古物之流通以国内为限。但中央或地方政府直辖之学术机关，因研究之必要，须派员携往国外研究时，应呈经中央古物保管委员会核准，转请教育、内政两部门会同发给出境护照……"。《古物保存法》是我国第一部正式文物法规，以后又陆续公布了其施行细则。1935年，公布了《采掘古物规则》《外国学术团体或私人参加采掘古物规则》《古物出口护照规则》等。上述协议、法规等在一定程度上限制了文物的外流,但由于当时恶劣的社会政治环境,很多规定并不能做到真正的令行禁止。中国共产党成立之后,始终坚持对国家文物进行大力保护。例如,1947年9月全国土地会议通过的《中国土地法大纲》明确规定,"名胜古迹应妥为保护。被接收的有历史价值或学术价值的特殊的图书、古物、美术品等,应开具清单,呈交各地高级政府"。1948年,成立了东北文物管理委员会,并颁布了《东北解放区文物古迹保管办法》等文件,注意在土改中保护文物。而1949年对北平的和平解放,更是对我国文物保护事业的巨大贡献。北平解放后不久,华北人民政府颁布禁止文物出口的决令,还印发了《全国建筑文物简目》,以便解放军南进时注意对文物的保护。新中国成立后出台的一系列法规法令更表明了我国对文物保护的重视,使祖国的文物真正地属于国家、属于人民[1]。

4.2　预防性保护的概念发展

1930年,在罗马召开的第一届艺术品检查和保护科学方法研究国际会议,最早提出了预防性保护的概念。直至1980年,预防性保护才开始被广泛讨论和研究,并作为一个独立学科出现在北美部分国家的博物馆藏品文物保护领域,此概念强调的是"文物保护不应该只关注单体,而应该关注整体,关注环境对文物的影响"。1990年,北美地区许多博物馆都建立了预防性保护总体规划。对预防性保护的定义比较常见的有:"防止文物破损或降低文物破坏可能性的所有措施"(Jeffrey Levin 于 1992 年提出),"对藏品所处环境的管理"(Dardes,James Druzik 于 2000 年提出),以及后来强调的"预防性保护并不是一个人或几个人的事情,而是需要全体员工的参与,是所有员工都应该持有的意识"。[3]

预防性保护,通过创造文物保存的最佳环境来延缓或者预防损伤的间接行为,要尽可能与其社会用途相符,包括正确的取放、运输、使用、存放、展示方法,这也涉及出于保存目的而进行复制等相关问题。从博物馆文物保护角度来看,当下的理念已经在由"抢救性保护"向预防性保护转变。对博物馆文物保存环境实施有效的监测和控制,提升文物的风险预控能力,最大限度地防止或减缓环境因素对文物材料的破坏作用,是文物预防性保护工作中的关键。

4.3　博物馆环境因素

博物馆环境,是指收藏与展示各类可移动文物的相对独立空间的总体,包括文物库房、展厅、展柜、储藏柜(箱、盒)等空间中的各种物理、化学、生物条件。博物馆环境通常也被称为"馆藏文物保存环境""文物保存微环境"[4]。

目前,博物馆文物保存环境仍存在许多问题,"全国馆藏文物腐蚀损失调查"项目研究结果显示,在各地国有文物博物馆馆藏文物中,有50%—66%存在不同程度的病害,尤其是对环境因素作用较为敏感的纺织品、纸质、竹木漆器等有机质地的文物,中度以上病害的发生率占半数以上,文物腐蚀损失状况相当严重并呈加重的趋势,这已成为博物馆文物保护中亟待解决的突出问题。究其原因主要有以下三个方面:

一是环境因素影响已经成为博物馆藏品损害的主要原因。除了原有的埋藏腐蚀损害之外,主要是自然环境恶化和人为因素作用正在严重影响到博物馆环境质量,造成文物材料劣化,如气候剧烈变化或空调系统操控不当,导致博物馆微环境温度、湿度大幅度波动;大气污染或文物藏展材料(展柜、储藏柜、囊匣等制作材料及装饰装修材料等)所散发的污染物破坏了博物馆的微环境空气质量;过度照明会引起文物褪色等。

二是博物馆文物保存环境的基础科学和应用技术研究不足。环境因素对各种质地文物的影响作用机制尚不明了,缺乏符合博物馆微环境特点的适宜监控技术和高效调控产品,缺少相关技术规范,无法满足博物馆环境风险预控的需求。

三是馆藏文物保存环境管理机制和监控平台建设工作滞后。预防性保护管理的意识和重视程度不足,缺乏以预防为主的制度化、规范化、系统化的馆藏文物保存环境风险预控管理体系,环境质量监测、风险评估、预防调控和整治改造工作往往处于被动应战状态。因此,强化文物预防性保护理念,建设博物馆环境风险预控管理体系,加强博物馆环境适用的监控技术与调控技术的集成创新和科技攻关,推广应用相关研究成果,提升博物馆的环境质量及其风险预控能力等一系列工作,是当前和今后一段时期博物馆环境科技的迫切任务[4]。

环境因素是引发博物馆藏品劣化或损害的主要原因,博物馆环境因素主要包括以下几类:

(1) 温度

对于博物馆,其库房内温度的高低很大程度上取决于库房外的温度。在文物保存与利用过程中,温度作为单一因素对文物材料性能的影响并不明显,但由于环境中还存在光、氧等因素,当文物材料受它们联合作用而发生一定化学反应时,温度在后续化学反应过程中起加速反应的作用。另外,由于温度和湿度是两个相互关联的因素,温度变化了,湿度也会发生相应变化,如当温度上升时,物体会发生干燥收缩。因此可见,温度对文物材料的主要影响是通过改变文物周围环境的相对湿度来实现的[5]。

(2) 湿度

水分通常以蒸汽形式存在于空气中,研究表明,空气中存在的水分对许多文物都能产生破坏作用[6],包括物理变化、化学反应和生物变化。例如,木材、象牙、纸张、丝绸等这些有机材料组成的文物中都保留着一定的水分,如果将这类文物中的水分除去,它们就会产生收缩、干裂和翘曲,但如果让它们吸足水分,又会使物体体积膨胀,即所谓的"湿胀干缩"。对于由多种材料共同组成的文物,不同材料对于潮气的反应也不同,这就会使文物各部分产生断裂、胶黏开裂等。同时,高湿度也是金属文物锈蚀、某些颜料变色以及生物霉菌产生的主要原因。因此,对于文物保存环境中的相对湿度,必须根据文物材料的不同将其控制在某一适当范围内。

(3) 污染气体

空气中的污染物包括气态污染物(如硫化物、氮氧化物、臭氧、有机挥发物、甲醛、甲酸等)和颗粒物(如 TSP、PM_{10}、$PM_{2.5}$ 等)。硫化物、氮氧化物、臭氧等污染性气体主要来自室外,有机挥发物、甲醛、甲酸、乙酸等主要来源于室内各种材料[7]。铅丹、铅白、石青、石绿等颜料遇到硫化氢气体会发生变化,使得铅白、铅丹转变为黑色的硫化铅,石青变为硫化铜而使颜色品质变坏。即便是稳定的红色颜料铁红,遇到硫化氢后也会产生黑色的硫化铁。纸质文物会直接吸收空气中的硫酸,或是吸收空气中的三氧化硫后再与纸中的水分形成硫酸,以及吸收空气中的二氧化硫后再与纸张中的水形成亚硫酸,进而在材质中金属离子的催化下转变为硫酸。其结果都会使纸质酸度增加,促进纤维的酸性水解,加速纸质老化。氮氧化合物也是大气污染物的主要成分,在高温燃烧条件下,氮氧化物主要以一氧化氮形式存在,但在大气中,一氧化氮很不稳定,极易与氧反应生成二氧化氮。二氧化氮具有刺激性气味,与水作用后会形成硝酸。由于硝酸是与硫酸同样性质的强酸,因此它能直接对石刻、壁画、纤维、金属文物等产生腐蚀破坏;但由于硝酸具有挥发性,所以对文物的危害相比二氧化硫要小一些。二氧化氮是一种强氧化剂和光化学烟雾(臭氧)的引发剂,因此二氧化氮的二次污染物对文物造成的危害不容忽视。

灰尘的种类、成分极其复杂,其化学组成因地而异。由于灰尘表面积很大,物理吸附性能很强,具有复杂化学成分的灰尘其化学活性也会极大地加强。同时灰尘又是多种大气污染物的载体和催化剂,微生物孢子及霉菌等很容易附着在灰尘上而被带入室内。因此,灰尘对文物既会产生物理破坏,也会产生化学、生物破坏,这都加剧了文物材质的劣化及表面形貌的改变。

室内的有机酸主要来自各种木材。曾有科学家对桦木、橡木、杉木和水青冈木做过实验,结果发现两年内这几种木材释放出了分别相当于自身重量2.98%、4.53%、1.53%、2.95%的酸性腐蚀物,而有机酸对各类文物都会产生腐蚀破坏作用。

甲醛是目前室内环境中普遍存在的污染气体。据有关调查,美国、法国等国的博物馆都不同程度的存在甲醛污染问题。甲醛主要来源于装饰装修用的胶合板、纤维板、复合木板等人造板材、化纤地毯、泡沫塑料以及涂料等。甲醛对无机质的玻璃、陶瓷彩釉、金属等文物都有着潜在的危害。甲醛具有刺激性气味,是一种消毒剂和防腐剂,能够使蛋白质产生变性,所以甲醛对皮革制品也有极强的破坏作用。

二氧化碳是一种值得关注的污染气体。文物场所的二氧化碳主要来源于参观的游客。研究表明,高浓度的二氧化碳对石质文物、壁画等文物的保存都是极为不利的。二氧化碳会使颜料铅白变成中性的碳酸铅,也会使碱性的石绿变成石青,导致壁画颜色品质变坏。另外,二氧化碳会与水汽形成碳酸,使石灰石(主要成分为碳酸钙)转变为能溶于水的碳酸氢钙。随着水分的蒸发,这些碳酸氢钙在石刻表面形成与原石质不同结构的硬壳状的碳酸钙沉淀,进而剥蚀脱落,损害了文物的原貌[8]。

(4) 光辐射

光能够通过对环境中温度、湿度、霉菌、空气污染物的影响,间接地对空气质量构成威胁。光的照射会引起文物材质的光化学反应,加速文物材料的老化或变色,尤其是纺织品、纸质、木器漆等有机质地文物,以及彩绘器等对光敏感的文物。光化学反应对文物损伤的程度主要取决于,照到展品上光的辐射能强度(照度)的大小、辐射能的光谱特性、展品照明时间的长短和展品材料本身吸收和抗辐射能力的大小。光的波长不同,其对展品损伤程度也不同。能量较大的紫外线和接近紫外线的可见光短波($\lambda \leqslant 400~\mu m$)段辐照对文物的劣化影响较大。另外,光的热效应还会使光照射的环境内温度升高,常见的是博物馆展柜内照明及其周期性开、关,会引起文物表面温度的波动[4]。

(5) 有害生物

有害生物是有机质文物的主要病害之一,其造成的生物损害在各种文物(包括图书、档案等)劣化损害中占有很大比例。纸质文物有害生物防治是纸质文物保护技术的一项重要工作。博物馆内的有害生物有两大类,一类是霉菌,另一种是害虫。霉菌与有害生物虽不直接对馆内空气质量造成影响,但与馆内空气质量息息相关。馆内的霉菌多种多样,有些在破坏纸质文物材料的同时,也会影响库内的空气质量,有些档案霉菌能产生危害人类身体健康的毒素,如黄曲菌与杂色曲菌产生的毒素都有致癌作用。同时,当博物馆内所含霉菌过多时,空气中会含有大量的霉菌孢子,悬浮于大气中,假如档案工作人员长期处于这种恶劣的空气环境中,很容易患上慢性真菌病、过敏性肺炎等疾病[9]。

4.4 博物馆环境相关标准

博物馆环境的温度、湿度、光照、气体等都会对文物产生一定影响。例如,空气中的氯离子是导致金属发生腐蚀特别活跃的因素。氯离子极易溶解在吸附水中,并具有很强的穿透力和盐吸湿性,青铜器上形成的绿色粉状锈,即"青铜病"就是氯化物腐蚀产生的。氯易溶于水,生成盐酸和次氯酸,次氯酸不稳定,易分解为盐酸和初生态氧,初生态氧又会与空气中的氧发生作用,生成强氧化剂臭氧,加速金属器物的腐蚀[10]。氯气的存在会加速书籍纸张纤维素的氧化作用和水解作用,缩短文物寿命,可使字迹、颜料褪色[11]。因此,需要将包含温度、湿度、光照、气体等参数在内的博物馆环境控制在合理、安全的范围内,以达到保护文物的目的。

对由环境监测得到的博物馆温度、湿度等数据进行评估,则必须依靠环境标准。环境标准是为了维护人体健康、维持生态平衡,对环境质量、污染源排放和有关环境保护的方法等,由国家按规定的程序制定和批准的一整套技术规范,包括环境质量标准、环境基础标准、污染物排放标准和环保方法标准四大类。对文物来说,博物馆环境相关标准是在最大限度保护文物和参观博物馆游客身体健康的前提下建立的,也是博物馆工作人员能够参考并规范控制、调整博物馆环境的重要依据。由于在博物馆中对文物产生危害的污染物主要是空气污染物,因此这里主要介绍国内外有关博物馆室内空气质量的标准规定。

例如,2002年11月19日由国家质量监督检疫局、卫生部、国家环境保护总局联合批准的《室内空气质量标准》(如表4.1所示),是我们进行室内环境检测和治理的依据。由于文物的珍贵性和脆弱性,对博物馆内环境来说往往应该有更为严格的标准,才能有效地确保文物的安全[8]。

表 4.1 室内空气质量标准

序号	参数类别	参数	单位	标准值	备注
1	物理性	温度	℃	22—28	夏季空调
				16—24	冬季采暖
2		相对湿度	%	40—80	夏季空调
				30—60	冬季采暖
3		空气流速	m/s	0.3	夏季空调
				0.2	冬季采暖
4		新风量	m³/(h·人)	30[a]	

续表

序号	参数类别	参数	单位	标准值	备注
5	化学性	二氧化硫 SO_2	mg/m^3	0.50	1小时均值
6		二氧化氮 NO_2	mg/m^3	0.24	1小时均值
7		一氧化碳 CO	mg/m^3	10	1小时均值
8		二氧化碳 CO_2	mg/m^3	0.10	日平均值
9		氨 NH_3	mg/m^3	0.20	1小时均值
10		臭氧 O_3	mg/m^3	0.16	1小时均值
11		甲醛 HCHO	mg/m^3	0.10	1小时均值
12		苯 C_6H_6	mg/m^3	0.11	1小时均值
13		甲苯 C_7H_8	mg/m^3	0.20	1小时均值
14		二甲苯 C_8H_{10}	mg/m^3	0.20	1小时均值
15		苯并[a]芘 (a)P	mg/m^3	1.00	日平均值
16		可吸入颗粒物 PM_{10}	mg/m^3	0.15	日平均值
17		总挥发性有机物 TVOC	mg/m^3	0.60	8小时均值
18	生物性	菌落总数	cfu/m^3	2500	依据仪器定
19	放射性	氡 ^{222}Rn	Bq/m^3	400	年平均值(行动水平[b])

备注：a：新风量要求≥标准值,除温度、相对湿度外的其他参数要求≤标准值；b：达到此水平建议采取干预行动以降低室内氡浓度

除了我国针对博物馆内环境制定的《室内空气质量标准》之外,权威性的《博物院环境》(G.汤姆森著 1986)和《历史文献保存》(美国国家科学委员会赞助、编辑出版)中涉及的环境标准,适用于全空调设备的博物馆建筑(包括扩建、

改建的博物馆)。目前的环境标准方案与汤姆森早期著作(1978年)提出的标准相比有诸多更改,主要体现在所有的专家均"反对将标准应用简单化",即应对各种藏品的不同要求做特殊解释。例如,美国国家科学委员会编著的《历史文献保存》一书中指出,美国国家档案馆的空气质量标准虽然适用于许多不同材质博物馆藏品的保存,但汤姆森注意到个别的陈列品——如金属制品——可能需要有特定的保存条件。这两本新著中的空气质量标准与汤姆森早期著作(1978年)中的空气质量对比列于表4.2。表4.3、表4.4为更复杂的颗粒物质(尘埃)标准的详细说明。

表4.2 空气质量各项指标比较

环境变量	控制标准		
	《博物院环境》(汤姆森,1978年)	《博物院环境》(汤姆森,1986年)	《历史文献保存》(美国国家科学委员会,1986年)
温度℃	20±1.5	19或24±1	67—72°F(20—22)
相对湿度(%)	50 或 55±5	50 或 55±5	40—50
SO_2 ($\mu g/m^3$)	≤10	<10	≤1
NO_2,HNO_3 ($\mu g/m^3$)	≤10	<10	采用最有效方法
O_3 ($\mu g/m^3$)	0—2	<2	≤1(1ppb)
颗粒物质	60%—80%MBT	80%(效率)	见表2

表4.3 美国国家标准协会制订的图书馆、档案馆空调器过滤颗粒物质的尘埃标准

过滤系统	ASHRAE[a] 捕集效益(%)	ASHRAE 大气中现场尘埃效率(%)	MIL-STD[b] 282DOP 效率(%)
前置过滤器[d]	≥80	≥30	≥5
中等过滤器[e]	≥95	≥80	≥50
精制过滤器	n.a[c]	≥90	≥75

备注:a:ASHRAE 美国冷暖空调工程协会;b:MIL-STD 美国军用标准,DOP-邻苯二甲酸二辛酯;c:n.a 不适用;d:外界;e:补充供给(外界再循环)的空气

表 4.4 汤姆森(1986 年)依据欧洲空调设备委员会[a] 拟定的颗粒物质标准

颗粒物质（%）	前置过滤器	中等过滤器[b]	高级过滤器
	25	45	85

备注：a：测定大气中透过过滤器的尘埃量(重量记)；b：活性炭过滤器为依据

4.5 保存环境控制技术

4.5.1 博物馆室内环境控制技术

1. 温度和湿度的检测与控制

温度和湿度是博物馆环境中的两个重要因素，温度、湿度的异常往往会对文物造成无法挽回的损失，必须加以控制。温度、湿度的控制主要有两方面：一个是温度和湿度的适宜推荐值；另一个是温度和湿度的波动稳定性。对于温度指标，虽然低温有利于降低化学反应速率，减缓文物的自然老化，但低温也会使某些文物由于收缩不均匀而造成破坏，并且达到低温的所需耗能比较大。馆藏文物保存环境的温度一般推荐为室温(18—23 ℃)。对于湿度指标，过分干燥与过分潮湿均会对文物造成破坏，并且不同质地的文物对湿度也有不同的要求，而且还应当充分考虑文物保存地区的气候湿度特性。一般要求文物保存微环境的相对湿度控制在 40%—60%(金属文物最好小于 40%)。温度、湿度的大幅度波动会引发文物材料在短时间内频繁地热胀冷缩和湿胀干缩，从而造成文物的损坏。已有的实验和经验表明，在文物保存、展示过程中，控制温度、湿度的平稳性要比控制到某一具体数值更为重要，一般要求相对湿度日波动 RH ≤5%、温度日波动 T≤2 ℃。由于在展柜等相对密闭空间中，温度、湿度具有耦合效应，文物保存微环境中的相对湿度将随着温度的变化而发生明显的波动。同时，文物受湿度的影响较温度更为敏感，因此，优先监控博物馆微环境中的湿度是非常重要的。

目前，温度和湿度传感器技术已发展得比较成熟，其精度、采集和记录方式等,已经能够满足博物馆微环境温度、湿度远程、实时监测和数据储存、无线传输等要求,但在实用性方面需充分考虑小型化、美观、断电储存等特殊需求以及博物馆展陈环境的需要[4]。

温度和湿度是相互关联的两个因素,温度的变化会引起相对湿度发生变化,因此温度、湿度常被放在一起研究。为了应对温度、湿度对文物寿命的影响,必须采取相应的技术手段进行调控,依据需要获得的效果,基本可以分为配备恒温恒湿空调系统、选用小型恒温恒湿机或微小型恒温恒湿机、使用除湿机或加湿器、使用缓释剂、自然通风等。

(1) 配备恒温恒湿空调系统

① 选用高效率、高质量的恒温恒湿精密空调机组。恒温恒湿空调系统不仅要为馆藏文物提供所需适宜的空气温度、湿度、洁净气体等条件,满足馆藏文物预防性保护的要求,以保证馆藏文物处在最佳的保存状态,同时还要降低能源的消耗,达到低碳、绿色、环保的要求,这就要求从设备出发,研发高效率、高质量的机组。空调机组的核心在于压缩机,压缩机的作用是将输入的电能转化为机械能,将制冷剂压缩,因而是整个空调系统的核心部件,也是整个系统的动力之源。目前较为先进的压缩机类型是柔性涡旋式压缩机,其微处理器采用先进的"模糊逻辑控制"以及"绝对湿度控制"技术,可以综合调节空调机组的运行,以适应各种环境的变化[12]。

② 减少热辐射。对文物库房内的前、后、左、右、上五面墙体以及陈列展厅周围的外墙采用符合国家标准的环保、阻燃材料进行隔热保温处理,防止各文物库房之间、展厅与外界之间发生热辐射,有效保留能量,使空调机组少做功、减少能耗,从而达到少费电、节约运营成本的目的[12]。

③ 阻止热对流。在进行温度、湿度控制与调节时,除进行工艺性空调系统的设计以外,为防止展柜中的空气与展柜外空气产生热对流,维持展柜内温度、湿度的稳定,从而减少空调机组的做功,达到降低耗能、节约运行经费的目的,必须对陈列展厅内的各类展柜进行密封处理[12]。

④ 使用电子温度、湿度监测设备器进行监测。a. 使用温度、湿度监测探头。采用灵敏度较高、定期进行校正的温度、湿度监测探头对文物库房、陈列展厅和其他馆藏文物所涉及的场所内的温度和湿度进行实时监测,将实时数据同温度、湿度控制及调节系统的实时数据进行比对,一旦发生两者数据相差偏大等情形,即刻报警,这就形成了"双保险"。可确定室内的准确温度和湿度,当空

调机组发生故障(如空调机组过度制冷或过度制热但自身所带温湿度传输数据不变等情况)时,可以提醒管理人员进行检查[12]。b. 采用电子温度、湿度传感器。相比传统温度、湿度仪表而言,其精确度高、稳定性好。以温度、湿度传感器为基础,利用互联网与无线传输技术构成的温度、湿度监测系统,可以实现对博物馆内库房、展厅、展柜等不同位置的温度、湿度变化情况实时连续监测。中国国家博物馆于 2011 年建立无线温湿度监测系统,采用 Zigbee2.4G 无线传输技术,通过传感器、中继和网络协调器的组合,对全馆的库房、展厅及部分展柜中的温度、湿度进行实时连续监测与记录。除了温度、湿度、光照度、CO_2 浓度、空气污染物等,其他环境指标同样可以在技术上实现利用传感器进行智能检测[7]。

⑤ 室外温度补偿控制。由于大部分馆藏文物的保护温度具有一定的波动范围,而在陈列展厅内,观众对中央空调系统舒适感的要求也有一定的波动范围,可以按室外温度对陈列展厅和文物库房内的温度设定值进行适当的补偿,以节约空调的能耗[12]。

⑥ 排风能量回收。可采用环保节能的转轮式全热交换器回收利用排风的能源,解决新风足量补充和降低空调能源消耗问题。转轮式全热交换器是一个低速转动的蜂窝状转轮,转芯用复合纤维或金属箔作载体,将活性硅及分子筛作为吸湿材料采用高科技方法合成,制成具有蓄热吸湿性能的转轮,装在金属箱体内,由传动装置驱动。排风通过过滤器,经热回收轮处理由排风风机排至室外;新风经过过滤器,经热回收轮处理后,由新风风机送入空调区域。冬季排风的温度、湿度高于新风,排风经转轮时转芯温度升高、水分含量增加,当转芯过清洗扇与新风接触,转轮偏向低温、低湿的新风放出热量和水分,使新风升温增湿。夏季则反之,降低新风的温度、湿度,提高了排风温度、湿度。在夏天可以将新风预冷除湿,在冬季可以将新风预热加湿,其回收率可达 75% 以上。在使用全热交换器后,新鲜空气补充量可增加三四倍,明显改善通风状态。转轮式全热交换器具有转芯的自净清洗作用和功能,并能有效防止排风漏入新风。转轮式全热交换器结构紧凑,操作、运行、管理、维护便捷[12]。

⑦ 对温度、湿度要求较为接近的文物进行归并。如果某个博物馆想实现文物库房恒温恒湿的保存环境,至少必须具备三个乃至更多的文物库房。这三个分库房分别为金属文物库房、有机质文物库房和其他类文物库房,所需要的温度和相对湿度分别为 15—25 ℃ 和 0%—45%、15—20 ℃ 和 40%—60%、15—

25 ℃和30%—60%[12]。

⑧ 增设风淋装置。风淋装置是工作人员进入有洁净无尘需要的场所必备的净化设备,通用性强,可以最大限度地减少人员进出文物保护场所带来的污染。工作人员进入文物库房时,必须通过风淋装置,依靠其可旋转喷嘴将强劲洁净的空气,从各个方向喷射至人身上,有效而迅速地清除附着在人身上的灰尘、头发、发屑、微生物、花粉等有可能给馆藏文物带来影响的杂物,使文物库房维持洁净的环境。风淋装置大体有风淋门和风幕机两种,风淋门一般安装在文物库房的总出入口处,风幕机一般安装在各文物分库房门和陈列展厅总出入口的上侧或左右侧[12]。

(2) 选用小型恒温恒湿机

由于文物库房空间大、布局紧凑、空气换气率较低,非常适合安装恒温恒湿空调系统,但陈列展厅内观众参观的空间并不需要恒温恒湿的环境,真正需要恒温恒湿的是有文物展出的展柜内的空间环境。在对展柜内空间进行恒温恒湿处理时,为维持其温度、湿度的稳定,减少空调机组的做功,达到降低耗能、节约运行成本等目的,应着重防止展柜中的空气与展柜外的空气产生对流和交换,因此必须对展柜进行密封处理。

以下对甘肃博物馆陈列展览中常用的通柜和独立柜两种形式分别进行阐述:

① 通柜。一般的展览通柜设在墙壁四周,因通柜内的材料多为可能存在污染的装饰材料,通柜外侧为满足参观需求而镶嵌上玻璃,缺乏保温效果,再者其玻璃之间一般用达不到密闭效果的胶条进行填充,表面上是一个密闭的空间,然而由于展览施工工艺的限制性以及采用的材料如玻璃间的缓冲防缩胀胶条等随时间、温度、湿度的变化而发生变形,进而影响展柜的密闭性,必将使一部分温度、湿度和通柜外空气中的温度、湿度发生交换,从而导致空调机组需增加额外的制热或制冷,也因此会产生机组功率的损耗和系统运行成本的增加。由此可见,在进行恒温恒湿处理时应先对通柜进行密封性改造。a. 一些研究数据表明,电流能量的94%转化成了热能,通柜的灯光一般安装在柜内顶部,灯管所散发出的热量一般不能及时排出,有的博物馆尽管对灯具的开启设了感应开关,但灯具所散发出的热量仍较大。为了减少小型恒温恒湿机对展柜内温度的影响,需要对通柜进行改造。一是将灯具安装区的空间与展柜的空间隔离开来,并为前者设置独有的通风系统,以便将灯具产生的热量排出去,为了不影

响参观效果,两者间可使用毛玻璃或透明树脂材料等进行隔离;二是将现有通柜内的灯具全部换成冷光源灯具。b. 为了保证展览通柜送风的均匀性,展览通柜内的送风口采用孔板送风,可保证送风的均匀度,避免局部送风速度过大,对文物造成损伤。c. 送入展览通柜内的空气应先进行净化过滤。d. 部分通柜内的展品如果不是单一质地的文物,应根据对温度、湿度最敏感的一类文物的要求,设置温度、湿度调节范围。

② 独立柜。目前,大多数博物馆在展陈中都使用了独立展柜,且柜中所展出文物均为馆藏文物中的精品,其历史、科学和艺术价值比在一般通柜中展出文物的价值要高很多,更需要进行温度、湿度控制。受文物保护投入经费的限制,目前国内仅有国家博物馆、上海博物馆、浙江省博物馆等少数大型博物馆能实现部分独立柜的恒温恒湿[12]。

(3) 使用除湿机或加湿器

① 建立温度、湿度监测系统。建立该系统的目的就是为除湿机或加湿器是否开机工作、工作多久提供数据支持。即相对湿度高于标准上限时,系统监测到数据超过预警数值而自动报警,并控制除湿机自动进行除湿,待相对湿度下降到标准范围之内,系统监测到的数据回归正常,除湿机自动停止工作;反之亦然。

② 除湿机的选用。在文物库房和陈列展厅的通柜内,可以使用工业用转轮吸附型除湿机,其主要利用硅胶等吸附剂吸附水分和烘干再生的原理,即将水分吸附材料制造成一个较大的转轮,分别置于吸附区域和再生区域。当吸附材料处于吸附区域时,用风机将潮湿空气吸入,使之与吸附材料接触,潮湿空气中的水分就会被吸附材料转轮部分吸收,从而得到较为干燥的空气;相反,当吸附材料处于再生区域时,其所吸附的水分又会被高热空气排出室内,从而部分恢复吸湿能力。这种不间断的旋转和循环工作大大提高了除湿机的工作效率。

③ 加湿器的选用。博物馆内应选择物理加湿,物理加湿的方式很多,有锅炉蒸汽加湿、电热式加湿、电极式加湿、湿膜加湿、高压喷雾加湿和离心式加湿等。最简单的是放置装满水的水盆,便可以起加湿作用。但能适用于博物馆文物库房和陈列展厅通柜且较为可控的方式是使用工业用超声波水雾加湿。超声波水雾加湿的原理是利用压电换能器将电能转化为机械能,通过振荡电路产生的高频振荡将水雾化成可以长时间悬浮在空气中的超微粒子,然后通过风机将其吹散到空气中,达到均匀加湿空气的目的。

④ 能与温度、湿度监测系统联动。目前,市场上除湿机和加湿器的品牌和类型很多,但能否与温度、湿度监测系统相连接则需要仔细甄别,使用此方式加湿或除湿必须选用预先内置或订做系统联动模块的芯片[12]。

(4) 使用调湿剂

对于一些文物保护经费极为缺乏的博物馆,可以采用在展柜内放置调湿剂的方式来调节文物展出的温度、湿度环境,但这种方式的效果往往不甚理想,温度、湿度控制不及时、波动范围较大,属于无奈之举。调湿剂的作用在于当展柜中的相对湿度超过标准值时,调湿剂能自动吸收空气中的水分,使展柜的相对湿度降低,反之亦然,这样可以尽可能地使展出文物处于一种较稳定的湿度条件下。但一般展柜要求在整个季节中都保持湿度的相对稳定,这是很难做到的,调湿的作用也只适用于短期内保持展柜内相对湿度的稳定,因此调湿剂需要经常进行更换。目前可选用的调湿剂有硅胶和专用调湿剂两种。

① 硅胶。硅胶是目前应用最广泛的调湿剂。硅胶的物理性质和化学性质非常稳定,一般呈粒状非结晶,化学性质为惰性,无毒、无味、不潮解、不挥发任何气体,其多孔性决定了其具有高吸水能力,而且可以长久循环使用。按目前国内部分大型博物馆的研究成果与使用经验,在展柜换气率为 1 的条件下,要达到预期的调控效果,必须按 20 kg/m^3 的剂量使用。

a. 由于缓释剂的调控能力较弱,因此事先必须对展柜进行严格的密封处理,若不能严格密封,则效果会大打折扣。密封的标准应以换气率小于 1 为准。
b. 硅胶的预处理。每一种硅胶产品在一定的相对湿度条件下保持一定时间后,硅胶内部吸附的水分就会达到平衡,质量会保持稳定。如果想将展柜内部环境控制在温度为 20 ℃、相对湿度为 40%,最简单的预处理方法就是将硅胶放置于温度为 20 ℃、相对湿度为 40% 的环境中,每周对硅胶进行称量,最后硅胶质量保持恒定的两周内即说明硅胶内的水分已经达到了平衡,可以使用。
c. 硅胶使用后的处理。如果硅胶需要加湿,不能将水泼到硅胶上,这样会导致硅胶破碎,可以使用加湿器为硅胶加湿;如果硅胶需要干燥,可以使用烘箱进行加热。d. 硅胶湿度的确定应根据其拟放置空间内展出文物的相对湿度要求或最敏感文物的相对湿度要求来确定,硅胶的放置时间应结合温度、湿度监测的结果来确定,达到要求后就取出。

② 专用调湿剂。国际上有许多品牌和类型的专用调湿剂,但由于价格过于昂贵,在使用上不经济实惠。目前,国内文物博物馆系统所推广使用、物美价

廉的专用调湿剂是由馆藏文物保存环境国家文物局重点科研基地(上海博物馆)研发的壳聚糖机基高分子材料。该材料根据拟放置环境的相对湿度需求,在生产时预先设定好水分含量,周围空气干燥时会释放出水分,周围空气潮湿时会吸收水分,从而使周围空气和其自身基本保持相同的相对湿度,平时不需要进行加湿或干燥处理,使用极为方便。该材料已经通过相关部门的验收和认可,目前正在申请专利技术。该材料的唯一缺点是调节相对湿度能力较弱,使用时需按照拟调控空间容积五分之一的体积来放置[12]。

2. 空气污染物的检测与控制

空气污染物不仅会影响博物馆内的空气质量,对文物的保存和利用造成威胁,而且会对博物馆工作人员及参观人员的身体健康造成危害。空气污染物可以分为灰尘、有害气体、气溶胶及光化学烟雾。

文物展柜等博物馆微环境中污染气体的来源主要有以下两方面:一是展柜外的污染物通过渗透、交换等进入展柜;二是展柜内各种装饰装修材料及文物自身降解老化所散发出的各种污染气体。大量检测结果表明,目前我国博物馆环境污染物浓度普遍偏高,主要为各种藏展材料散发物所产生的甲酸($HCOOH$)、乙酸(CH_3COOH)、甲醛($HCHO$)、乙醛(CH_3CHO)等污染气体。国外博物馆环境监测关注的同样是此类污染物。由此可见,博物馆环境污染物及其监测存在如下特点:

(1)博物馆环境质量监测所关注的一些污染物指标,如甲酸、乙酸、乙醛等,在目前我国的室内环境质量标准中没有单独列出,却会对文物长期暴露和保存产生明显的影响。因此,现有的基于对人体健康或生态环境影响考虑的室内环境质量标准中的有关指标、极限浓度、检测方法、测试成本等,难以满足博物馆文物保存环境质量监测评估的需求。同时,目前也未提出适宜博物馆特点和需求的环境实时监测和评估方法。

(2)博物馆文物保存环境污染物控制具有气态分子污染物(AMCs)、浓度低 ppb 级(即 $\mu g/m^3$ 级)、成分复杂的行业特殊性,质量控制要求与现代工业洁净室水平相当。虽然近年来洁净室的技术要求伴随高科技行业生产质量控制需求的提高,已经从温度、湿度和悬浮微粒污染物的控制,扩展到了对洁净室环境中的气态分子污染物(AMCs)的控制,但其常用的直接测试技术、采样分析技术、间接测试技术均不能满足博物馆文物保存微环境监测的需求。

(3)博物馆文物保存环境通常空间容积比较小,一般为库房小环境和容积小于 1 m³ 的展柜微环境,而且存在文物安全保卫等级高、展柜开启和采样不便等特点。常规环境检测评价方法无法满足这种特殊环境状况的要求[4]。

为最大程度避免或降低空气污染物对文物材料的侵蚀,尽量延长文物的使用时间,文物保护部门应对文物保存地周围的大气环境及博物馆内的空气环境进行经常性监测。环境监测分析是以环境为对象,运用物理、化学、生物技术手段,对环境要素的有关组成成分及其中的污染物进行定性、定量分析。按监测方法主要分为手工监测、自动监测、生物监测和仪器监测。对于文物保存环境,我们主要是对其大气环境中的二氧化硫、氮氧化物、氯及氯化物、臭氧、光化学烟雾、酸雨、气溶胶等进行监测。采样在大气环境监测中起着十分重要的作用,采集空气样品的方法主要有三类:第一是直接采样法,即当空气中被测物质浓度较高或测定方法灵敏度较高时,可用一容器采集空气样品并进行分析;第二是富集采样法,即使大量空气通过液体吸收剂或固体吸附剂,使有害物质吸收或阻留,使原来在空气中浓度很小的物质得到富集;第三是无动力采样法,即对空气的沉降或某一特定有害物质进行采集。

同样,空气污染物的防治应从博物馆馆外及馆内两个区域入手。首先,应合理选择博物馆地址,使其建造在远离污染源的地方,如尽量避免靠近排放大量污染物的工矿企业或交通干线;其次,博物馆门窗的密闭性直接影响着大气污染物的渗透,因此对建筑门窗缝隙的填塞密封是防止污染物入侵的有效措施[5];再次,博物馆周围的绿化环境建设及绿化措施需要加强,以提高馆外的绿化覆盖率。馆内属于较为密闭的环境,通风设备、过滤装置、空气净化系统都是被公认的处理室内空气污染物的良好办法。

3. 光辐射的检测与控制

可用光辐射常用照度计对光辐射量进行测量,所谓照度是指物体表面得到的光通量与被照射面积之比。其中光通量包含两部分:一部分是由光源直接照射到物体上的光通量;另一部分是经墙壁、地面等其他物体反射后照射到物体表面的光通量,两者共同组成了物体上的照度。有关照度的计算方法,有仅计算直射光通照度的逐点法,也有计算直射光通与反射光通平均照度的利用系数法。通常,我们会使用照度计对某个点的照度进行测量。照度计主要由光电接收器、滤光片、余弦校正器、高灵敏度电流表等组成。应用于其他光辐射测定领域的照度计简称为辐照计,常见的辐照计有热辐照计、日光辐照计、紫外辐照计等。

《博物馆照明设计规范》(GB/T 23863—2009)根据不同质地展品对光的敏感程度,分三个等级进行了规定,分别为≤50 lx、≤150 lx、≤300 lx 的照度限值和对应的≤50000 lx·h/年、≤360000 lx·h/年和不限制的累积年曝光量限值,规定光源的紫外线相对含量须小于 20 μW/lm。因此,博物馆照明实时监测传感器应能满足在≤50 lx 条件下的检测精度,以及在低照度下对紫外辐照强度的检测[4]。

参考档案库房采取的防光措施,博物馆环境中的防光措施主要有以下几种:第一,对博物馆建筑与设备条件进行改善,以减少光照;第二,博物馆窗户的选择及安装要考虑到防光和滤光;第三,博物馆内尽可能地采用紫外线较弱的人工光源,最好安装白炽灯,尽量避免使用日光灯;第四,增强文物包装的防光性能,选择防光性能较强的制成材料作为文物的包装盒。

4. 有害生物的检测与控制

目前,文物有害生物的检测方法仍然沿袭传统的生物检测方法,尚不能实现对博物馆有害生物病害的现场检测和实时监测。随着微生物基因学研究的迅速发展,许多微生物相关领域研究的逐步深入,特别是微生物分子检测技术,已经获得应用,这为博物馆环境有害生物病害监测或检测提供了应用研究的基础。

危害文物的微生物预防主要是指防止或抑制以霉菌为主的微生物在博物馆内的生长、发育、繁殖及其对文物本体材料的破坏。这不仅需要创造并维持一个洁净的博物馆室内环境,而且有必要使用高效安全的防霉药物并加强对文物的安全检查,从而达到有效预防微生物病害的目的。关于霉菌的防治总结起来有以下几个方面:第一,控制博物馆温度、湿度的变化。霉菌的生长繁殖环境离不开适宜温度、湿度的条件,有效地控制温度湿度可以抑制霉菌的生长、发育及繁殖,有些霉菌甚至会被消灭。第二,净化空气,空气质量的优劣对档案的保存来说尤为重要,且对霉菌的防治起着决定性作用,通过净化空气、提高卫生环境、抑制霉菌经空气流动依附于灰尘,可以大大减少档案霉菌存在的数量。第三,根据霉菌的类型选择安全有效的防霉杀菌剂。第四,使用物理杀菌剂及化学杀菌剂,害虫拥有其自身的消化系统、呼吸系统,其在进行新陈代谢的同时,都会制造一定的二氧化碳,另外,害虫残体在光作用下自然分解释放出的甲烷、硫化氢等气体也会影响库内的空气质量。目前最流行的防虫办法是我国农业领域提出的无公害防治办法,这也是伴随着我国人民生活水平不断提高和环境保护意识增强而产生的。这种无公害防治办法主要是利用天然植物中的精油来防治档案库房内的害虫[9]。

4.5.2 博物馆室外环境控制技术

博物馆室外环境就是指人类的自然环境,包括环绕在博物馆周围的自然界中的空气、水、土壤、岩石、植物、动物、阳光及人类的活动等综合因素。博物馆是收藏与陈列文物的机构,由于文物是由多种不同材料组成的,这些材料与其保存的自然环境条件息息相关。人类活动的发展对自然环境产生的影响越来越明显,特别是20世纪以来科学技术突飞猛进、经济持续高速发展,已超过了自然界的承受力,严重的环境污染不但影响了人类的健康,也造成了对材料的腐蚀。因此,人类所创造的珍贵文化遗产不但受到自然环境的影响,而且受到人类活动造成的环境污染的威胁。大气中的污染物主要包括 SO_2、NO_x、H_2S、O_3、Cl_2、阴离子及颗粒物等。

其中,H_2S 遇水形成亚硫酸,进一步氧化成硫酸,可导致有机质地文物如纸张、纺织品等出现变色、褪色现象,乃至酥脆、变质。对于金属文物,SO_2 可以直接参与阴极反应,对铁、锌、镉、铝、镍和铜等有加速腐蚀的作用,金属腐蚀速度和大气中 SO_2 的含量呈直线上升关系。SO_2 形成的稀酸可为金属文物的锈蚀提供酸性介质,如在青铜器表面生成蓝色的硫酸铜锈层;在铁器表面生成硫酸亚铁锈层;在铅器表面形成白色的硫酸铅和亚硫酸铅锈层。H_2S 在潮湿的环境下可吸附在纤维质地文物的表面,发生酸解作用,破坏纤维大分子链,H_2S 亦同样可以参与金属的阴极反应,加速金属腐蚀,在金属表面形成一层硫化物,如在银器表面生成黑色烟熏状污迹硫化银,使铅器表面生成黑色斑点硫化铅,在铜器表面生成黑褐色锈蚀硫化铜。即使在干燥条件下 H_2S 也能导致银、铜及其合金的变色。H_2S 还会加速青铜器的腐蚀,并且使一些含铅颜料变黑,导致彩绘出现黑斑。

NO_x 是酸性气体,生成硝酸会腐蚀金属和纤维,NO_x 也是氧化性气体,在光的作用下释放初生态氧而形成 O_3,导致光化学烟雾的形成。

Cl_2 也是两性气体,既有酸性又有氧化性;既能使纸张、纺织品、皮革等酸解,也能使彩绘、字画、壁画、漆器、丝绸等褪、变色。Cl_2 的存在还会使青铜器出现粉状锈病害、铁器被腐蚀产生循环破坏而遭到毁灭。

O_3 是一种强氧化剂可使有机质地文物变色、褪色及被破坏。O_3 在潮湿环境中可增长在文物表面的停留时间,导致金属文物的氧化腐蚀,尤其是可造成铁器的毁灭,或使银器表面生成氧化银而变暗。

颗粒物俗称粉尘,它属于固体颗粒,形状不规则,多带有棱角,落在文物上除粘污文物外还会引起文物的磨损。粉尘容易吸收空气中的水分及有害气体,附在文物上会造成破坏。粉尘中的黏土会水解,生成一层灰暗色的氢氧化铝膜使金属文物表面变暗,纸张发生黏连,粉尘中的海盐颗粒、胺盐颗粒、砂粒、碳粒等都会对文物造成损害。粉尘还是各类微生物的载体,造成霉菌的传播,引起文物长霉乃至霉烂、腐朽。

pH 小于 5.6 的雨水都称为酸雨,酸雨中含有硫酸、硝酸和盐酸。酸雨对文物危害很大,特别是会对室外大理石雕刻、石灰岩摩崖石刻、古建筑的红砂岩构件造成危害,以及陈列在室外的青铜质文物、铁质文物等。酸雨使人类几千年来创造的许多艺术瑰宝黯然失色,被称为"空中死神"。

酸雨与碳酸钙发生反应生成能溶于水的硫酸钙,进而被雨水冲刷掉,这一过程常发生在文物的某些深入部位,造成古建筑石料、摩岩石刻表面风化成粉状,发生冰裂、剥离乃至层状剥落,或使金属文物锈迹斑斑。例如,埃及狮身人面像、雅典古希腊石雕像、英国伦敦英皇查理一世塑像、德国慕尼黑古画廊、科伦大教堂等均已被腐蚀得面目全非。广东英德南山、碧落洞石灰岩摩崖石刻,东莞市可园红岩砂构件,广州越秀山镇海楼红砂岩构件及石狮子等均被酸雨腐蚀得十分严重。博物馆是环境污染的受体,本身没有能力对环境污染源进行干预和控制,只能采取规避的策略,即对博物馆环境进行控制[13]。

控制博物馆环境要从建新馆的馆址抓起,应选择远离污染源和闹市区的山林或公园,四周应没有水面(包括海面、湖面、河面)。如果馆址无法改变,就要搞好馆内的绿化,争取绿化面积达到 40% 以上,因为实践证明树木对净化博物馆的空气有很大作用,大部分植物对大气污染物都有吸收作用。大气污染物随空气流动通过绿地后,部分被叶片滞留,一般植物叶片含硫量可超过正常含量的 5—10 倍,夹竹桃、广玉兰、银杏可达 5—12 倍,臭椿可达 20 倍。随着新叶不断长出,大气污染物也就不断被植物吸收。绿化植物枝繁叶茂,对烟尘和粉尘有明显的阻挡、吸附、过滤作用,特别是叶面粗糙、带有分泌物的叶片和枝条,很容易吸附空气中的尘埃,经过雨水冲刷又能恢复吸滞能力。例如,高大乔木枝繁叶茂,总叶面积大、粗糙、滞尘能力强。绿化乔木茂密的树冠能阻挡 60%—

92%的太阳辐射热,树荫能降温 3—6 ℃,这与树冠大小、叶片总面积成正比。植物还能形成"挡声墙"降低噪声,起到很好的减声效果,一般 20 m 宽的林带可减弱噪声 5—6 dB。不仅如此,草地也能吸附灰尘,并可固定灰尘,所以控制博物馆环境首先要建立一个绿化自净系统,使室外环境达到应有的标准,为室内环境控制创造先决条件[14],这是已为实践所证明的金科玉律。

要实现博物馆环境控制,首先必须认识和了解博物馆环境质量状态,这就要对博物馆环境进行监测。若要认识、评价、改造和控制环境,必须了解环境质量变化的原因,这就要求博物馆对环境中的各组成部分,特别是对那些危害大的污染物的性质、含量及其分布状态和发展趋势进行仔细的分析。环境监测的任务就是监测影响环境的各种有害物质和因素,对博物馆环境监测来说,主要是进行大气污染的监测,即监视和测定大气中的污染物及其含量。这些污染物以分子和粒子两种形态存在于大气中。环境监测不只限于得到一批环境监测数据,更重要的是应用这些数据来描述和表征环境质量现状并预测环境质量的发展趋势。环境监测是为了评价某一区域的环境质量,而影响环境质量的因素不仅包括化学污染、物理污染、生物污染等,还包括污染物的不同形态和污染物之间的各种综合效应[15]。只有对大量监测数据进行综合分析才能正确评价一个区域的环境质量,但因受到人力、物力、财力、时间和分析手段等条件的制约,在博物馆做环境监测往往只能根据实际条件来开展。

对环境污染物的监测目前较多的是运用各种化学分析方法和物理分析方法,有时也可运用生物分析方法。污染物在环境中的分布不是均匀的,它是关于排放量、时间和空间的函数,并受到气象、季节和地形等因素的影响,所以必须在一个地区内进行多点、同步和连续的监测才能正确掌握该地区的污染状况。环境监测对象成分复杂,时间、空间、量级上分布广泛,且随机多变,不易准确测量。特别是在大规模的环境调查中,常需在同一时间内协调多个实验室同时参加,同步进行测量。这就要求数据必须准确一致,保证不同时间和不同地点获得的数据具有可比性,以便得出正确的结论。由于分析人员技术水平、仪器设备、地域等具有差异,难免出现调查数据的矛盾,从而造成大量人力、物力的浪费。因此,必须建立一个科学的环境监测质量保证程序。环境监测质量保证是整个监测过程的全面质量管理,是一种保证监测数据准确可靠的方法,包括制订计划,根据需要和确定的监测指标以及对数据的质量要求确定相应的分析测量方法等,其内容包含采样,样品预处理,储存和运输,实验室供应,仪器设备的校准,器皿、试剂、溶剂和基准物质的选用,统一测量方法,确定质量控制程序,数据整理,各类人员的要求和技术培训、实验室清洁和安全以及编写有关文件等。

针对一种污染物往往有多种测定方法,由于方法原理不同,所用仪器操作步骤和灵敏度也不同。因此,采用不同的分析方法测定同一污染物,会出现结果不一致的现象。为使测定结果有可比性,有必要统一规定标准分析方法。标准分析方法又称分析方法标准,是技术标准中的一种。它必须按规定程序和格式编写,通过协作实验确定方法的最低检出量、精确度和误差范围,使方法可靠性得到公认,并由权威机构审批和颁布。在环境样品中各种污染物的含量一般在 ppm 和 ppb 水平。因此,多采取相对分析法,即将基准试剂或标准溶液与待测样品在相同条件下进行比较的测定方法。此外,还必须使用"环境标准物质"。环境标准物质的作用是:① 环境标准物质作为已知样,用于实验室内部质量控制。② 环境标准物质作为未知样,用于实验室之间的质量控制,保证实验室之间数据具有可比性。③ 用于分析仪器的校正。只有定期使用环境标准物质进行检测,该实验室分析结果才会得到国家和国际上的认可。

环境质量评价是对环境要素或总体环境优劣的定性定量描述,即按照一定的评价标准和评价方法对特定区域的环境质量进行说明、评定和预测。环境质量评价是确定评估环境质量的手段和方法,所得出的环境质量则是评价的结果。要进行评价就必须有评价标准,这样就产生了环境质量的标准体系,由此可见,环境质量和环境质量标准是不可分的。环境质量评价的基本目的是为环境规划、环境管理提供科学依据,为保护和改善环境质量服务,也是为了比较各地区受污染的程度。

博物馆环境评价属于大气质量现状评价,着眼于当前情况,即对一个区域内人类活动造成的大气环境质量变化进行评定,从而为实现博物馆环境控制提供科学依据。

1995—1996 年,广东省博物馆请来国家甲级环评单位广州市环境保护科学研究所对广东省博物馆周围区域进行大气环境监测和大气环境质量现状评价,获得了大量监测数据,并于 1997 年 1 月完成评价研究,形成《广东省博物馆环境质量现状评价研究报告》,并向有关专家发放。1997 年 10 月,广东省文化厅将报告上报国家文物局,国家文物局于同年 11 月复函广东省文化厅,认为报告符合有关规定并委托广东省文化厅主持项目鉴定。但广州市环保科研所未能解决召开鉴定会的经费问题,从而尚未举行。该次广东省博物馆环境监测与评价是我国首次按国家标准对一个大型博物馆区域进行规范化的环境监测与评价,其数据与结论都具有重要价值[13]。

控制环境湿度是保护文物的重要措施,即人为地采取一些方法使环境湿度变化趋于缓和。众多实例表明,调湿剂能有效地将相对湿度控制在所需的湿度范围内,具有广泛的实用性。例如,罩硅交链蒙脱石调湿剂具有较优异的调湿性能,能保持密闭环境内相对湿度的稳定,为密闭环境中文物的保存提供了新方法。该材料的主要技术指标均达到国际水平,如相应速度、相对湿度可在40%—70%内调节等,并具有生产工艺简易可行、能耗低、无三废等优点,其成本远低于进口同类产品。此外,还可根据需要制成条状、颗粒状调湿纸以及调湿板等,可在博物馆、艺术馆、图书馆等封闭保存环境中推广应用,也可用于名贵药材的保存。

4.5.3 文物展示中的控制技术

对遗产的展示要"以人为本",服务全国人民和全人类的需要,这也是保护过程的一个基本组成部分。这关系到对遗产全部历史、科技信息和审美价值真实、准确地理解与享受,也关系到遗产的长存久安。因此,相关工作人员对服务公众的理念、方式以及公众参与对保护工作的必要性和重要性需有清晰的认识。同时,这也对与展示密切相关的旅游活动提出了明确的规划和管理要求。

对于文物,要尽可能将其"原始表面"展现给观众。每件文物和艺术品都是向世人传递历史、艺术、美学等信息的载体,一般情况下是通过文物的"表面"向观众展示的。例如,大部分金属文物在制作时,"原始表面"层都留有制造工艺的痕迹和特征,或有刻铭,或鎏金、鎏银,或错金、错银,或镶嵌等,保护处理的目的就是让这些文物本身"精美的闪光点"重现于世。从某种意义上讲,保护工作是"第二次考古发掘",过程中所获取的新信息无疑会深化和丰富考古学研究的内容,为古代工艺史研究提供鲜活的资料。

文物展示中的控制技术主要包括以下几个方面:

1. 设计与保护

在从事展览策划、设计和视觉艺术效果筹划的同时,将文物保护的科学理念及要求对照设计方案进行审核,让保护的理念贯穿于"方案"的始终,从源头着手,从陈列室的整体布局到展柜微环境控制,按照文物的种类、特点一一排查,使设计方案不但能够从视觉效果上满足观众的需求,还能兼顾文物保护的要求,为文物安全存放创造有利环境,主要包括:温湿监测设计,通风系统设计,声、光、电的设计等[16,17]。

2. 展室布局与微环境防控

过渡间及微环境控制。过渡间又称缓冲间,它主要用来阻挡或隔断外面温湿气流,减少或降低室外的温度、湿度对文物陈列展室环境的影响,过渡间主要设置在展览厅出、入口区域。对环境敏感的文物和濒危文物,根据其材质、病害程度、完残等情况,还要量身定做"微环境"展柜——可控展柜,就是在陈列展柜上下功夫,以控制环境来达到抑制文物病害的目的,既节省了设备的资金投入,又节约了能耗。例如,为了使北宋著名画家张择端的杰作《清明上河图》实现可以长期、固定的全卷展出,北京工业大学马重芳教授带领其科研团队特别研制了全长 16 米、宽 1 米的高科技展柜,该展柜是目前世界上最长的恒温、恒湿、充氮的文物密封展柜。为了提供绝对安全保障,设置了温度控制、湿度控制、照明防紫外、充氮密封、机械启用、安全防盗等八个子系统。

3. 照明

光环境主要分为:天然采光、全部采用人工照明、天然采光与人工照明相结合。众所周知,为了实现这一目标,应注意以下几个问题:电光源的选择、照度的设定、光线投射方向、建筑采光方式的设定、光污染的消除等。博物馆的文物在展陈过程中,极易受到各类灯光的影响,使许多文物受到光损,特别是一些光敏性文物,如纸质文物、彩绘壁画、彩陶、纺织品等,有害光能够造成和加速其老化、病变。例如,光照能引起纸质文物的光化学变化、水解或氧化,使纸张发黄变脆,导致字迹逐渐模糊。因此,把日光作为文物照明光源的博物馆应慎重小心,对于纸质、纺织品文物应尽可能避免采用日光照明。这就使得在文物展陈过程中产生了一个矛盾,需要用光来烘托文物,但对光敏性文物而言又容易受到光照的伤害,因此处理好两者的关系非常重要。除此之外,无论采用哪种光,都要与文物质地的收藏所需条件接近。当遇到文物种类繁多,且对环境的要求存在差异时,应从文物的价值、光敏程度的角度,使需要控制的指标与之相接近,将环境控制向重点文物偏移,珍贵文物采用微环境照明。

对于光的选择,需要遵循以下条件:① 以光色和显色性需接近人工光源为前提;② 以不改变或尽可能少地改变文物置放环境为原则;③ 最大限度消除眩光和镜像反射;④ 室内光色组合合理,避免相互反射、展品显色不真实;⑤ 无紫外线、红外线光,可减少对文物展品如纸质、纺织品文物的损坏[17]。

照明系统是由光源、反光镜、滤色片及光纤组成。具有 25000 小时的寿命并节约高达 80％的耗能。常见的照明系统有:① LED。LED 是英文 light emitting diode(发光二极管)的缩写,它的基本结构是一块电致发光的半导体材料,置于一个有引线的架子上,然后四周用环氧树脂密封,起到保护内部芯线的作用,所以 LED 的抗震性能较好。② 光纤灯。光纤灯具有以下特性和优点:单个光源可具备多个发光特性相同的发光点;光源易更换,也易于维修;发光器可以放置在非专业人员难以接触的位置,因此具备了防破坏性[18];发光点小型化,重量轻、易更换、安装,可以制成很小尺寸,放置在玻璃器皿或其他小物体内发光形成特殊的装饰照明效果;无电火花、无电击危险,可被应用于化工、石油、天然气平台、喷泉水池、游泳池等有火灾、爆炸性危险或潮湿多水的特殊场所[19]。

4. 紫外线控制

紫外线属于物理学光学的一种。自然界的主要紫外线光源是太阳。日光灯、各种荧光灯等都是用紫外线激发荧光物质发光的。研究表明,在相同时间内,通过玻璃的日光,紫外线辐射一般是钨丝灯泡紫外线辐射的六倍左右[17]。根据现代科学手段探测,太阳光和人造光源(如钨丝灯和荧光灯)中的紫外线,对丝、棉、毛、麻、纸等皆有破坏作用。绘画、书法、古籍、织绣等珍贵文物,如果长时间被紫外线照射,就会泛黄、变色、发脆、龟裂,直至粉化毁坏,但是钨丝灯在相同照度内所产生的热也是造成文物伤害的一个原因。几乎所有荧光灯释放的紫外线辐射都比钨丝灯多,因此要避免紫外线辐射,就必须采用紫外线过滤材料实施过滤,在光线到展品之间采用一种可防紫外线的材料来消除紫外线辐射。

5. 温度、湿度控制

文物损坏的原因除了自身结构、质地不稳定外,还与人类生活及自然因素有关。其中,温度、湿度无法得到控制,文物现有的收藏条件与其所需的保存条件有差距,是文物遭受损害最为普遍的原因,也是发掘后文物加速老化的重要因素。温度忽高忽低会使纤维类文物因反复热胀冷缩而产生相互磨擦,使纤维的机械强度降低;温度的升高还会使木器漆、纸质、彩绘文物中原有的水分蒸发,造成文物干裂、发脆、变形、变色[17]。

在温暖且潮湿的环境下,可以使用制冷型除湿器;在较冷条件下,选择干燥剂型除湿器较为合适。

对微环境——展柜而言,使全年的相对湿度保持在安全限度内,确保陈列展柜的密闭性是关键。密封不严会使得尘土和污垢进入展柜,对许多有机纤维类文物造成伤害,因此,购置展柜应多从细节、运行成本角度去思考。

硅胶干燥剂是一种高活性吸附材料,无毒、无味、无嗅,化学性质稳定,具有强烈的吸湿性能。硅胶属于非晶态物质,其化学分子式为 $mSiO_2 \cdot nH_2O$。不溶于水和任何溶剂,无毒无味,化学性质稳定,除强碱、氢氟酸外不与任何物质发生反应。硅胶的化学组分和物理结构决定了它具有许多其他同类材料难以取代的特点。硅胶干燥剂具有吸附性能高、热稳定性好、化学性质稳定、有较高的机械强度等优点,其最适合的吸湿环境为室温(20—32 ℃),它能使环境的相对湿度降低至40%左右,最适合陈列的珍贵文物的小型展柜的微环境的控制。值得注意的是,使用干燥剂时不能与藏品直接接触,必须小心单独包装。

4.5.4 保管设备的材料和制作

保管设备一般使用木料和金属材料制作而成。从目前情况来看,两者各有利弊。木料选择范围较宽,可以根据需要选用不同材质。木材具有易着色、上漆、胶接、钉着、接榫及施行机械加工等特点。同时木料具有绝缘性,对电、热传导性极小,热胀冷缩现象不显著,不仅如此,木料还有一定调节作用,可随着库房温度、湿度的变化,调整库内的湿度。我国传统使用樟木、楠木等制作柜橱,本身就有驱虫、严实等优点。但木料和金属材料相比,硬度小,弹性模量低,容易受菌、虫危害,造成虫蚀和腐朽,还易燃。樟木箱虽好,但易使纸张变黄,不适于保存书画、文献等藏品。而金属材料硬度大、弹性强、坚固、耐久、可用机械生产,便于成批制作,不易燃烧,不怕虫、菌危害。通常银行用来保存贵重物品的保险柜,制作严实,能抗震、防盗。博物馆用它来保存国宝性藏品最为安全,但这种保险柜的价格太贵,不可能大量采购。且铁柜不易着色、上漆,容易生锈、磕碰,不利于藏品的安全,与铜、锡、银制藏品接触,还易发生化学作用。

用木料制作保管设备,必须严格注意选材和加工。用木料制作柜橱在我国历史悠久,经验丰富。木料一般应选用坚实无虫、不易变形的柏木、松木等,最好是选用樟木、楠木。制作设备的不同部位,也应选用不同的材料,既符合节约原则，还能充分发挥各种材料的效能。制作前必须将木料烘干，以固定木性，消除虫卵，并经过耐火、防腐处理。设备外表的油漆，应不受外界气候变化的影响。为了防潮、防尘、防虫，柜橱设计制作应尽可能做到密封，有利于隔离外界空气中的水分、尘埃、害虫等。密封的方法很多，具体办法为：① 在保管柜门扇的企口断面上增加企口层次，或在门扇内沿加设绒条、胶皮或人造海棉垫等；② 采用复门，内门镶玻璃面，外门双面包镶木板；③ 保管柜外层包镶铁皮，或在内层镶装锡板，外层披麻抹灰加髹漆等。

对于保管柜尺寸的确定，必须考虑到工作人员提取和存放藏品的方便，以及有利于藏品的安全保存。现就保管柜的高度、深度、宽度分述如下：

(1) 保管柜的高度

国内外一些博物馆学著作对保管柜的高度有所论述。《苏联博物馆学基础》提出，保管柜的高度最好不大于 240 cm；《中国博物馆学概论》提出，保管柜的高度不得超过 200 cm；郑求真所著的《博物馆藏品保管》提出，保管柜的高度尽可能接近库内高度。这些意见都具有很高的参考价值。根据长期实践工作中的经验，保管柜的高度设定既要充分考虑利用库房的空间，又要考虑提取和存放藏品的安全，因此保管柜的高度要有一定限度，不宜太高，否则容易发生危险，一般来说，以不超过 220 cm 为宜。为了使工作人员提取和存放藏品方便，特别是女性工作人员，以我国成年女子的标准身高 160 cm 为例，在平地上提取和存放藏品时，基本上保持全身直立状态，要能看到最上一层底板的藏品，则该层底板的高度大致在 150 cm。为了充分利用库房空间，保管柜可以适当增高，但增高保管柜以后，工作人员就必须借助梯子或凳子，据测算，保管柜高度为 220 cm，梯子或凳子的高度就要 65 cm。

(2) 保管柜的深度

保管柜的深度可根据各类藏品的不同情况而定。但为了使保管柜尽量整齐，一般定型的标准柜，最大深度以接近于人的手臂长度为宜。这主要是考虑到工作人员在提取和存放藏品时，手要能拿到藏品。以成年女子的手臂长度为标准，伸长在 60 cm 左右，因此柜的深度以不超过 60 cm 为宜。

(3) 保管柜的宽度

保管柜的宽度设计，主要应考虑库房内柜与柜的间距不宜太大，柜门打开后便于工作人员开展工作即可，除一些特制柜外，一般定型的标准柜的宽度大体是深度的 2 倍左右。保管柜的宽度究竟多大为宜，从目前国内外一些博物馆的现状来看,还没有统一的规定。保管柜的高度大多为 181—220 cm、深度以 51—60 cm、宽度以 121—150 cm(因掌握材料有限,该数据可能不准确,仅供参考)。

保管设备的形式主要有以下几种:

(1) 保管柜

屉柜:一般适合存放书画、纺织品等藏品。根据存放不同藏品的需要,屉柜内可分别设计成大、中、小型抽屉。为了保证提取和存放藏品的安全,大号抽屉下面需装滑轮,门内两侧应装有与滑轮平行的滑行轨道。

挡板柜:一般适合存放文献、册页、旗帜等藏品。挡板柜内两侧和后部安有挡板,按照一定距离安装滑行轨道,安放大搁板或在柜内分左右两排并列放置小搁板,搁板可以随意拉出和移动。

立格柜:一般适合存放怕磕碰的立式藏品。柜内安有立格板,可以自由插入轨道。

(2) 保管箱

一种是从上面开盖的箱子,这种箱子严实、密闭、防潮性能好,适于存放毛皮制品、纺织品等藏品;另一种是从侧面开门的箱子,箱内装有搁板或抽屉,这种箱子规格一致,同一型号可以叠放,便于搬动运输。

(3) 保管架

一种是简单的天地架,即在库房内,由地面到天花板,用木料或金属材料搭成的支架,可根据需要安装横格板,可自由调整高低,一般适用于存放大件藏品;另一种是活动集散钢架,即在库房内由地面到天花板,用钢材按保管柜架形式安装制成,下有滑轮,可在地面轨道上用电力或人力自由移动。这种钢架平时集中放置,用时可分开,有利于充分利用库房面积,但其承重量大,对库房建筑承重能力有要求。

(4) 保管囊匣

用囊匣保护文物是我国的传统方法,历史悠久,实践证明效果良好。博物馆的实物藏品一般都用囊匣包装,重要的藏品囊盒有好几层,层层相套。这种方法不仅能防止人为损坏,避免碰撞和挤压,而且对防潮、防尘等都有很好的效果。

(5) 保管纸夹和纸袋

保管纸夹一般用厚纸板做成,用于存放植物标本、蝴蝶标本等藏品。保管纸袋通常用厚纸板和油封纸做成,适合于存放手稿、文献等藏品。

4.5.5 环境控制技术研究实例

1. 纸质文物

纸质文物对保存环境有一定的要求,这是因为来自外部的温度、湿度、光照、空气污染、灰尘、害虫、微生物等因素对纸质文物会产生较大的影响。适宜的环境可以延缓纸质文物的老化,减少对纸质文物的损害,有利于纸质文物的保存;反之,恶劣的环境会加速纸质文物的老化降解,不利于纸质文物的保存。

（1）温度影响

温度是物质分子、原子无规则运动的宏观表现,是用来衡量物体冷热程度的状态参数,是物体热能的量度。温度作为影响纸质文物的重要环境因素之一,其作用主要表现在以下四个方面:一是温度升高,会直接加速纸质文物的内部化学反应,促使文物老化反应速度加快;二是温度的升高,会加速水汽的渗透率,引起文物过分干燥或高湿等物理过程,进而对纸质文物造成不同程度的损害,此外,各种污染气体的挥发、扩散速度也会随温度的升高而加快,使保存文物的小环境空气质量恶化,间接促使纸质文物老化;三是温度的升高会增加生物活性,加快霉菌滋生和昆虫繁殖的速度,从而加速生物对纸质文物的腐蚀;四是温度高低变化会引起文物的热胀冷缩,如装裱过的书画普遍是由纸、绫、绢等不同材质组成,由于它们各自的膨胀系数不同,温度变化会在其内部产生热应力,当热应力超过一定值后将引起文物的变形甚至崩裂。原则上讲,相对低温条件更有利于纸质文物的保存和保护,而高温或温度频繁波动则不利于纸质文物的保护[20]。

（2）湿度影响

湿度表示空气中水汽含量或干湿程度。过于潮湿或干燥都会影响纸张的机械强度和耐久性。湿度忽高忽低时,会使纸张纤维遇湿膨胀、干燥收缩,因而使纸张的强度受到影响。潮湿的环境不仅会使纸张变潮,纤维发生水解,而且会使耐水性差的字迹洇化褪色、模糊不清。潮湿环境还有利于微生物的生长繁殖,加速纸张霉烂、虫蛀、变质。另外,其他有害物质(如大气中酸性气体CO_2、NO_2、SO_2等)极易被潮湿纸张中的水分所吸收,形成腐蚀性更强的无机酸,而明矾则易水解生成硫酸,从而加速纸张的损坏。泉州地处福建东南沿海,属亚热带海洋性季风气候,终年温暖湿润,年平均气温18—21 ℃,年平均相对湿度为78%,其中4—7月的月平均湿度达80%以上。春夏多雨高湿,秋冬季干燥少雨。由于泉州市博物馆所处的地域四季如春,温度较稳定,但湿度较大,因此比较注重湿度调节,部分库房配有除湿机及恒温恒湿柜;保管人员负责日常的温度、湿度记录;其次,在展厅安装柜式空调机,结合当地气候及展厅环境情况进行人工调控[21],有利于纸质文物的保存。

(3) 光照影响

光在本质上是一种能引起视觉感应的电磁波,也称可见光谱,包括可见光和紫外线、红外线、X射线等不可见光。自身能够发光的物体被称为光源。根据光源不同,可分为自然光和人造光。自然光即太阳光,它随着大气环境的变化而随时变化,因此属于不稳定的照明光源。人造光即人工光源发出的光。光对纸质文物是有明显损害的,把纸质文物(报纸或书)放在阳光或紫外灯下直接照射,时间一长就会发现纸张变黄、发脆。相反,如果把纸质文物放在柜子或箱子里,较长时间仍可保持原貌,纸色洁白如初。光对纸质文物的危害,一方面是其产生的热效应能使有关化学反应加速,另一方面是光化学反应极易导致文物老化。在通常的光照条件下,纸质文物发黄、变脆是因为纸张中的纤维素被激发后发生化学反应,分子的聚合度大大降低,纸张的机械强度明显减弱。光线能加速氧气对纤维素的氧化作用,使之成为易粉碎的氧化纤维素,被称为光氧化作用[20]。泉州博物馆对于存放纸质类和织绣类展品的展柜采用感应式光源,有观众靠近时自动打开光源,观众离开后自动熄灭,以此减少紫外线对展品的破坏[21]。

(4) 空气污染

空气污染指大气中出现了通常不存在的物质,即会使空气的自然组成发生改变的固体、液体或气体物质。对纸质文物有危害的污染物主要有:酸性气体(SO_2、CO_2、H_2S等),氧化性气体(NO_2、Cl_2等)和粉尘。空气污染物的来源可分为:工业企业排放、汽车尾气、家庭炉灶排烟等。空气污染问题随着工农业生产、交通运输业的发展、城市的扩大、人口的增加而日趋严重。它不仅危害人的身体健康,同时也影响着珍贵文化遗产的长期保存。我国前些年大气污染严重、环境质量恶化使文物受损日益明显,纸质文物难逃其害。

(5) 灰尘影响

灰尘是由悬浮在空气中的微粒所组成的不均匀分散体系。它来源于自然界以及人类生产、生活,如岩石和土壤风化、工业粉尘、燃烧烟尘、地面扬尘、植物花粉等,都会对纸质文物产生不良影响。

灰尘的物理特性:灰尘大多是带有颜色的微粒,如黑色、黄色、灰色、浅褐色等,会影响字迹和绘画的清晰度。灰尘中的细小尘埃能牢固地黏附在纸质文物上,使其色彩受到影响。当过多的灰尘落到纸质文物上时,随着文物的整理、使用、翻阅,会引起灰尘颗粒对纸张的磨擦,使之起毛甚至穿洞。

灰尘的化学特性:灰尘的成分比较复杂,有时会提供导致降解的酸根和金属离子。灰尘中往往含有黏土等物质,会吸收空气或纸质文物中的水分,发生水解反应,分解出胶黏状的氢氧化铝,使纸张黏连在一起,严重的还会形成纸砖而难以揭开。在高温、多湿、通风差的条件下保存的书画等纸制文物最容易受到灰尘的侵害。灰尘中含有危害人体健康的微粒,包括细菌、霉菌等。由于霉菌的孢子体积小、重量轻,随着空气到处飘移,不可避免地附着在灰尘上,所以灰尘是微生物的理想培养基、繁殖地和传播者,微生物在生长过程会分泌出内含有酶和有机酸的霉斑。灰尘中如果含有霉菌孢子,会加速霉菌孢子的传播和繁殖,时间一长,就更容易使纸质文物霉烂、遭受损坏。

(6) 害虫影响

害虫喜食含有较丰富纤维素类、淀粉类的物质,纸质文物对其而言是极好的食物。多数纸质文物害虫喜暗畏光,通常会钻入案卷古籍里蛀食。最常见、危害最大、数量最多的是蠹鱼、烟草甲、白蚁等。害虫对纸质文物的危害方式主要有以下几种:① 钻蛀式。将纸质文物蛀食成直径不等的圆形孔、洞。时间越长,孔、洞越深越大,直至整卷纸质文物被蛀穿。② 侵食式。从纸质文物边缘由外向里蚕食,或从纸张表面往里,层层蛀食,使纸质文物残缺损坏。③ 污损覆盖式。有的害虫不仅蛀损纸质文物,还会将携带的致病菌和排泄物遗留在纸质文物上,使其受到不同程度的污损。这不仅影响着纸质文物所承载的图文信息,而且影响着人体健康。

(7) 微生物影响

微生物是个体难以用肉眼观察到的一切微小生物的统称,包括细菌、病毒、真菌和少数藻类等。在各种微生物当中,霉菌对纸质文物的危害最大,也最为普遍。霉菌是丝状真菌的俗称,意即"发霉的真菌"。霉菌无处不在,霉菌的孢子大量散播在空气中,所以要将纸质文物保存于无菌环境,在一般条件下是不可能实现的。霉菌对纸张的危害主要表现在以下几个方面:① 增加纸张酸度。霉菌污染纸张后,在其生长蔓延的地方,纸张中的酸将迅速增加(pH下降),严重时在几个月内发现浓度高达5%的一定量草酸,因而使纸张发黄、变脆以及被腐蚀。② 降解纸张化学成分。霉菌新陈代谢中分泌的各种胞外酶能将纸张上含有的纤维素、半纤维素、木质素、骨胶、皮胶、蛋白质、淀粉浆糊等降解成小分子的、溶于水的、能被其细胞膜直接吸收的营养成分,使纸张纤维结构遭到彻底破坏。霉菌会造成淀粉黏性和纤维素柔软无力、纸张机械强度降低,有的则变得容易吸水,最后成为浆状物,严重时档案纸张彼此黏合,结为一块,以致无法使用。③ 污染纸张。霉菌对天然纤维有较强的分解能力,并能产生各种色素,霉菌的孢子一般带有较深的颜色,有些菌类还分泌各种色素,在纸张上留下黄、绿、青、褐、黑等色斑。色斑会影响文物的原貌,严重时还会遮盖字迹和图像。到目前为止,还没有安全可靠的去霉方法可以将纸质文物的霉斑完全除去。

监测、改善保存环境,不仅是纸质文物保护的有效方法,而且具有可操作性强、应用面广的特点,这也是纸质文物预防性保护的重要内容。监测方式主要分为无线实时监测、间接反应式监测两种。

(1) 无线实时监测

对纸质文物库房环境参数进行无线实时监测,是采用无线传感网络技术作为实时、动态信息采集的手段,结合自动气象站技术、太阳能技术等来构建纸质文物库房的环境、气象动态监测系统,可以提供对纸质文物影响较大的一些环境参数,如库房环境的温度、湿度、降尘、光照度、紫外线辐射强度及风速等。同时,将监测采集的数据通过无线方式传输到数据处理中心,中心通过一系列的数据挖掘技术对采集到的数据进行处理,并提供多种数据呈现方式,如图形、报表等,提供实时数据,根据用户预先设定的报警阈值进行及时预警,第一时间提醒相关人员采取必要的保护和调节措施,有效地提高纸质文物保护的效率,并且建立大容量的"环境历史数据库",具有历史数据查询、分析功能,为纸质文物保护措施的制订提供了科学依据。无线实时监测主要由传感器、中继和网关三部分组成。互联网技术在纸质文物保护环境监测中同样能够得到应用。目前已针对博物馆文物、遗址区文物、考古挖掘现场等场所设计出了能够实现网络化、智能化实时监测的微环境参数监测系统,相关成果已应用于陕西历史博物馆、秦始皇帝陵博物院、敦煌博物院等多家国内大型博物馆。

(2) 间接反应式监测

无线实时监测是通过各种不同的感应器分类别进行主动监测,而多种研究结论表明,环境中的各种因素其实具有相互协同的作用,因而全面综合考虑各种环境因素作用的间接反应可以使监测更全面准确。在试片探头上涂布铜、银和金,通过分析在探头上形成的不同腐蚀膜的种类和数量,可以得出被测环境中存在的、所有具有腐蚀能力的污染物的一般种类和浓度水平,以此为基础综合评价被测各环境因素破坏的可能性[20]。

2. 纺织品文物

影响纺织品文物保管的不安全因素可分两类:不可控因素和可控因素。不可控因素是文物内在的本质性的因素,影响纺织品文物保管的不安全因素包含其自身的一些因素,这是不可控的。由于纺织品文物是由 C、H、O、N 等原子构成的有机类物质,在潮湿、温热环境中容易发生水解和氧化反应,通风不良会加剧腐蚀。纺织品文物的含水量也会影响其保管安全,所有天然纤维织物均在一定量的含水情况下具有最佳强度。由于水的吸附作用,含水量高的纺织品文物会紧紧地粘在一起且特别软;而含水量太低,纺织品文物就会发硬变酥,一碰即碎。出土纺织品文物由于尸体腐烂、棺液浸泡、泥土、腐败生物体、霉菌等因素综合作用,其表面和内部都受到严重污染和破坏。如果不加以去除,在保管过程中这些污染物会进一步侵蚀纺织品,使其结构松散、纤维遭到破坏,从而加速纺织品文物的破损,不利于长久保存。在长时间光照作用下,纺织品文物纤维中的氢键会发生断裂而引起文物脆裂,紫外线光和红外线光对纤维有破坏作用,使纺织品文物出现翘曲、龟裂现象。环境温度对纺织品文物的保管影响也较大,环境温度升高会导致纺织品材料老化,使得菌类活性提高,严重危害纺织品文物的安全;环境温度降低,其表面会凝结出露珠,不利于保存。除上述因素外,不当修复、清洁时造成的人为损害,展出使用时产生的磨损也是纺织品文物保管的不安全因素。不当贮藏方式会对纺织品文物产生附加的强力和作用,缩短文物的寿命。在实际情况中,这些因素会综合作用互相影响或一个因素受制于其他因素。

纺织品文物在库房中保管时,其库房贮藏方式主要有:玻璃贮藏、橱柜贮藏和装裱贮藏。玻璃贮藏用于没有经过缝纫修补的纺织品,并可随时恢复。橱柜贮藏用于不经常展示的纺织品文物,可分为平摊式、卷轴式、悬挂式。装裱贮藏用于质量轻、面积较小的纺织品文物,尤其用于残片的贮藏。恰当、无害的保管可最大限度延长纺织品文物的寿命。存放纺织品文物的柜架须有优良的密封性能,宜选用搪瓷、无酸木板;聚丙烯、棉布、亚麻布,可作为保管用具;用防虫防霉袋、纸盒保存,可避免其直接与外部库房环境接触,提高安全性。纺织品文物的存放空间要宽敞,防止文物密集折叠。纺织品文物的库房保存最常用的方法是控制库房的温度、湿度、光照强度和加强防虫防霉预防机制。纺织品文物库房温度最好控制在 14—18 ℃,夏季温度不高于 25 ℃,一天中温度变化不超过 2 ℃,相对湿度控制在 50%—65%,相对湿度变化不超过 3%。大部分危害纺织品文物的菌类和昆虫,在温暖潮湿的环境下容易繁殖。针对虫霉病害,应以预防为主,使虫霉不易于繁殖。防虫防霉还可采用冷冻、去氧充氮、微波、化学熏蒸等方法。每隔两年应重新对纺织品文物进行消杀。保管人员在入库前应换上整洁的工作服,戴上口罩和手套,避免将库外的灰尘带入库内,也避免了人的呼气和手上的汗液直接污染纺织品。保管人员在用手接触文物时,应轻拿轻放,用力要均匀,切忌单手拿取,防止纺织品文物因拉伸、卷曲、折叠和摩擦而受到损伤[22]。

3. 书画文物

古代书画文物主要由颜料、宣纸、绢绫、帛等特殊的有机材料构成,所以其既忌受潮又忌过分干燥,时间久了还容易受害虫侵噬。如果文物保管员不精心地去呵护,没有采取正确的保存方法,就会因人为的保存不当而造成书画文物的画面老化、生霉、破损,使其失去应有的文物价值。书画文物的收藏保护环境会受到温度、湿度、空气污染、灰尘、光线、昆虫、微生物等诸多因素影响。

文物库房环境的温度、湿度与文物纸张、丝织品、颜料、墨色以及印章的耐久性有着密切的关系,通常库房保管书画文物最适宜的温度是 14—18 ℃,最适宜的相对湿度是 50%—60%。书画文物应该在密闭的收藏箱柜内存放,收藏箱内的底部、四边、上部应覆盖多层宣纸,用这些宣纸把书画包裹在中间,起到吸湿的作用。如果发现这些宣纸潮湿了,可在晴天拿出晾晒,待其干燥以后再放入收藏箱内,这样周而复始地去进行保护,才能使书画文物能长久保存,不损害书画实际文物价值的作用。如果物品长时间置于太阳光的照射下,会使物体的表面变质、颜色改变从而使书画失去原有的光泽,我们日常生活中使用的空调、电器会使空间中的湿度和温度产生较大的变化,对书画的老龄化程度和平整度造成极大影响,故为了减少光线对书画文物造成的危害,最有效的防护措施就是减少光线对书画文物的照射时间和避免太阳光、紫外线的直接照射。另外,因为许多灰尘落到文物上使书画的颜色变灰、失去光泽,影响到书画的整体感官效果和艺术价值;良好的空气环境对馆藏书画文物的保护工作,还影响着文物保管人员的健康。同时灰尘也是微生物寄生与繁殖的掩护场所，许多书画的霉烂、腐朽与空气中灰尘的传播有着直接关系。所以，对保护书画文物的场所进行不定时的除尘、消毒是对文物保管工作提出的一项具体工作要求[23]。

因此，馆藏书画文物环境的控制至关重要，而环境监测则是实现环境控制的关键，一方面，环境监测应提供短期的气态污染物数据，指导污染物控制方法的应用；另一方面，还应对长期的空气品质趋势作出可靠的评价，以研究污染气体和可能造成的损害之间的因果关系。因为被保护环境中的气态污染物的浓度都很低，且要求气态污染物控制在 $\mu g/m^3$ 的水平，所以对保护环境的监测技术和检测仪器要求很高。

环境监测包括直接气体监测和间接监测。直接气体监测技术主动取样方式具有快速反馈的性能，使其成为保护环境空气监测的主流方式。最方便的方法是使用自动检测仪直接在现场采样与分析（二氧化硫荧光分析仪、氮氧化物化学发光法分析仪、臭氧分析仪），可以得到瞬间的污染气体浓度，可连续监控、检测、记录，但仪器价格昂贵。间接监测又被称为反应监测技术。研究人员曾对上海博物馆书画陈列馆氮氧化物污染物进行了监测。结果表明，该博物馆当时空气中含有的氮氧化物污染物会对文物产生影响，约等于洛杉矶市内未装有空气净化的博物馆内两年产生的二氧化氮量，会对染料和有机颜料产生可感觉到的变化[24]。由此，人们意识到气态污染物会对艺术品、档案材料造成破坏，但直到现在，还没有公认的研究结论表明在气态污染物水平和其造成的破坏之间已建立了明确的关系。很多研究表明，污染气体之间有相互作用的现象。例如，当二氧化硫和二氧化氮、二氧化硫、二氧化氮、臭氧等多种污染气体同时存在时，比单一的二氧化硫气体存在时对石质材料的腐蚀能力增大了 4.5 倍和 7 倍。相关文献指出，混合污染气体尤其是有二氧化氮存在时，与单一污染气体相比，对银的腐蚀速率增加。所以不考虑污染气体的综合破坏能力，而仅仅测出一种污染物的浓度，对保护艺术品、档案材料来说实际意义并不大。正因如此，人们又求助于反应监测技术，即通过腐蚀反应对环境进行监测的技术。这种环境监测技术的有效性基于：被保护环境中的主要污染物都具有腐蚀性，反应监测技术能够评价被测环境中气态污染物的破坏性，通过分析在特殊涂布铜、银或金的试片探头上形成的不同腐蚀膜的种类和数量，可以得出被测环境中存在的所有具腐蚀能力的污染物的一般种类和浓度水平。为此，又诞生了美国普滤公司的间接（反应）监测技术，相关人员用他们提供的腐蚀分级试片

(CCCS),对书画陈列画廊、陈列区和库房进行了较全面的测试。CCCS 是被动采样的监测试片,将该试片放置在被测环境中 30 天,然后分析在试片表面形成的腐蚀膜的种类和数量,这种技术可以反映环境中腐蚀反应的积累速率,评价被测环境中污染气体在被测期内的平均破坏能力,并提供腐蚀性气态污染物的类别和浓度水平[25]。

4. 胶片文物

在我国的中央档案馆、国家图书馆、中国第一历史档案馆、中国第二历史档案馆、解放军档案馆、中国照片档案馆、中国电影资料馆、中央新闻记录电影制片厂以及其他省级、地市级档案馆、博物馆,均收藏有大量的以醋酸纤维素酯胶片为载体的电影胶片、缩微胶片、照相底片以及航拍片等感光胶片档案。这些资料影片是世界文化遗产的重要组成部分,具有较高的艺术价值和研究价值。保存好这类珍贵的人类文化遗产的载体——电影胶片,具有重大的意义。醋酸纤维素酯胶片的衰变除受自身制成材料的影响外,还受保存环境的温度、湿度的影响。"醋酸综合征"被称为醋酸纤维素酯胶片的"癌症",是危害胶片寿命极为严重的病害现象之一,且已成为影像保存部门目前面临的最大技术难题。

不合适的温度、湿度会对胶片产生不同程度的不良影响。当温度为 40 ℃、湿度大于 60%RH 时,随着湿度的增加片乳剂层逐渐模糊、变色,亲水性增加,光泽度显著降低,片基层机械性能有所下降,尺寸稳定性略变差,pH 呈下降趋势。当湿度增大至 90% RH 时,胶片表面布满霉菌孢子,造成胶片影像层大面积损毁,胶片所记录的信息受到不可逆的破坏。当湿度为 60% RH、温度为 30 ℃ 时,乳剂层所记录图像会变模糊,随着温度的升高,胶片光泽度明显降低,片基层机械性能下降幅度较大,亲水性、尺寸稳定性、pH 变化不明显。由此可见,相比之下,温度、湿度的变化极易损伤胶片乳剂层。当档案馆胶片的保存环境未达到国际标准组织所推荐的保存条件时,胶片保存的温度、湿度应尽量控制在 20 ℃、60% RH 以下,否则胶片的寿命会明显缩短。特别是高温高湿条件,会严重损毁胶片乳剂层所载信息。因此,在条件允许的情况下,应首先采取除酸措施去除保存环境中的醋酸气体,保持室内良好的通风环境,降低湿度,给醋酸纤维素酯胶片档案创造一个相对良好的保存环境,同时应及时对已发生病害的胶片进行修复,并采用数字化的方法提取所载信息[26]。

4.6 保存环境安防技术

4.6.1 灾害的应急对策研究

我国是世界上自然灾害发生较频繁的国家之一,大规模的洪水、高强度地震、台风及火灾等经常发生,这些自然灾害给人类的社会活动造成了极大危害,给人民的生命财产造成了巨大损失,同时也给文物造成了很大破坏。自古以来,人类对各种自然灾害的发生规律进行了长期不懈的探索,虽然人们对各类灾害的认识不断加深,预报和防护手段不断改进,但目前对很多灾害还无法做到准确预报和有效防护。我国的文化遗产,其中包括古代建筑、文物古籍等,极易受各种自然灾害的破坏。历史上,自然灾害造成的文物损毁不计其数。以北京附近地区为例,自公元294年(晋惠帝元康四年)以来,历史文献记载的地震就有数百起,遭受损毁、损坏的古代建筑近千座,如河北昌黎县的源影塔、河北唐山的刘家庙、河北蓟县的白塔、河北丰润县的车轴山无梁殿、北京通县的麦庄塔、北京通县的燃灯塔、北京德胜门箭楼、北京孔庙进士题名碑等。火灾对文物的破坏力也是相当惊人的,例如,我国著名古代建筑山西尧庙发生的火灾,在国内外都造成了很大影响。我国长江、黄河等江河经常发生洪水,遭到破坏的文物古建筑和古墓葬不计其数。因此,开展自然灾害的应急对策研究,建立自然灾害应急体制,将文物在自然灾害发生时遭受的破坏减少到最低程度十分必要。

在这种情况下,为了最大限度地预防灾害的发生、降低灾害对文物的影响,我们需要制定一系列与灾害预防相关的标准,包括:

(1) 库房建造和保管设备制作标准及高危险材质文物藏品的库房、保管设备制作的特殊标准;

(2) 陈列馆及陈列设备的建造和制作标准;

(3) 文物收藏单位的建筑和装饰用材的灾害防护性能标准(如材料的阻燃性能等);

(4)检测仪器、预警系统和抢险系统及专用设备的制作技术标准。

1. 灾害分类

(1)火灾

火灾是历史建筑密集区最为常见的灾害。我国古建筑多以木结构为主,火灾是古建筑面临的最大威胁,火灾在建筑间极易蔓延开来,并造成严重的损失。近年来,历史建筑密集区火灾发生较为频繁,据不完全统计,1980年以来我国共发生历史建筑密集区火灾210起,平均6.2起/年,2000年以来为10.6起/年。2010年到2013年8月,不到四年时间,共发生历史建筑密集区火灾83起,平均每个月发生近2起历史建筑密集区火灾,其中10起火灾造成了重大损失,20起造成了较大损失,可以说火灾对历史建筑密集区安全的威胁已经愈发严重。

历史建筑密集区火灾有以下特征:

① 火灾隐患多,灾害易发。历史建筑密集区由于年代久远,建筑结构往往濒临倒塌,其设施、电线电缆等设备老化严重,外加社会发展因素,如各种传统习俗、个人习惯以及监管不足等,使得历史建筑密集区面临多重火灾风险。不同原因引发的历史建筑密集区火灾均造成了一定数量和规模的古建筑损毁,而遭到灭顶之灾的文化遗产也比比皆是。

② 升温迅速,燃烧速度快。古建筑屋顶结构一般比较封闭,火灾发生时,烟气容易迅速上升至屋顶而不易散发,热量在屋顶迅速积聚。此外,古建筑多位于山巅等通风情况良好的位置,火灾发生后蔓延快、燃烧猛烈,更容易形成全面燃烧。

③ 易形成"火烧连营"。我国古建筑在平面布局上往往成群、成组,讲究对称,即使是民居区也有各种合院、廊院等结构,殿堂、组件之间常用木质柱子、构件等相连,这些木质构件具有良好的燃烧和导火性能。由于建筑间通过廊子等相连,缺少防火墙以及必要的消防通道,因此一旦某一处起火,火势会很快通过木廊、木构件等蔓延到与其毗邻的建筑,甚至可能导致整组建筑完全被烧毁。

④ 扑救困难。一些古建筑缺少必要的消防管理,缺乏消防措施,各类消防设施、器材不足,缺少自防自救能力。另外,一些古建筑处在远离城镇的位置,若没有配备火灾扑救队伍,缺少火灾监控系统,则往往无法及时发现初期火源。

我国古代建筑中有一些是建在远离城镇且车辆难以靠近的山上,一旦发生火灾,消防车根本无法接近,消防水源也得不到保障,只能依靠自救。另外,一些历史街区、老城区内的街巷都比较窄小,大多不能满足消防通道的最低宽度要求,一般城市没有专门配备的小型消防车,而普通规格的消防车大多难以进入。此外,木材在燃烧时生成的烟雾量一般较大,一座古建筑在着火之后,往往数分钟之内就会充满烟雾,使得消防人员在扑救过程中难以入内,难以破拆,扑救难度极高。

⑤ 易造成重大损失和影响。古建筑火灾不同于其他类型火灾,在造成重大经济损失的同时,会对艺术、历史等领域的财富造成无法挽回的损失。很多古建筑都是祖先留给我们的珍贵文物,一旦发生重大火灾,其造成的损失非经济数字可以衡量,有些还会在国际上对学术研究造成重大影响[27]。

(2) 气象灾害

气象灾害是指由气象原因造成的灾害,是自然灾害中最常见的灾害。气象灾害主要包括暴雨洪涝灾害、干旱灾害、热带气旋灾害、风灾害、冰雹灾害、雪灾、沙尘暴灾害、雷电灾害等以及由这些主要气象灾害引发的次生灾害。

从发生频率、可能性以及造成后果严重性的角度来讲,对我国历史建筑密集区影响较大的气象灾害主要有洪涝灾害、风灾、雷电灾害以及雪灾四种,其中洪涝灾害发生的频率最高、波及范围最广、造成的后果最为严重。

① 洪涝灾害:我国的东部及南部主要受雨涝侵扰,尤其是大兴安岭—太行山—武陵山以东地区。我国西部总体缺水,仅四川属雨涝多发区。我国雨涝时间年度分布特点是南部早,北部晚。

② 风灾:在我国,风灾主要是台风,对沿海各省份影响较大,广东、海南、福建、浙江、上海等沿海区域台风灾害危险性较高。

③ 雷电灾害:雷电灾害在地域分布上,以华南与华东的沿海区域以及西南地区频次最高,这三个区域的雷灾发生频次占全国灾情的比例达到64%,西北地区雷灾情况较轻。在地理上,雷灾的发生主要有两个原因,首先是与各地区的气候对流系统相关;其次是地形地貌,高原、山区、丘陵等起伏较大的地区都是雷灾的多发区,如华南、云南南部地区雷灾极其频繁。

④ 雪灾:从我国历史上曾经爆发过的雪灾区位分布可以看出,北方发生雪灾的概率要大于南方。具体来讲,我国的冰雪灾害区主要集中分布于内蒙古、新疆、西藏和青海四个省区。其中,大兴安岭以西、阴山以北,新疆的天山以北和青藏高原地区为雪灾多发区[27]。

(3) 地质灾害

我国是世界上地质环境较脆弱的国家之一。我国地处喜马拉雅构造带与环太平洋构造带的交界部位,受到太平洋板块的俯冲以及印度板块向北对亚洲板块碰撞的影响,形成了中国大陆地质构造和地形的基本骨架,也是我国地质灾害种类繁多、程度严重的根本原因。据相关资料统计,我国大陆约一半以上的陆地受崩塌、滑坡、泥石流等地质灾害的影响。此外,随着西部大开发战略的起步,建设活动从东向西、由南向北、由沿海向内地逐渐转移,西北等地区地质灾害的发育程度、发生频次以及破坏程度将不断增强。

按其发生频次、广度、突发性和破坏程度来讲,对历史建筑密集区影响较为严重的地质灾害为:地震、泥石流和滑坡。这些灾害主要发生在地质条件不稳定的地区,包括西南地区、西北一些地区、南方的山区、黄土高原以及东北的山区。

中国的地质灾害中以地震分布最广、发生最突然、破坏最严重,由于受世界两大地震带挤压,我国地震断裂带十分活跃,具体来讲我国的地震主要发生在五个地区的23条地震带上。

依据《中国地震动参数区划图》(GB18306-2001)中对地震烈度的地理区划,中国大陆60%的土地属于6—9度地震区,即23个省会城市和三分之二百万以上人口的大城市的地质环境地震烈度高于7度,属于地震高危区。有历史记载以来,中国大陆几乎所有8级及以上和80%—90%的7级以上强震都发生在这些地震断裂带的边缘。总体来讲,西部地震频次偏高,东部地震影响偏大。

崩塌滑坡和泥石流灾害主要分布在中国西南山区,由于处于板块交界处,雨季降水量较大,特别是大暴雨频繁发生,会加剧崩塌、滑坡与泥石流的发育。其次,南方的山区、黄土高原以及东北的山区,这三个区域降雨丰富、地形起伏大,因此在雨季滑坡和泥石流也比较易发。从2004—2011年所发生的地质灾害(除地震以外)来看,发生次数较多的省份有:重庆、四川、湖北、贵州、云南、湖南,以2004年为例,这几个地区所发生的地质灾害分别占当年全国总数的35.2%、17.8%、8.6%、5.5%、5.3%和4.1%,这些省份都是历史建筑密集区数量较多的地区。

对我国历史建筑密集区有所影响的四类灾害中,影响最大的两类即为洪涝灾害和风灾,其主要发生在东南沿海各省份,雪灾主要发生在东北、西北等地。相比之下,雷电灾害分布则较广[27]。

2. 防灾减灾策略

（1）灾害预防

① 灾害调查。加强历史建筑密集区的灾害调查，对于有效防灾、合理备灾、灾时抢灾救灾具有重要意义。细致的灾害调查应贯穿灾害的监测、预警、评估、防治等过程。为保障各类灾害基础资料、数据等的可靠性，灾害的调查应由各地政府领导，消防、地质、气象部门牵头，带领水利、国土、交通、电力、市政等相关部门展开本区域内的灾害普查。

对于火灾预防的调查，主要是定期对历史建筑密集区的火灾隐患进行排查，包括检查消防安全责任、消防安全制度和操作规程落实情况等，以及排查违章用火、用电、用气和私拉接电线等情况；消防安全疏散通道和安全出口的通畅情况，是否存在违章建筑、侵占道路的经营活动；灭火器材和消防栓是否能够正常使用等情况；检查相关负责人对基本消防安全知识和法律法规是否足够了解，在紧急情况下能否将人群合理引导疏散至安全地段。

随着时代技术的进步，地质灾害、气象灾害的调查技术主要依靠 GPS、GIS、3S 计算机等高新技术，各国对于崩塌、滑坡、泥石流、台风、暴雨洪涝等灾害调查主要是建立在遥感技术的基础上，结合地面灾害调查的分类方法，测量检测各区域地质、气候条件对于灾害活动可能造成的影响程度。遥感技术已经在灾害现状调查和灾害损失评估、灾害孕灾、发育环境和地理区划、灾害发育动态检测与预警等方面运用成熟。例如，对历史建筑密集区及其周边地质地貌、河流和山洪沟壑的地理信息系统收录，完成暴雨诱发洪涝、泥石流、滑坡等气象或地质灾害的风险普查。一些洪涝多发且文物古迹众多的地区，在汛期来临之前要及时对各级文物保护单位、历史街区、古建筑等进行灾害隐患排查。对于一些偏远古村镇，或位于高山上、河流边且远离城市的文物保护单位或古建筑，其内部的居住人员或管理人员应养成定期检查、修葺的良好习惯。

② 灾害预警。提高各类灾害预警设施条件，有利于及时发现灾害、及时扑救灾害，将建筑、环境以及人员生命财产的损失降至最小，自动报警装置能弥补我国历史建筑密集区人力监管的不足。历史建筑密集区灾害预警系统应用相对成熟，主要包括火灾自动报警系统和地震预警系统两部分，但都应在不影响古建筑风貌的前提下实施。此外，应急预警系统要与相应的管理措施相对应，这样才能全面保护建筑、人和环境等多方面的安全。依据往年灾害发生时间的分布规律，要加强历史建筑密集区在汛期以及气候干燥火灾高发季节时针对各

类灾害的技术检测和人为监督,以便在灾害发生的第一时间预警,制定抗灾减灾对策,将灾害损失降低至最小。对于重大自然灾害的预警检测,主要是通过运用现代信息技术,充分利用水文、气象、地质、国土等部门的各种现有资源,对各类灾害实现有效的预报预警。

③ 安全风险评估。历史建筑密集区的灾害风险评估是预防灾害,控制和降低灾害风险的重要工作。它涉及很多学科,包括自然环境、空间地理等,需要地理学、经济学、历史学、城市规划学科的综合研究。合理的灾害风险评估不但能帮助判断历史建筑密集区可能发生灾害的概率和后果,还能使得相应措施制定更加经济合理。对于历史建筑密集区火灾的评估,首先要对可能引起历史建筑火灾的各类因素进行甄别,并赋值评价,从而判断历史建筑密集区发生火灾的概率。评估火灾损失风险主要是评估火灾是否能够及时被发现与扑救,以及控火与灭火方面的相关因素,评估的是火灾发生以后的危险程度。对于重大地质灾害和气象灾害的预测通常是通过对曾经发生过的灾害特征、历史记录等数据进行收集分析,评价灾害的危险度并绘制相应的空间图纸,从而对不同区域的灾害危险程度和分布情况进行划分。而通过了解历史建筑密集区在气象或者地质灾害中可能遭受到的损失,可以评估建筑本身应对灾害的抵御能力。

④ 历史建筑密集区综合安全规划。防灾规划体系:我国现在防灾规划体系建设等在设计上仍有很大不足,其防灾内容需要从单一、静止的防灾设施布局逐步向综合、动态应对危机的体制对策方向转变,切实考虑历史建筑的实际情况、特殊需求,为历史建筑密集区设计有针对性、有弹性且具有实效的应急预案。此外,对于已经制定了的防灾规划,应在模拟预演以及实际抗灾救援中不断总结其不足之处,逐渐完善,切实提高可操作性。加强"横纵方向"的结合,加强与各类其他规划、历史建筑修缮方法以及各类法律、法规之间的衔接。此外,应依据全国范围内的地质、气象灾害孕灾环境和历年各类灾害记录,划定各类灾害具体等级区划,提出不同等级区划内的建筑环境抗灾技术标准。从技术标准、灾害管理等方面提出相应对策。

历史建筑密集区综合安全规划:考虑年代、性质、完整性等因素,在一些比较重要的历史建筑密集区的保护规划中加入综合安全保障体系内容。在充分的数据采集、风险源检测、安全风险评估等分析预测的基础上,结合历史建筑的保护修缮设计要求,落实综合安全技术标准,探讨历史建筑密集区的综合安全规划并优化设计方法。对历史建筑密集区所在地域曾经发生过的地质灾害和气象灾害要重点评估,评估其在不可预防灾害中的抗损能力。

⑤ 信息管理。应对历史建筑按其重要程度逐步完成其详细信息的测绘、记录,循序渐进地完成历史建筑信息系统。对于历史建筑密集区建筑修复加固的具体方法、材料等,都应详细地进行文字、图像的记录及说明,为古建筑长久的保存奠定基础。例如,美国不但对历史建筑的原始信息留有图纸、文字的记录,对其每次大、小的修缮也保存有完整的关于修缮方法的详细信息记录,以保障历史建筑受损后的修缮能有迹可循,为灾后损毁后的顺利复建和必要情况下的异地迁建提供工作依据。在日本,对于一些重要的历史建筑,每 300 年就要拆除重建,而屋顶约每 100 年就要进行重修。在维护、重修以及复建的过程中,工作人员保有建筑的详细建设资料、图纸完整的记录和保存,即便日后建筑遭到火灾或地震的强力破坏,也可依图复原。对于一些位于重大自然灾害高发地区的重要历史建筑,为了避免其在灾害中受到强力损坏,应在条件允许的情况下进行异地迁建。随着我国大型运输设备的应用和运输荷载能力的逐步提高,建筑的整体搬迁技术日趋成熟。迁建需要以历史建筑结构详图为基础,在建筑构件上进行编号记录,然后将各部件拆卸,分运到目的地再进行组装,从而复原历史建筑[27]。

(2) 抗灾抵御

① 建筑结构。建筑结构承担着抵御地震、洪涝、风灾等突发灾害的任务,因此提高建筑结构安全能力是历史建筑密集区抵御灾害的首要前提。提高我国古建筑的结构安全性能首先应提高建筑结构的抗震性能以及材料的防火性能,根据现状对其基础、梁柱、墙体等承重结构以及主要构件的材料等的耐火极限、腐蚀情况、强度情况等进行检查,对不符合现行规范要求的构件进行合理加固,尽量减小古建筑在灾害中受横、竖向冲击力的影响,尽可能地降低安全隐患。

② 建筑材料。对位于历史建筑密集区的建筑材料进行防火、防水等方面的处理,可以采取喷涂、浸注等方法,如日本常使用涂泥灰或刷漆等手法,将木质材料盖住。尤其是一些走廊与建筑主构件之间的连接构件。我国古代对基础、墙体、屋面等不同部位也有不同的防水做法,常用的防水材料有油漆、桐油等,还有琉璃瓦、陶瓦等的应用。对木构件进行防火阻燃液的涂抹,在提高构件耐火极限的同时要保持古建筑的原有风貌。在木构件的裂缝、木构件之间的连接处以及建筑与建筑之间的连接处用防火材料进行封堵,阻隔火灾蔓延通道。

对所有木构件应进行防腐防潮材料的喷淋和涂抹,对已遭虫蛀的木构件应在虫眼部位注射相应药剂,以达到木构件防虫防腐的目的。隐蔽部位的防虫防腐应特别注意,埋入墙体的木构件需先进行防虫防腐处理,再涂刷防水沥青,然后方可安装。

常见的建筑设备主要包括消防设备、电气设备和防雷设备。a. 消防设备。加强对明火的控制和管理,逐渐改变我国寺庙传统焚烧香、烛等习俗,开发电子仿真香烛,杜绝火源;对于参观者,明文告示严禁使用烟火,并安装"明火报警器"等;对于不便安装喷淋、消防栓的室内,可以放置移动式灭火器、消防水桶;应考虑到设施的服务半径和位置是否易于被发现,在室外合理布局消火栓、放火铳和消防水炮等灭火设施。b. 电气设备。根据建筑的现状,严格规范现有电气设备的安装和电气线路的布置,提高电气设备的防灾减灾能力。遵守现行标准规范中对电路敷设、电气设备安装方面的要求,并根据需求增加其电容量、改善质量,禁止私拉线路、降低明线敷设的比例。c. 防雷设备。目前,我国文化遗产中缺乏避雷设施的古建筑占比还较高,尤其是古村镇、老城区,而雷击自古以来就是引起我国古建筑发生火灾的重要原因之一,电力、电信设施的引入更是加大了雷电火灾的风险。然而,安装现代的避雷设施可能会影响古建筑的风貌,因此我国历史上多是通过在适当位置增设雷公柱与鸱吻的方法防雷,此方法并不违背古建筑修缮的原则。

③ 空间布局。优化历史建筑密集区的安全防灾布局对于提高历史建筑密集区的防灾抗灾能力十分必要。首先,应调整历史建筑密集区的功能布局,调整不合理的功能配置,对历史建筑密集区内部危险源及各类大型公共设施进行重新布局。对于本章中分析的比较容易发生火灾且常常聚集大量人流的建筑类型,如零售业、餐馆、酒吧、寺庙等,要严格控制其在历史建筑密集区中的数量占比,尽量减少流动人员的大量聚集。其位置的选择最好结合开敞空间的布局,保障其周边道路的通畅,以确保突发灾害发生时人员能及时疏散。对于历史建筑密集区外部的功能配置,要综合协调交通、居住、商业、产业等情况,减少其对历史建筑密集区的灾害影响。其次,应从历史建筑密集区的整体布局考虑,优化防灾能力、应急通道的通行能力,按照历史建筑密集区的规模设置应对设施。此外,要提高高聚集人流性质建筑周边的救灾设施水平,最大程度地实现及时灭灾,将损失降至最低。

市政设施水平的高低与历史建筑密集区的抗灾能力密切相关,因此逐步提高历史建筑密集区市政设施建设水平,对于历史文化遗产的长久生存发展至关重要。a. 给排水。给水管网的设计要充分考虑室内外消火栓给水系统的用水量,共有室内、室外以及自动喷水三个系统供应源;排水系统要充分考虑到当地暴雨情况下短时间可能汇集的雨水量,以此进行估算。b. 燃气供暖。改良能源结构,推进燃气供暖管线的建设,逐步提高集中供暖、煤气管道覆盖率,减少煤炭、煤气、木柴等明火在取暖和做饭中的使用,降低明火使用的频率,减少生活用火引起火灾的隐患。有条件的地区可提高液化石油气和电力等生活能源的使用率,逐步实现天然气管道供应[27]。

(3) 灾害的应急管理

① 多级防范体系。根据我国行政区划情况,可以建立市、区县、街道乡镇三级防范体系,成立完善的指挥系统,各级体系建立不同职责的指挥部门,由最高指挥部门统一指挥,分级处理,按职责可分为先期应急、处置指挥、紧急处置组织指挥和现场组织指挥等。

② 信息系统。建立区域性的防灾减灾信息综合平台,各政府、部门、区县实现信息对接,各类灾害信息在信息平台上实现共享和传递,提高信息的传递效率,并及时、准确、有效地向社会大众公布相关信息,指导社会公众抗灾自救。可以利用地理信息系统来收集、管理和处理灾害信息,对灾害信息进行整合、分析,这对于提高救援指挥部门的决策水平意义重大,有利于做出有效、及时的决策[27]。

(4) 保障机制

① 技术标准、规范、法律。我国现行的法律、法规等多是针对单一灾害的管理,缺少适用于综合灾害防控的相关法律、法规。此外,相关法律、法规多是以整个城市为约束对象,而历史文化遗产的特殊保护要求在灾害救援的时候得不到针对性对待,常常会造成不可逆的破坏。我国现行的法律、法规无法适应历史建筑密集区多灾的现状,许多问题的解决面临无法可依的尴尬局面。因此,面对突发灾害情况,加强以历史建筑密集区为对象、以保障其综合安全为目标的专门法律、法规标准的编制迫在眉睫。我国目前的灾害法律法规多注重灾前预防、限制,普遍缺乏关于灾后责任落实的规定。除此之外,灾后的恢复也需要有法律的保障,如日本1947年颁布的《灾害救助法》、1966年《地震保险法》等都是有关灾后救助补偿、恢复重建的灾害保险法律,我国也应尽快出台类似的法律、法规。

应充分考虑历史建筑密集区的特殊情况以及其与普通地区在安全风险上的差别,对比现行安全技术规范的安全限定范围、要求、操作难度与盲区进行完善。安全技术规范的建立应包括文物及历史建筑保护修缮、保护规划的综合安全控制、综合消防安全监控、公众应急设施以及日常运行管理中的安全管理等方面,提出历史建筑密集区综合安全技术规范的内容、标准、技术指标与方法。这主要可从以下三个方面考虑:a. 土木质量安全技术标准——根据各类文物和历史建筑的保护等级、安全风险评估等级、建筑主体和围护结构的材料构成特点等,按照建筑结构的不同类型界定相应的土木质量安全标准及维护修缮体系标准等。b. 消防安全技术标准——分街区和建筑两个层次,即历史街区和历史建筑。应根据相应保护等级、使用性质功能以及风险评估等确定相应的安全等级和技术标准。例如,街区消防安全技术标准包括功能与容量限制、消防等级、内容、标准、设施布局和要求等;历史建筑的包括:消防等级、消防监测、消防设施、附加材料限定、修缮避灾措施等。c. 公共安全与应急设施标准——突发事件应急响应、紧急疏散、安全避难空间、安全设施保障等。研究表明,我国相关地震、地质等灾害的法律、法规文件的平均更新频率为 9.6 年/次,在近年灾害研究速度加快的背景下,我国灾害管理水平迅速提高,并新成立了多个防灾救灾部门。20 世纪的诸多法律、法规已经无法适应现代应急管理的需求,因此加快对法律、法规的实时更新,对未能随现实情况改变而更新的灾害法律文件进行修正,这对于对保障灾害管理的有效性、及时性至关重要。除了各类技术标准、专门和综合的法律、法规,历史建筑密集区的管理应有相应的民法和刑法条款可依外,还应加强执法力度、提高法律的约束效率,对各类法律条款及惩罚措施必须严格执行,防止出现"法律白条",实现对各种行为的强有力的法律规范和约束。

② 管理。为加强历史建筑保护管理的机构建设,规范各级别文物行政部门的管理,应由中央管理机构统一管理各级部门并制定相应的行为标准。此外,还应提高数字管理、现代科技监管水平。例如,意大利实行垂直管理模式,强调历史文化遗产由中央政府统一行使管理权,对文物实行中央政府垂直管理制度,由中央政府统一建立覆盖全国的各层级保护行政管理网络,委任各级政府为代表,实行全国文物登记制度,凡是纳入文物登记制度的文物,个人和地方政府领导都不能任意干预处理,如有修缮等需求,必须征得文物管理部门的同意。应逐步通过推进文博职业资格制度、专业岗位设置和其他职业资格证等方

式,加强优化历史建筑保护人才队伍建设。由教育部门、社会保障部门以及人力资源等相关部门相互配合,逐步完善各类院校、培训机构的人才培训体系,建立符合历史建筑保护需求的专业技术人才培养平台,优化相关专业及其课程设置体系,开通相应实习拓展实践通道,将各类学术型人才、应用型人才和技术型人才与历史建筑密集区安全保护事业发展相连接。

③ 资金。应将文物保护纳入当地经济和社会发展计划、城乡建设规划体系,使其脱离GDP政绩体系,将其纳入财政预算与体制改革,规范各级领导的责任义务,推进有关部门调整对文物保护事业的资金投入。按照文物的数量、重要性和维护需求等因素,确定资金投入的标准,并争取逐年有所增加,以确保文物保护事业发展。此外,可以通过合理利用历史文化资源的方式,在遵守相关法律、法规的前提下,以"共建共享"为原则,合理引入民间资本,全民共同参与保护。可效仿英国和意大利等文化遗产大国和文化遗产保护先进国家,动员全社会共同参与到文化遗产保护的事业当中来,发行文化遗产保护彩票。这样不仅可以迅速使民间资本可以注入到保护经费当中,而且可以加强全民的文化遗产保护意识,创造良好的文物保护氛围。此外,与基金、股票等引入民间资本的方式相比,彩票在我国具有较深厚的群众基础,操作性较强,较容易实现融资的目标。[27]

4.6.2 安防技术研究案例——历史建筑安防技术研究

1. 基础设施的耐震化改造

基础设施的耐震化改造主要分为以下几个部分,如图4.1所示。

(1) 生命线系统

历史街区人口密集,供水、供电、供气等基础设施大多较为陈旧且长期缺乏有效的维护与管理,一旦发生地震,很容易出现管道破裂、电线震断等情况,不仅给震后的救助工作带来很大的不便,而且极易引发地震火灾、水灾、爆炸等次生灾害。对历史建筑密集区的通信、供水、电力、燃气等生活必不可少的生命线系统进行抗震加固,为不改变街区传统风貌,应尽量采取埋地铺设的方式,同时建立备份系统,实现生命线系统的可替代化。

(2) 救灾基础设施

确保救灾指挥、消防、医疗系统等救灾基础设施在地震中和地震后的抢救过程中能正常使用,对街区内已有此类基础设施的建筑采取更高强度的抗震加固措施,并且增设避震结构[28]。

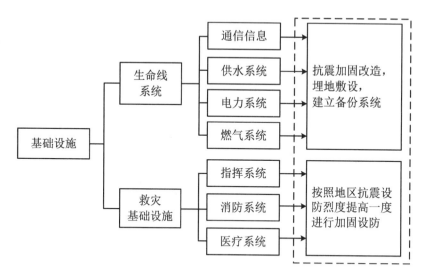

图 4.1　历史建筑密集区基础设施抗震防灾改造体系

2. 建筑物的耐震化改造

历史建筑密集区内的建筑大多年代久远,不可避免地存在建筑材料和结构的老化受损问题。首先对街区内建筑的整体和结构构件进行全面检测,检测内容包括建筑的结构类型、木质构件的虫蛀、潮湿和腐朽状况、铁质构件的锈蚀、砖砌体的风化和开裂等,通过检测结果评估建筑整体的稳固状态,从而判断建筑物的抗震防灾能力。历史建筑密集区建筑物耐震化改造体系如图 4.2 所示。

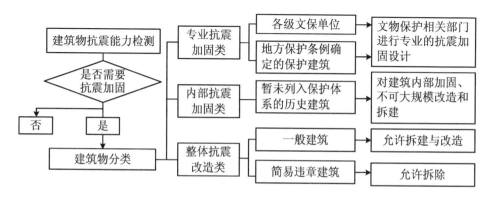

图 4.2　历史建筑密集区建筑物的耐震化改造体系

根据检测结果,对街区内抗震安全能力较差、需要进行抗震加固的建筑进行分类抗震加固改造。① 专业抗震加固类：主要为街区内的各级文物保护单位和保护类建筑，此类建筑需要文物保护相关部门根据实际情况进行专业的抗震加固设计。② 内部抗震加固类：主要为街区内暂未列入保护体系且保存较好的历史建筑，此类建筑体现了街区传统的建筑特色和装饰特征，具有一定的历史价值，应在保留原有风貌的前提下，对建筑内部采取加固措施，不可进行大规模改造和拆建。③ 整体抗震改造类：主要为街区内的一般建筑和简易违章建筑。对于此类建筑，应根据实际情况进行改造与拆建，重建时应尽量使用传统建造工艺，建筑外观应符合街区传统风貌。鉴于历史建筑特殊的保护价值，其抗震加固改造工作不同于一般建筑，应遵循真实性、可识别性和可逆性的原则，选取适合的加固方法，如隔震技术、FRP 加固法等方法[28]。

3. 次生灾害的预防与防御

针对不同类型的次生灾害应采取不同的预防对策，如前文所述，地震发生时较易触发次生火灾与地质灾害，因此，应重点针对次生火灾与地质灾害制定防御对策。

（1）次生火灾预防体系。

① 次生火灾风险评估。以地震火灾危险度评估为基础，结合街区地理信息，绘制历史建筑密集区内次生火灾风险等级为内容的风险地图，并将其作为消防部门日常检查管理的重要依据。街区内各监管部门对次生火灾高风险区域进行重点排查，加强对火灾危险源的管理整治，这样可以合理分配资源，做到有的放矢。

② 消防规划。消防站：《消防法》规定，"距离当地公安消防队较远的列为全国重点文物保护单位的古建筑群的管理单位，应当建立专职消防队，承担本单位的火灾扑救工作"。鉴于历史建筑密集区的保护价值较大，应当根据街区的尺度规模，加大街区小型普通消防站的密度，保证火灾发生时消防资源配备充足。消防供水：建立数量充足的常备水源和市政供水管网共同组成的消防供水体系，是迅速扑灭地震火灾、将损失降至最低的关键所在。对市政供水管网进行耐震化加固改造，保证地震后的供水需求。此外，历史建筑密集区内大多有许多传统水源——蓄水池，如太平缸、古井、池塘、湖泊等，尤其是街区中常有很多上百年的水井，虽然现在不再作为生活用水的来源，但从消防的角度看，疏通淤井、加强维护，将其作为消防水源加以利用，可以为保障消防用水提供补充[28]。历史建筑密集区的消防水源分类如图 4.3 所示。

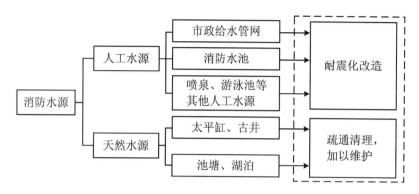

图 4.3　历史建筑密集区的消防水源分类

消防栓系统:历史建筑密集区大多街道狭窄,虽然大型消防车无法驶入,但可以利用市政消防栓,在地震火灾发生时直接连接水带和水枪,出水灭火。《城市消防规划规范》明确指出,市政消火栓的设置数量或密度,应根据被保护对象的价值和重要性、潜在的火灾风险、所需的消防水量、消防车辆的供水能力、未来发展趋势等因素综合确定;市政消防栓应沿街、道路,靠近十字路口设置,间距不应超过 120 m。由于历史建筑密集区保护价值高、潜在火灾风险大、消防车供水能力较弱,因此市政消防栓的设置间距应较城市一般地区更小,建议设置间距为 80—100 m。消防通道:针对历史建筑密集区街道蜿蜒曲折的特点,打通"断头路",在街区外围形成通畅的消防车道,并与街区内能够满足消防车通行条件的道路进行连通。由于历史建筑密集区内街巷空间尺度狭窄,部分街巷无法满足规范中 4 m 消防通道宽度的要求,大型消防车无法进入,建议根据街道的特点引进一批小型消防设备,如体型较小的轻便水罐消防车、消防摩托车等[28]。

(2) 次生火灾防御体系。

① 建筑物的防火处理。对历史建筑密集区内的建筑物进行分类耐火改造,如图 4.4 所示。增强管理类:对于街区内的文物保护单位和其他保护建筑,由于其特殊的保护要求——建筑结构与材料不允许改变,应采取增设消防设施的方式来达到防火要求,增设自动喷淋系统、火灾预警系统为主的防火、排烟装置,并对建筑周边的生活用火、用电进行严格控制,通过有效的监管来保障消防安全。材料替代类:对于不在保护范围内的历史建筑,应在确保外观不受破坏的前提下,尽量对其内部结构和材料进行改造,如用耐火极限较高的结构材料来替代原有结构、在建筑材料表面涂刷防火涂料等。全面改造类:对于街区内

的新建建筑和一般建筑,应按照现行国家建筑防火设计标准中对新建建筑的防火设计要求进行评估,从建筑材料、结构等方面进行综合改造。消防拆除类:对于街区内的违章建房进行拆除,消除火灾隐患[28]。

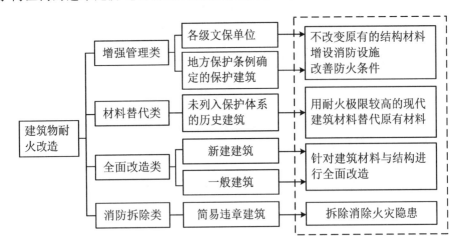

图 4.4　历史建筑密集区建筑物耐火改造分类

② 划定防火分区。历史建筑密集区内建筑成片相连,地震火灾一旦发生,很容易形成"火烧连营"的现象。规划时应充分利用街道空间的间隔,将街区划分成多个防火分区,在分区边缘建立防火屏障。我国古建筑中有许多防火墙,如徽派建筑中的马头墙和苏州风火墙等,其主要功能就是构建防火屏障,实现火灾隔离,这种传统建筑设计也可以沿用到现代城市的历史街区保护上。为防止火灾的无序蔓延,为防火分区边缘的道路配置高大树木,使之具有一定的防火功能。对沿街两侧的建筑物进行难燃化改造,使其达到一定的不燃率,形成防火带。将次生火灾危险度较高的区域作为重点设防地区,其不燃率指标应高于其他街区[28]。

3. 日本传统建造物群保存地区安防技术研究

(1) 古代防灾技术

古代日本在建筑结构、建筑立面、建筑平面、街坊消防、街坊排水等方面的防灾技术就已经相当成熟,且其中的大部分一直沿用至今。

① 建筑结构。

a. 抗震。日本古建筑之所以具有较好的抗震能力是因为:一来这些古建筑均为木结构,木材是柔性材料,在外力作用下容易变形,但在一定程度上有恢复原状的能力;二来其古建筑的结构上、梁柱之间、斗拱之间,或卯榫连接,或木齿相咬,均无一铁一钉,不仅结实巧妙,而且能耐蚀抗震;三是有的古建筑是以多根圆柱承重,当地震产生的力作用于建筑上时,圆柱承受的力会被分担,从而使建筑不致因地震突然发生而遭到破坏。日本木结构的传统形式为梁柱式结构,最初是将房屋的木柱埋入土中固定,但由于土中的部分容易腐朽,后逐渐将木柱移至基石之上。到我国宋朝时期,日本吸收了当时中国古建筑文化和技术的精华,在京都和奈良等城市建造了不少气势宏伟、具有中国特色的大型木结构建筑。16世纪末17世纪初,为了增加立柱的支承重量,当时的建筑工人将木结构的立柱支承于底座之上,底座由水平放置于地面的横木构成,这样就分散了立柱下端对地基的集中负载,从而可以建造更高、支承重量更大的木结构建筑。为了适应日本夏天闷热的气候,传统的日本梁柱式木结构一般会被做成一个完整的大空间,其墙壁可拆移、不承重,不使用斜撑。木结构建筑之所以在日本得到保护和发展,一个很重要的原因是在近几年所发生的地震中,日本几乎没有轻型木结构建筑倒塌的案例。木结构房屋在承受地震作用引起的晃动时,可以很好地释放力量,不容易松动和散架。例如,日本的塔形构筑物,中央有一个通心柱,把一层层建筑串起来,结构之间有一定的柔性,可摆动,地震产生的能量可以被这些摆动吸收,从而预防了更严重的损害。

b. 消防。木结构的耐火能力比通常想象的要强,木材遇火会形成表面碳化层,有助于保护木材并保持木质强度和结构完整性。

c. 防潮。所有见到的木构古建筑其木质构件(包括梁柱等)基本都是以原木裸露的状态保存,外表面大多没有任何漆饰。古建筑木构件表面局部的开裂(只要不影响受力)以及不做漆饰等,对木构件本身的保护而言是有益的。因为木材表面的裂缝其实是打开了木材内部的毛细孔道,而表面不做漆饰则使得木材内部处于良好的透气状态,潮气或有害菌类不易在木材内部麇集,从而可延长木材的使用寿命。不在木材上涂油漆,是因为木头具有吸收和释放湿气的功能,能够使室内保持一定的湿度。同时,日本在木材的干燥、阻燃、防腐、防蚁等方面进行了大量的研究,取得了多项成果[29]。

② 建筑立面。

a. 防火。日本自江户时代起,在传统建筑方法中就已经采取了防火措施。其代表性建筑是仓房,工人使用涂泥灰或刷漆等手法,将木质材料盖住。使用这类方法的房屋被称为涂泥式房屋(塗屋造町家)或者仓房式房屋(土蔵造町家)。现在日本各地仍分布着涂泥式房屋(塗屋造町家)、仓房式房屋(土蔵造町家)以及涂泥和仓房混合式三种样式,如表 4.5 所示。

表 4.5　日本古建筑物筑立面样式

立面样式	定义	分布地区	示意图片
涂泥式房屋(塗屋造町家)	指的是古建筑因防火需要,在外墙壁刷漆或涂上泥灰的房屋,大部分都在发生火灾时容易蔓延的二楼的墙面以及飞檐内测涂抹	日本古建筑保存地区主要分布在关西地区、中国地方区[42]和附近地区[43]	
仓房式房屋(土蔵造町家)	在江户时代后期关东地区,使用又厚又重且小的长方形窗的仓房,即是采用的此种构造,因此它也叫仓房式(土蔵造町家)。这类建筑的木柱子一般隐藏在土和石灰墙内,即"大壁"[44]	关东地区、东北地区	
塗屋土蔵混合型	涂泥式和仓房式的结合	九州地方、中部地区	

b. 通风。日本古建筑都是采用自然通风的方式,其通风措施大致可以分为可调通风面积和不可调通风面积两种形式,如表 4.6 所示。

c. 建筑平面。日本古建筑在建筑平面上的防灾集中在加强疏散避难上,如许多房屋都有库拉(仓库)和直通院外的安全疏散通道。库拉(kura)是指建筑时专门修建的一个仓库,在灾害发生时用来转移贵重物品。另外,在修建房屋时,充分考虑房屋内部的安全疏散通道(除直通院落外),特别是年老和年幼者的房间,都有直通院外的安全疏散通道。例如,在日本东京,有一半以上的传统住宅拥有或者曾经拥有疏散后院,有些住宅有两个或者三个疏散后院,这些疏散后院用于灾时疏散是十分合理的。但是基于多种原因,它们在20世纪中叶被渐渐取代,但目前京町家大约有10%的传统住宅仍保留疏散后院[29]。

表4.6 日本古建筑通风窗格样式

通风窗格样式	定义	示意图片
可调通风面积的形式	在这类古建筑的外墙上的通风栅格外,均设有木制外窗,可根据气候的变化,开启或关闭外窗	
不可调通风面积的形式	对于多数日本的庙宇建筑来说,为了防止室内因燃香而引起的空气混浊污染,其外墙的通风栅格是永久性敞开、不可调节的	

③ 街坊消防。

a. 蓄水池。江户时代,日本就已经有许多城镇挖掘多处河池作为防灾蓄水池,如在古京都,为了避免再次出现火灾以及为确保防火用水充足,在东本愿寺挖了一个河池。

b. 消防措施。日本的消防措施产生于江户时代,这是由于江户时代街道非常容易发生火灾,每隔几年就会发生一次大火。易燃的木造房屋排得鳞次栉比,一旦起火很难扑灭。在还不具备现代消防技术的江户时期,"破坏消防"是基本的消防措施,即破坏掉位于火源下风口处的房子以制止火势蔓延。而"消防"一词的普及和大众化是从明治时代初期(1867年)开始的。

c. 消防工具。在江户时代,七大消防工具为队旗、龙吐水、大团扇、梯架、消防钩、钢叉、玄番桶。"龙吐水"是指当时的喷水水泵,通过从水泵口向上喷水制止火势蔓延。大团扇是用于驱散扑过来的火星的工具。消防钩和钢叉是用于拆除房屋的工具。在抵达现场之前,消防人员会先用水浇湿全身[29]。

④ 排水系统。

a. 屋面排水。日本古建筑均为瓦屋面,其屋面雨水排水有多种形式,大致可归纳为自由落水和悬垂链排水两种。自由落水:大多数木结构建筑屋面排水为自由落水,如唐招提寺的舍利殿。悬垂链排水:如在严岛神社大圣院木构建筑的屋面排水就是由悬垂链解决,同时悬垂链外形美观,由金属材质制作而成,别有一番风味。

b. 传统建筑物周围排水沟。潮湿侵蚀是木结构古建筑常见的危害之一,日本在古建筑保护防水防潮方面进行了很多尝试,除屋面经修缮都保持有良好通畅的排水系统外,对于地面的排水处理也相当周到。每座古建筑单体周边一圈都筑有宽敞的排水明沟,与室外排水系统连接,以保证古建筑周围不积水,使其基础保持良好的干燥状态,从而保护上部建筑木结构本体避免潮湿的侵蚀[29]。

(2) 现代防灾技术

① 木结构建筑的保存技术。在木结构建筑的保存技术中,定期维护和最大限度地对建筑材料进行再利用,这两点是必不可少的。

a. 定期维护。日本政府要求对古建筑进行定期检查维修,维修过程必须在室内进行,并且对所有相关数据都进行记录。由于几乎所有的用来建造古建筑物的材料都是木头,加上日本温热潮湿的天气,木材很可能随着时间的推移而被侵蚀,因此无论古建筑是否需要重修,都必须对它们的各个部件进行定期检查。一般情况下,日本古建筑的所有部分大约每 300 年就要拆除重建,而屋顶约每 100 年就要进行重修,具体的维修记录如表 4.7 所示。传统建筑物的维护工作往往在室内进行(见图 4.5),这是因为需要重点关注建筑材料本身,对它们进行干预或清洗的整个施工过程通常对气候、湿度、温度等条件都有严格要求,自然环境中缺乏控制的光照、雨水等都易对维护工作造成不利影响。在维护过程中,与古建筑的相关设计图纸、资料、记录都会被保留下来,这样即使是被地震损毁,后人也可依据相关记载对其进行复原[29]。

b. 最大限度地再利用建筑材料以及最小限度地替换损坏的建筑材料。在对古建筑进行维护的时候,只有当建筑材料被严重损坏的时候才会用新的材料进行替换。通常,大多损坏的材料都是位于屋顶和柱子的边缘等容易遭受损害的部位。而位于良好环境的受损程度低的其他部分则会被继续使用,即使它们已经使用了上百年。例如,在修复过程中,如发现柱子的内部有损坏,维护人员会只将柱子的芯除去替换成新的,不会更换柱的外侧材料。

表4.7 招提寺的定期维修

维修间隔时间	维修年代	事件
	1185年	地震（M=7.4）
相隔约100年	1270年	修复金堂（框架加固）
	1323年	修复金堂
	1361年	地震（M=8.3）
	1596年	地震（M=7.5）
相隔约100年	1693年	修复（改变屋顶体系）
相隔约200年	1898年	修复（再次改变屋顶体系）
相隔约100年	1998年	修复（主要是屋顶修复）

图4.5 日本国宝级文物正仓院修缮工作（2011年）

c. 其他保护技术。其他保护建筑木结构的办法还包括架空底部，在建筑大厅投影线范围设置严密完整的细格金属网，以防止动物破坏建筑底部木结构并保证良好的通风；在木结构古建筑梁柱构架与上层楼板的间歇，设置细密的金属保护网以防止虫鸟对木结构的破坏等。

d. 防火设备。在古建筑物防灾工作中消防是一个非常重要的课题，日本对这类建筑室内、室外的消防设施和火源都进行了严格的要求，努力做到以防为主。关于古建筑的消防设备，日本主要致力于火灾早期探测设备、灭火设备和避雷设备等几个方面的研究。例如，在室内安装水喷淋、消防栓设施是比较困难的，因此大多采用放置移动式灭火器、消防水桶的方式，有的还安装了火灾自动报警装置；室内禁用有明火的香烛等，以小功率的灯泡代替，加强对明火的控制和管理,杜绝火源;在室外加装灭火设施,如设置室外消火栓、防火铳和固定式消防水炮等,一旦发生火灾,可以用这些室外消防设施灭火;对于参观者,明确告示严禁使用烟火。日本在古建筑消防设备研发上已达到了相当高的水准,且其消防设备的设置也考虑到了如何保持各个环节古建筑空间的原貌[29]。传统建筑物常用防火设备表以及作用流程表如表4.8、表4.9所示。

表4.8 古建筑常用防火设备表

类别	常用设备	备注
火灾早期探测设备	火灾自动报警设备	
	漏电火灾报警器	电气设备
相邻区域警报	非常警报器	
消防机关通报设备	火灾通报装置	
防范防火对策	防止犯罪设备	红外线探测
	ITV设备	
防雷	避雷设备	
灭火及防止火灾蔓延的设备	灭火器	
	室内消火栓设备	
	室外消火栓设备	
	动力消防泵	
	水幕设备	
	喷火枪灭火设备	
	防火墙	
消防队活动必要措施	消防车道	对于消防车不可能进入的建筑应设计个性化消防方案
	消防用水	消防用水缺少区域
避难设备	遇难器具、诱导灯等	

表4.9 古建筑常用防火设备功能表

	日常的监视	巡回监视、TV监视、防范设备
	火灾的监测	通过热、烟、火焰探测器进行日常监视
防火设备	火灾的确认	探测器启动时,人工进行确认
	联络通报	使用一般的电话和通报设备进行通报联络
	避难引导	确认火灾时,通过警报铃和播放进行避难的引导
	初期灭火	自卫消防队进行初期的灭火

② 排水系统。

a. 建筑周围地面排水。在每栋木结构建筑周围的地面设排水明沟,沟内铺鹅卵石、瓦片等。鹅卵石多用于屋面采用自由落水的木结构建筑物周围,可以防止溅水,且明沟内铺设鹅卵石也比较美观;在明沟的底部铺设瓦片,可以使雨水尽可能多地渗入地下,径流雨水除外;通过在明沟面铺设直立瓦片,起到明沟格栅的作用,防止排水系统堵塞。

b. 屋檐水槽、落水斗、雨水管排水。由于传统木结构中原有构件易损坏、排水系统存在不足,加入了水槽、落水斗、雨水管等现代排水设施,帮助传统建筑物屋面更好地排水。

c. 窗台排水。例如,姬路城渡楼的窗槽排水就很有特色,窗槽设计得很宽,内设排水短管,将落在窗槽内的雨水通过排水短管有组织地排出,排水的管材通常为铜质管材。

d. 分析方法及软件。在日本古建筑群保存地区的灾害风险安全体系中运用了各种方法和软件,从建筑物自身风险评价、抗震、防风水害和避难疏散等方面开展研究,如表 4.10 所示[29]。

表 4.10　传统建造物群保存地区灾害风险安全体系研究中的研究方法和软件

		研究方法、软件	应用的内容
建筑物自身风险评价	灾前预防	数字图像分析法	关于传统木构造结合处的恢复力特性的基础研究
		3D 激光测量	应用于保护传统木结构建筑物的翻新和养护
		GIS	通过分析重要古建筑群保存地区建筑物的分布和修复工程,评估古建筑群的灾害脆弱性
	灾害时应急	GPS-free Ad-hoc 网络定位系统	在灾难发生时,捕捉周围的环境参数,如温度、湿度等
	灾后复兴	CVM(条件评估法)	对灾后的保存地区景观复兴的经济进行价值评估

续表

		研究方法、软件	应用的内容
抗震	灾前预防	光谱响应分析	评价传统木建筑物的耐震性能
		Pasternak 地基模型	通过模拟传统木构造建筑物的倒塌,对主要传统木结构的主要抗震元素柱子、墙体、榫卯结构等进行分析
		静载荷实验	是确定地基土承载力和变形指标的最直接有效的方法
		极限强度法和地震响应分析	定量的评价日本古建筑的抗震元素
	灾害时应急	DIS（地震防灾情报系统）	灾害发生后,在政府还未得到地震被害情报时,只要根据气象部门检测到的地震的震级、烈度情报,以及灾区的地形、地层、人口、建筑物等情报,通过计算机上的数值地图就能够进行地震被害规模的推测,从而可以尽早地投入防灾减灾抢险工作
		消防监控系统	及时搜集火灾破坏情况,并做出疏散的指示
		GIS	灾害发生后,可以将灾害的规模等要素信息输入系统,立即推测各地受灾状况以及灾害可能发生的变化,从而能全面掌握灾害的被害程度,有目的地组织救灾抢险和灾害应急
	灾后复兴	GIS	重现过去火灾的灾害情况,对受灾范围的复原,分析免受火灾的传统造物的分布以及特征
		360°全景影像	搜集如地震、边坡坍塌等灾后的照片情况,为以后的防灾提供直观的资料
		灾理性研究和概率研究（泊松分布）	保存地区内道路堵塞点的分布是符合"泊松分布"的,并进而推算出各种道路宽度情况下的道路通行可能率

续表

		研究方法、软件	应用的内容
防风水害	灾前预防	二位数值模拟	分析降雨后河流溢出水的影响范围,以及一定时间段内水流量的变化,预防泥石流、洪水泛滥等灾害
		SPH法（Smoothed Particle Hydrodynamics,光滑粒子动力学）	调查保存地区内河岸侵蚀问题,通过河流流量分析河岸的变形和土壤的破坏情况,预防洪涝
		无线传感器网络	针对洪水泛滥中可能发生的边坡坍塌建构的一个预警系统,定量地评价降雨过程中保存地区边坡的稳定性
避难疏散		Agent 软件	通过建立仿真模型,模拟大规模地震疏散活动,评估传统建筑在疏散活动中作为一个避难场所的有效性
		GPS	分析疏散避难选择行为,确定疏散避难路线

(3) 日本保存地区防灾规划的经验对我国的启示

① 完善防灾规划。由于国情不同,我国也不一定要模仿日本建设一个专业的从中央到地方的防灾规划体系,但我国的历史街区防灾规划内容却需要改进,从以前单一、静态的防灾设施布局上升到综合动态地对危机进行处理、制订准备对策,形成对历史街区有针对性的、多种弹性的、有效的防灾救灾预案,且要上下纵向结合、左右横向结合,形成一套完整的预案系统。并且规划不能仅停留在纸面的文件上,还要经过多次预演实验、总结不足,使其更加完善且具有可操作性。

② 加强制度建设。只有加强了制度建设,才会为我国历史街区的防灾规划体系建设提供制度保证。而相关制度的加强主要是法律制度建设和组织体系建设两个方面。法律制度建设,学习日本完善的法制保障,从法制建设入手,构建我国历史街区防灾规划制度基础,这也符合我国"以法治国"的基本发展路线;组织体系的建设,学习日本严密的相互配合、力量强大的防灾减灾组织体系。在社会中"人"是最重要的因素,因此建立一套科学的行之有效的防灾组织

体系,对历史街区防灾规划体系的建立而言是必不可少的。

③ 加大防灾减灾基础设施建设投入。从长远的角度而言,我国确实有必要借鉴日本经验形成一个专业的从中央到地方的防灾规划体系,但这是一个长期、艰难的工作。结合我国的国情,近期内仍可以在历史街区保护规划范畴之下来进一步完善综合防灾规划,重点放在内容的完善与改进上,将目前历史街区中各种凌乱而分散的防灾设施进行系统梳理,从以前单一静态的对防灾设施布局的方法,上升到综合动态的"防灾基础设施规划"。防灾减灾事业是一项长期工程,需要持续不断的努力来完善,且必须由国家政府来将其作为国家的一项基本国策,纳入国家的财政预算,保证持续不断的财政收入。

④ 加强宣传教育与公众参与。历史街区的防灾规划是一项社会事业,具有历史和现实的双重意义,需要政府和居民的共同参与。日本保存地区的防灾事业能取得如此成就,正是得益于其全民参与的理念——自己的安全自己保护。应加大对历史街区居民的宣传教育,普及与历史街区相关的历史知识以及防灾减灾救灾的基本知识,提高居民的防灾意识和防灾能力,此外,还应自发地建立起民间防灾救灾组织,有组织有间隔地对历史街区进行灾害排除检查。

⑤ 推广前沿技术的发展应用。鼓励使用 GIS、DIS、GPS 和 Agent 等软件协助历史街区防灾规划的制定和实施,建立历史街区信息数据库,并对实施效果进行有效追踪。在实施阶段,利用 AHP 分析法、模糊数学等方法建立历史街区保护综合评价模型,以定性和定量指标相统一的方式,融合空间数据的定位特点,更真实、有效地反映历史街区的防灾规划实施状况。[29]

4. 晋祠古建筑安防技术研究

(1) 保护的目的及原则

晋祠古建筑作为晋祠祠庙园林的重要组成部分,一旦遭受灾害的侵袭,其面临的不仅仅是建筑本体破坏、内部藏品破坏等物质层面的损失,而且是对文化及历史传承的巨大威胁。因此,要实现晋祠古建筑的长久生存发展,必须逐步完善与晋祠古建筑灾害情况相适应的防灾保护策略,提高晋祠古建筑的综合安全能力。

在晋祠古建筑防灾保护的过程中,仍须遵循古建筑保护相关原则:① 不破坏晋祠古建筑以及历史信息的真实性和完整性;② 在有效保护的前提下尽量减少外来干预;③ 尽量保证保护措施的可逆性;④ 对保护工作进行详细记录和归档。

(2) 防灾保护技术

① 防雷措施。雷击是晋祠古建筑目前所面临的影响最大的灾害风险因子。在应对雷击灾害时,设置有效的防雷装置是降低晋祠古建筑雷击灾害风险的最直接的手段,合理有效的防雷设施能避免古建筑因雷击致损和起火。根据前文中对晋祠古建筑防雷现状的阐述,可知晋祠古建筑及周边高大树木上均未安装防雷设施。而依照现行国家标准,全国重点文物保护单位应对古建筑防雷进行专项研究设计,并采取相应的防雷保护措施。同时,在古建筑附近高大树木以及建筑的正脊部位也都应安装避雷装置。因此,晋祠古建筑防灾保护的第一步就是对祠区内古建筑和建筑周边高大树木进行防雷设计,安装有效的防雷装置,降低雷击灾害风险。

我国现行的《古建筑木结构维护与加固技术规范》(GB 50165—92)要求,古建筑安装防雷装置应满足以下条件:应有防直击雷和防雷电感应的装置;应考虑雷击时所产生的接触电压、跨步电压和各种架空线路带来的危害;若古建筑内部有大型金属构件或存放有金属物体、金属设备,应考虑雷击后所产生的电磁感应的影响。常见的直击雷装置包括引下线、接闪器和接地装置三部分,三者缺一不可[30]。

② 防洪措施。洪涝也是晋祠古建筑所面临的危害力较大的灾害类型。在面对洪涝灾害时,完善的排水系统是降低晋祠古建筑洪涝灾害风险的最直接有效的措施。晋祠古建筑所处地势西高东低,主要通过建筑屋顶、有组织、和无组织的明/暗沟渠进行排水,因此应从屋面、沟渠、场地这三方面对其进行保护和完善。

保护晋祠古建筑不受雨水侵蚀的第一步,就是保证其屋面完好、排水顺畅。首先,要定时对堆积在古建筑屋顶上的尘土、落叶、杂草等有可能损坏文物的杂质进行清除,保持屋面排水通畅。对于屋面瓦件存在缺失、松动、破损的地方,要进行及时的修补替换。另外,做好屋面防水工作,结合现代科技手段,采用合理的防水材料对屋面瓦片及构件进行防水处理。在雨季来临时,应提前对屋面采取塑料铺盖等临时防雨措施,防止因漏雨和受潮对建筑内部结构造成损坏。

保证排水口、排水沟渠的通畅。应将排水沟渠的清理纳入日常维护工作中,尤其是在春夏两季,更需多加注意并及时清理疏通,避免在暴雨突然来临时,因排水口堵塞造成雨水积留,对建筑的基础和墙面造成浸泡破坏。此外,在建筑周边环境条件允许的情况下,可在古建筑的周围设置一圈宽敞的排水明沟,保证古建筑周围不积水,使其基础保持干燥状态(见图4.6)。

对场地条件而言,首先要保证场地中雨水无组织排放的路径不受破坏。对于,因绿化过程中施工不当造成的局部地面相对标高被破坏的现象,要及时进行恢复处理,避免出现场地雨水无法顺畅排放或积聚建筑周边的现象,减小积水对建筑基础和墙面造成的破坏。另外,结合对现状的分析,在晋祠保护过程中,因地面铺装材料使用不当,已经对建筑产生了不良的影响,造成了部分古建筑墙面返潮泛碱,应对其及时做出调整处理。在地面的处理上可使用一些传统的材料对其进行替换,如我国古代建筑庭院中常常使用青砖铺地,既与环境相协调,又具有较好的透水性[30]。

图4.6 排水渠1(左)、排水渠2(右)

③ 防火措施。

a. 用火安全。用火安全涉及游客和古建筑管理人员两方面的内容。对游客而言,为了杜绝其违规用火、私自抽烟的现象,在管理上,应当完善游客入园制度。在进入晋祠前,增加对游客的安全检查,确保游客无法携带打火机等用火设备及易燃易爆物品进入晋祠。同时,在不影响古建筑整体美观性的前提下,增设一些"禁止吸烟""严禁烟火"的标识标牌,提醒游客严格规范行为举止(见图4.7)。

对于管理人员,在生活区活动和日常管理工作中,应当尽量避免明火的使用,注意用火的安全,规范其用火方式与行为,减少由于疏忽和使用不当产生的安全隐患。同时,在举行大型祭祀活动时,要在室外设置专用的祭拜设施,由专人看管,加强对香火、燃灯等明火的管理,对参加人员加以限定和引导[30](见图4.8)。

图 4.7　标识标牌 1(左)、标识标牌 2(右)

图 4.8　祭祀活动

b. 用电安全。在用电安全管理上,主要以管理人员为主。要严肃管理人员的用电行为,工作区要做到人走电断。古建筑内宜使用低压弱电进行供电,不得使用大功率用电设备。在有用电需求时,要采用铜芯绝缘导线,并穿金属管敷设,杜绝将电线直接敷设在梁、柱、檩、枋等可燃构件之上的行为。用电之处,应增设低压熔断器、断路器、漏电保护器等安全保护装置,确保在电路发生异常时,能够自动切断电源,防止火灾发生。在进行古建筑修缮,需要拉接电线时,要做好防护措施,尽量避免电线外露。

c. 完善防雷措施。完善晋祠内古建筑的防雷设施。根据我国《古建筑防雷工程技术规范》(GB51017—2014),对其防雷措施进行设计、施工、验收与维护管理,降低建筑遭受雷击造成自身损伤和起火的概率,具体方法参照前文。

d. 保证周边环境安全。关注古建筑周边的环境安全,要对古建筑附近存在的易燃物,如落叶堆、杂物等进行及时清理。尤其是秋冬两季,北方地区气候寒冷干燥,树木落叶较多,应当对其进行及时的打扫清除,一方面可避免其影响古建筑整体的美观,另一方面也可有效降低因外部起火引起古建筑失火的可能性。对于晋祠西侧围墙处的电力线路,要对其进行规范整改,改为地下铺设,提高其安全性。

e. 提高耐火等级、降低火灾荷载。提高木结构建筑相应的耐火等级，降低古建筑火灾荷载，能有效地提高古建筑抵抗火灾的能力。降低木质材料表面燃烧性能最直接有效的方法是对其柱、梁、枋、斗拱等主要木构件进行阻燃处理。在进行阻燃处理时，一方面可以延用古人涂泥抹灰的方式，以此来提高古建筑的防火性能和耐火等级；另一方面，在对古建筑原状不造成影响的情况下，可以采用近几年出现的一些新型防火材料进行维护，如化学阻燃剂和透明防火涂料，也可以较好地达到防火的目的，同时还具有持续时间长、易操作等优势。目前，市面上优秀的阻燃剂有Dricon、FRW等。此外，对于砖石墙体也可使用防火涂料，进一步增强建筑的防火性能。对于晋祠古建筑内部木质材料的装饰装修，应当开展专门研究，在不对其造成不良影响的情况下，采取合适的方式进行阻燃处理，从而降低建筑火灾荷载。同时，应尽量通过改造，使古建筑构件达到《建筑设计防火规范》(GB50016—2014)中对于相应木结构构件在防火设计方面的规定，如表4.11所示。当古建筑的耐火等级过低、不符合现行规范要求时，需通过增加消防设施来使其达到防火要求[30]。

表4.11　木结构建筑构件的燃烧性能和耐火极限

构件名称	燃烧性能和耐火极限(b)
防火墙	不燃性　3.00
承重墙，住宅建筑单元之间的墙和分户墙，楼梯间的墙	难燃性　1.00
电梯井的墙	不燃性　1.00
非承重外墙，疏散走道两侧的隔墙	难燃性　0.75
房间隔墙	难燃性　0.50
承重柱	可燃性　1.00
梁	可燃性　1.00
楼板	难燃性　0.75
屋顶承重构件	可燃性　0.50

f. 消防系统建设。尽量完善消防设备的点位布局和消防设施的种类。一方面，可以采用一些传统的方式，在地势较高的古建筑院落内，放置水缸，用于

储备防火水源,既不影响环境整体性,又能有效地起到灭火取水的作用;另一方面,应当在重要古建筑的周边及内部增加一些现代化消防监测设备,如火灾自动报警装置、气体灭火系统等,提高发现火灾的能力。同时,还可以借鉴日本的做法,将火灾报警系统与附近的消防站相连接,一旦发生火灾,附近消防站便可第一时间知晓,及时做出反应。在灭火设施种类上,除了必要的灭火器、消防铲等常规设施之外,还可以适当地配备一些高效先进的消防设备,提高火灾初期的应对能力。例如,目前在小尺度的消防工作中,常常使用的微型消防用摩托车自带水枪等功能,具有车身小、行动灵活、火灾处理能力强等优势。与此同时,在日常管理中,对已建好的消防通道要加强管理,时刻保证消防通道的畅通(见图4.9)。

图4.9 小型消防摩托车(左)、小型四轮消防摩托车(右)

g. 提升消防管理能力。在日常工作中应该加强消防检查与设施保养。一方面检查是否有违章用火情况、导线连接是否完好、电线是否存在老化现象、电气设备是否正常等问题。对防火检查排查出的问题(包括自查及上级部门的检查情况)以及火灾隐患整改情况要记录造册,建立完善的防火管理档案;另一方面,重视对消防栓、消防水管、消防器械等消防设施的维护与保养,保证消防设施可以正常使用,对于无效、丢失的设施要进行及时的替换和补充。定期组织工作人员学习文物建筑消防保护法规和消防知识,增加消防演习的次数,提高管理人员和游客的消防意识和能力[30]。

④ 防震措施。

a. 提高晋祠古建筑的抗震能力。通过前文中对地震灾害风险的分析可知,应对地震灾害最为直接有效的措施就是提升古建筑的抗震能力。建筑的抗震能力与建筑质量息息相关,晋祠古建筑年代久远,一些建筑的木质构件不可避免地出现了榫卯松动、劈裂的问题,砖石墙面也出现了一些裂缝。这些问题都应当得到及时关注,检验损伤是否会对建筑整体结构性能造成影响,对于不满足抗震要求的建筑结构及构件要进行及时的修缮处理。在对古建筑进行抗震加固时,相关工作应符合国家现行的《建筑抗震设计规范》(GB50011—2010)、《建筑抗震鉴定标准》(GB50023—2009)及《古建筑木结构维护与加固技术规范》(GB50165—92)等相关规范要求。通过查询中国地震烈度区划图,晋祠所在地区太原的抗震设防烈度为8度。根据相关规范的要求,晋祠古建筑抗震设防标准应该相应提高1度,即按9度进行。应在不对建筑本体造成破坏和影响的前提下,针对不同结构类型的建筑,采取相应的加固措施,提高建筑的抗震能力。

木结构建筑本身在材料和构造方式上具有一定的柔韧性,有较好的抗震能力,保养维护得当的木结构建筑更是有着9度地震不倒的先例,具有出色的抗震能力。因此,进一步加强对木结构古建筑的日常维护和修缮工作是非常有必要的。对古建筑的日常维护工作要细致到位,做到及时发现问题、及时解决问题。发现地基出现问题的,要及时查明原因,采用合适的方法对其进行加固;发现柱脚出现侧移的,可以在柱脚和基底之间增设铁件进行加固(见图4.10);在出现榫卯松动的地方,也可增设铁件进行加固(见图4.11)。另外,对于变形严重的梁柱构件,必要时可采用合适的支顶措施。此外,为了减小加固手段对建筑原状造成的影响,可以采用一些暗销与承重木结构相拉接,增强其稳定性。同时,对于墙面出现裂缝的情况,在修补时,可以适当提高泥浆的黏结强度和稳定性。在使用泥浆时,要尽量减小对建筑原真性的破坏。

在对不符合抗震要求、存在劈裂腐朽问题的木构件进行处理时,可根据实际情况,灵活采用传统或现代的方式进行加固处理。常见的传统处理方式有剔补法、嵌补法和拉杆加固法。当木构件仅出现较小程度的腐朽,内部结构未受到损坏,同时剩余部分可以满足该建筑结构受力要求时,可采用剔补法,只将腐朽表面剔除,再根据原外形及尺寸进行修补,整体进行防腐处理;当木构件由于收缩变形产生开裂现象,裂缝深度小于柱子直径的1/3,且经过验算加固以后承载力可满足要求时,可使用嵌补法,用木条对缝隙进行嵌补、胶水黏结、铁箍加固;当木构件损坏严重,需要组成新的受力构件时,经检查,构件两端无虫蛀的情况下可采用拉杆进行加固处理。随着现代科技手段的发展,一些新的加固方法也在木结构古建筑的修复中逐渐被采用,常见的有化学加固和FDR加固。化学加固是利用诸如石英粉、固化剂等化学药剂对木结构古建筑的主要构件进行加固处理,这种方法既可以大幅度提高木材的强度,也具有很好的防腐性能;FDR 加固法是使用一种纤维增强型塑料对木构件进行强度加固处理,具有加固强度高、质量轻且便于施工的特点[30]。

图 4.10　柱脚加固

图 4.11　榫卯加固

b. 砖石结构。对砖石古建筑而言,在保证修旧如旧、不破坏原貌的原则下,为提高抗震性能可采用整体加固和局部加固两种方法。整体加固是通过在内部增设小截面、高强度混凝土材料的构造柱和圈梁,使之形成环箍的作用,从而提高其抗震性能。局部加固是针对砖石古建筑已经出现裂缝的部位,采用化学浆液和水泥浆液进行压力灌浆来修补加固,如图 4.12 所示。除此之外,还可以利用钢板箍、混凝土箍等方式,对裂缝进行约束,防止裂缝进一步增大,提高局部抗剪强度,从而提升建筑的抗震性能。通过各种措施手段加固之后,要保证古建筑的抗震能力在发生低于本区域设防烈度的地震时,建筑本身基本无损;在遇到本区域同等设防烈度的地震时,建筑本身仅稍有损伤,稍加修缮之后便可恢复使用;而在遇到高于本区域设防烈度的罕见地震时,建筑不至倒塌或砸坏内部文物,且经过大范围修缮施工后可以恢复到原来的面貌。总之,古建筑的抗震加固及其维护工作是一项长期且不可轻视的工作[30]。

图 4.12　砖石墙体局部加固

c. 增加古建筑监测设备。在对古建筑存在的结构问题进行处理加固之后，应当在一些重要古建筑，如圣母殿、献殿的内部适当增加一些建筑监测设备，加强对建筑结构变化情况的监测。持续性地进行结构监测，能及时了解古建筑随着时间的推移而出现的结构变化，及时发现安全隐患并进行处理，提升古建筑自身结构安全性，减少其在发生地震时产生的损失。现常见的古建筑监测系统是通过传感原件、数据采集和处理系统三者结合来对古建筑结构进行状态评估和损伤诊断，可以较全面地把握建筑的受力及损伤演化规律，为加固维修提供决策依据，从而保证建筑结构抵御灾害的能力。古建筑监测技术在我国古建筑保护工作中早已开始运用，如虎丘塔监测、宁波报国寺大殿监测等，主要包括对古建筑结构整体变形监测和内部变形监测。结构整体变形监测是对古建筑长周期下位置变形情况的监测。常常采用模拟实验、数值模拟、物理传感器观测三种传统方法。另外，一些新型监测技术，如新型地基沉降监测仪、GPS中的RTK技术（动态定位）等也开始被使用。内部变形监测技术是对古建筑各部分构件相应的受力情况和古建筑材料的缺损情况进行监测的技术，通常会采用红外热像技术、数字化放射线透视技术、超声波检测法等无损检测技术。在实际对古建筑结构进行监测的过程中，可结合具体情况，选用适合的技术来实施。

d. 防滑坡保护措施。面对滑坡灾害风险时，设置可靠有效的滑坡护坡工程具有重要的意义。在进行滑坡防护的过程中，首先，要注重保护悬瓮山体植被，严禁悬瓮山及其周边山体上的采矿、爆破、开山取石、工程建设等行为，以确保其山体的稳定性。其次,要将对祠区西侧现已建好的挡墙的检查和维护纳入日常保护工作中,一旦发现问题,要进行及时的修补和加固,确保其安全可靠。在晋祠内部,要加强对晋祠西侧护坡的巡视,尤其是距离古建筑较近的部位,对缺失和残损的部位要进行及时的修补和加固。同时,要着重观察圣母殿和水母楼西侧的坡体情况,加大对坡体的防护力度,确保坡体稳定。如今,经常采用的护坡措施有削方减载、支挡结构和坡体内部加固三种类型。其中,削方减载是通过减缓边坡的坡度提高坡体的安全性;坡体内部加固是通过采用土锚、灌浆、水泥桩等方式对斜坡进行加固。这两种方式都是通过外力作用改变山体本身状况,以达到减轻滑坡灾害风险的目的,在实施的过程中对环境原状进行了改变,不适用于晋祠。在实施滑坡防护工程时,不应对晋祠及悬瓮山山体和环境造成破坏,因此可以选择增加挡墙、柔性防护系统等支挡结构的外部处理手段来进行滑坡防护。挡墙修筑方式主要是在滑坡底部山脚位置修筑挡土结构,通常采用砌石、钢筋混凝土结构等。这种方法能在一定程度上提高斜坡的整体性,可以有效防止局部塌方(见图 4.13)。

 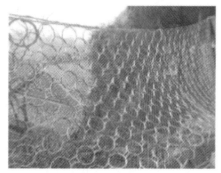

图 4.13 护坡挡墙(左)、柔性护坡(右)

在不对古建筑周边环境造成影响的前提下,可以利用柔性防护系统与生态防护结合的方式。柔性防护系统是设置柔性的钢绳于斜坡表面,这样可以有效阻止意外滚落下来的石块落至路面。柔性防护系统的组成包括钢绳网、固定系统(拉锚和支撑绳)、减压环和钢柱(见图 4.13)。另外,在坡度较缓的地方,也可采用生态防护的方法,这种方法在起到安全防护作用的同时又实现了美观环保。在具体实施时,结合晋祠现状,可以采用人工种草护坡和平铺草皮护坡这两种生态防护技术,通过种植草木的方式加固坡体,起到防护作用。在采用生态防护技术时,要注意秋冬干燥季节对枯草和落叶的清理,以免引起火灾[30]。

4.6.3 不可移动文物保护应对自然灾害的经验借鉴

1. 日本的制度借鉴

我国目前还没有建立专门的针对文化遗产灾害应对的法律制度,有关文物保护防灾减灾的规定都散见于按单一灾害类别制定的防灾减灾法律、法规中,此种做法与很多国家相一致。在此方面,日本的经验最为突出。由于特殊的地理环境,日本是一个典型的多灾国家,也许正是由于长期与各种自然灾害做斗争,使得日本在应对自然灾害方面积累了丰富的经验,建立了相对完备的防灾减灾法律制度体系。主要体现在:

① 建立了相对健全的防灾减灾法律体系。首先,日本把于1961年通过的《灾害对策基本法》作为日本防灾减灾法律体系中的根本法,该法是制定其他防灾减灾法律法规的基础和指导灾害应对活动的纲领。该法的内容主要包括:防灾减灾相关组织机构的设置、各级政府对防灾减灾所负有的责任、综合防灾规划的制定、财政金融措施、灾害预防、灾害应急对策、灾后恢复重建等对防灾减灾各个方面的基本要求和规定。其特点是防灾责任明确化,国家、社会团体和全体国民作为防灾减灾的基础单位,在防灾减灾方面都承担着不同责任,并依其表现接受奖惩,这样就能够自上而下有效推动防灾减灾目标的实现。其次,围绕《灾害对策基本法》制定各种相关的专门法律法规,主要形成了基本法类、灾害预防和防灾规划相关法类、灾害应急对应相关法类、灾后重建和复兴法类、灾害管理组织法类五大类。这些法规成为了各个阶段灾害管理活动的依据,并为建立良好的灾害管理组织体系提供了法律保障。

② 拥有完善的灾害管理机构。从中央防灾会议到都道府县防灾会议,再到市村町防灾会议,日本建立了严密的灾害管理行政体系。这些会议在各自职权范围内制定防灾基本规划,商讨重要问题。中央防灾会议承担重要的组织协调职能,负责协调各中央政府各部门之间、中央政府机关与地方政府以及地方公共机关之间有关防灾方面的关系,协助地方政府和各行政机关制定和实施相关的地区防灾规划和防灾业务规划。同时,根据灾情的紧急程度,建立不同级别的灾害对策指挥部,指导灾害应对工作。

③ 制定周密的防灾规划。日本十分重视防灾规划的制定,《灾害对策基本

法》明确规定了中央政府必须制定国家防灾基本规划,地方政府必须制定本行政区范围内的地方防灾规划,各公共事业机关团体也必须制定与业务相关的防灾业务规划。这些规划非常详细,并且针对性很强。我国并没有像日本这样制定一部关于自然灾害防治的根本法,《突发事件应对法》虽然在一定程度上弥补了我国防灾减灾法律制度的不足,但也只是针对突发情形。因此,我们可以借鉴日本防灾减灾法律体系中的相关制度,完善我国不可移动文物保护灾害应对的法律体系。例如,我国可以制定防灾减灾方面的根本法,将不可移动文物保护的防灾减灾纳入其中,明确灾害应对的法律主体、客体、权利、义务等相关内容。在建立健全的防灾减灾法律体系的同时,完善不可移动文物保护的制度体系,建立起围绕不可移动文物保护灾前、灾中、灾后应对的法律机制,明确各级文物保护机构的灾害管理职权及相关部门的配合义务,要求各级政府及文物保护部门针对地区情况,为本区域内的不可移动文物保护制定严密周全的防灾减灾规划,各级相关部门在自身业务范围内应将不可移动文物保护纳入防灾减灾规划中[31]。

2. 意大利威尼斯的经验借鉴

威尼斯地处意大利的东南角,始建于5世纪中叶,是一座有1500多年历史的古城,文物古迹众多,包括著名的圣母玛利亚·萨卢特教堂、欧洲乃至世界最美的广场——圣马可广场,目前拥有120座教堂、120座钟楼、64座修道院、40座宫殿及多处博物馆、剧院。但这座文化古城却长期遭受自然灾害的困扰。受工业化、城市化引发的"温室效应"等因素产生的影响,威尼斯近几个世纪以来一直在缓慢下沉。20世纪,威尼斯多次遭受水患侵扰,洪水一度侵蚀了16世纪宫殿的基础,古老的建筑物及其中的艺术杰作屡遭威胁。1996年的一次洪水甚至导致了大量建筑被2 m深的水浸泡,同年共有99次超过80 cm的潮水袭击了这座城市。2000年还出现了时间长达半个月的水灾。有鉴于此,当地政府决定将圣马可广场加高0.1 m,并推出了一项工程浩大的"摩西计划",即当海潮的高度超过1 m时,79个水下闸门将会升高,将威尼斯潟湖与亚得里亚海隔开。此外,为了保护建筑物免遭酸雨腐蚀,威尼斯政府还明文规定只能以电和煤气作为民用能源[31]。

3. 关于完善我国不可移动文物保护应对灾害法律制度的建议

① 我国现行立法确立的价值目标。《文物保护法》就不可移动文物设专章规定,"文物保护单位的保护范围内不得进行其他建设工程或者爆破、钻探、挖

掘等作业。但是，因特殊情况需要在文物保护单位的保护范围内进行其他建设工程或者爆破、钻探、挖掘等作业的，必须保证文物单位的安全"；"在文物保护单位的保护范围和建设控制地带内，不得建设污染文物保护单位及环境的设施，不得进行可能影响文物保护单位安全及其环境的活动"；"建设工程选址，应当尽可能避开不可移动文物"等，这都表明我国不可移动文物保护的安全价值应是十分重要的，对不可移动文物进行保护首先应当确保其安全。所谓安全，是指不可移动文物不应因建设活动而遭致损坏，并尽可能采取一切措施对抗来自自然环境影响的破坏，使其完整地保留下来。这是不可移动文物保护最重要的价值目标。文物保护法还规定了不可移动文物保护的另一价值目标——保护原真性。《文物保护法》第二十一条第四款规定，"对不可移动文物进行修缮、保养、迁移，必须遵守不改变文物原状的原则"；第二十二条规定，"不可移动文物已经全部毁坏的，应当实施遗址保护，不得在原址重建"。其他一些法规、技术规范中都对不可移动文物在修复、重建过程中应保持文物原真性做了规定。这一价值目标的确立是建立在不可移动文物本身的价值属性之上的。修复、重建等活动原本是为了更好地保存不可移动文物，使其承载的历史信息能够更好地传递下去，但是如果不重视其原真性，我们保护不可移动文物的初衷就极易演变成毁坏不可移动文物的行为。另外，不可移动文物保护立法中还设定了整体性这样一个目标，即是"为保存历史而保存文物"。这样不仅加强了对不可移动文物保护安全、原真性价值目标的认识，而且让我们可从更为全面的角度去保护不可移动文物。这样一种价值目标，不是孤立地要求仅仅保留不可移动文物或保存它的原真性，更是将不可移动文物的周边环境纳入到保护范围中，使保护更加符合整体性要求。最后，《文物保护法》第九条规定，"各级人民政府应当重视文物保护，正确处理经济建设、社会发展与文物保护的关系，确保文物安全。"这就要求在保护文物的同时，又不能不重视它同经济建设、社会发展之间的关系，必须正确处理它同这两者之间的关系。因此，我国文物保护立法似乎存在着"文物保护与经济建设并重"的价值理念。若仅从推理的角度看，这样的平衡价值观念似乎是最为理想的了，但事实上，它并不具有现实可行性。甚至从某种角度上来说，正是这样看似周全的目标选择，往往成为了人为损害不可移动文物的"正当理由"。

② 重整制度规范。

a. 明确不可移动文物保护应对自然灾害的原则。我国文物保护贯彻"保护为主,抢救第一"的方针。所谓的"抢救"是指对那些年久失修、若不及时进行修复就会灭失的文物采取保护措施。由于我国是一个自然灾害多发型国家,不可移动文物长期面临着巨大威胁。基于文物具有不可再生的特点,文物一旦毁损,很难修复,且修复成本往往极高,而且即使修复或重建,其文物价值也已严重受损。为此,我国在不可移动文物保护的灾害应对法律法规中应树立"保护优先,预防为主,抢救第一"的原则,将不可移动文物防灾减灾工作的指导方针明确为"预防为主,抢救第一",其目的不仅是对正面临灾害威胁的不可移动文物进行抢救性保护,更是将所有不可移动文物置于常态的防灾机制中加以保护,其终极目标是保障不可移动文物的安全。

b. 明确不可移动文物迁移异地保护或拆除的条件。《文物保护法》第二十条第一款和第三款规定,"建设工程选址,应当尽可能避开不可移动文物;因特殊情况不能避开的,对文物保护单位应当尽可能实施原址保护。无法实施原址保护,必须迁移异地保护或者拆除的,应当报省、自治区、直辖市人民政府批准;迁移或者拆除省级文物保护单位的,批准前须征得国务院文物行政部门同意。全国重点文物保护单位不得拆除;需要迁移的,须由省、自治区、直辖市人民政府报国务院批准"。这表明所有文物保护单位的迁移或拆除的条件是建设工程"因特殊情况不能避开"。何为"特殊情况"?现有法律法规并没有做出界定。在此情况下,极易造成利害关系,即人根据利益需要做出引导性解释。于是,当不可移动文物的保护与经济建设有冲突时,常常发生文物保护为建设项目让路的情形,结果导致法定应保障的文物安全价值完全丧失。因此,在设计法律规范时,既要遵守价值目标的指引,又要确保规范构造的逻辑统一,将立法者对价值目标的追求寓于具体的制度规范中。因此,我国文物保护立法应当对这种"特殊情况"进行解释,这里可以借鉴我国台湾地区的做法。台湾地区将古迹迁移或拆除的条件限制在国防安全和国家重大建设的层面,其规定非常明确。参考台湾地区的文物保护经验,可以做出如下规定,即因无法实施原址保护,确需对全国重点文物保护单位进行迁移的,必须是基于国防安全和国家重点建设项目的需要;异地迁移或者拆除省级文物保护单位,省、自治区、直辖市人民政府在批准前,必须征得同级人大和国务院文物行政部门同意;异地迁移或者拆除市级和县级文物保护单位,市级和县级人民政府在呈报省、自治区、直辖市人民政府批准前,必须征得同级人大的同意。

c. 重构文物保护监管机构规范。我国《文物保护法》规定各级人民政府负责本行政区域的文物保护工作,各级文物部门对区域内的文物保护实施监督管理。这也表明,政府和文物部门应对文物进行共管。不但如此,一些与文物保护相关的部门在某些领域也会成为文物主管部门,承担文物保护的职能。因此,我国的文物保护主管机关并不单一,文物部门与政府和其他部门在权力划分上既有平行,也有交叉。除了国家文物局外,其他各级文物部门同时又是地方政府下辖的职能部门,不仅受上级文物部门领导,而且要对本级人民政府负责。实践中,文物保护单位的人事权和财权都掌握在地方政府手中,地方政府对文物保护单位实行直管,文物部门虽然是文保单位的业务指导单位,但政府的决策在实际上起到关键性作用。因此,应当强化文物部门的权力,理顺地方政府和文物部门的工作关系,给予文物部门对内和对外的统一监督管理权,从而使不可移动文物得到有效保护。此外,不可移动文物的管理涉及众多部门,这与文物保护的复杂性是分不开的。不可移动文物的有关规划保护涉及到规划部门,周边环境保护涉及环境保护部门,防灾救灾又涉及各级防灾救灾部门。保护措施涉及的范围之广决定了参与保护的部门之多。要使不可移动文物的保护有效、全面、迅速,与这些相关部门的配合有极大关系,若单单将保护文物的职责落在文物部门,其保护必定乏力。因此,在确定文物保护部门统一行使文物保护职权的同时,明确各相关部门在文物保护中的协助与配合义务,是保护不可移动文物应对各种灾害的迫切需要。

d. 创设文物保护的问责规范。文物行政部门作为法律明文规定的文物保护监督管理部门,依法明确其职权范围是基础,但同样不可或缺的是,应根据不可移动文物保护的特殊需要,明确其行使监管职权的程序规范,从而使其能够依法启动问责机制,追究负有文物保护职责的其他行政机关当事人的责任。根据《文物保护法》的规定,文物部门对其行政区域内的文物保护工作实施监督管理,这说明文物部门对任何主体涉及文物保护的行为都有权监督,包括同级人民政府和其他部门。但因法律对文物保护部门的职权配置不清晰和程序规范缺失,特别是没有建立问责机制,致使不可移动文物保护的成效难以得到良好发挥。因此,应当在立法中增加不可移动文物保护的问责规范,如建设与规划部门未经文物部门同意而批准的项目,建设与规划部门需承担法律责任。

③ 构建制度体系。经过多年努力,我国已经初步建立防灾减灾的法规体系。其中,《突发事件应对法》的出台,为应对包括自然灾害在内的突发事件提供了基本法律准绳。该法建立的包括预案制度、监测制度、预警制度、应急响应

制度、信息报送制度等在内的应对突发事件的基本制度,对于不可移动文物保护的防灾减灾同样适用。但根据我国不可移动文物的分布状态和保护不可移动文物的紧迫形势与特殊要求,亟需在文物保护立法中构建不可移动文物保护的应对灾害制度体系。

a. 自然灾害风险评估制度。不可移动文物自然灾害风险评估是指对某一地区某类灾害未来可能对不可移动文物造成危害的评估。由于文物价值具有特殊性,很难对其像其他损失一样进行价值评估,这也给不可移动文物保护的防灾减灾工作带来很大困扰。虽然我国关于文物防灾减灾的研究还处于起步阶段,缺乏对文物灾害风险评估的全面认识,但是仍应尽快开展立法调研,为文物保护法的修订完善做好准备。建立不可移动文物的自然灾害风险评估制度,要求对某一地区某类灾害的发生有可能对不可移动文物造成的损失进行评估,不仅需要掌握这一地区某类灾害发生的可能性大小,而且需要掌握本地区不可移动文物的现状,综合分析其承受能力,评估可能遭受的损害。主要包括不可移动文物灾害地理区划分、调查;不可移动文物灾害易损性调查、评估;不可移动文物灾后损失调查、分析等。总之,不可移动文物自然灾害风险评估有利于防灾减灾和灾后重建的科学化,是制定防灾救灾规划和具体安排防灾减灾措施的基础,也是政府部门合理分配防灾资金的依据。

b. 防灾减灾规划制度。防灾规划是对规划地区整个防灾工作的部署和计划,它包括了对过去经验教训的总结、现状的分析以及未来一定期限的目标设定,是一定时期在一定范围内指导防灾减灾工作、制定防灾减灾政策的重要依据。我国自 1998 年国务院颁布实施《中华人民共和国减灾规划(1998—2010年)》以后,又制定了《国家综合减灾"十一五"规划(2006—2010 年)》《国家综合防灾减灾规划(2011—2015 年)》。但纵观这些规划,都没有包含文物保护防灾减灾的规划内容。《全国重点文物保护单位保护规划编制审批办法》中对规划内容做了较为详细的规定,很多地方文物保护部门也针对本地区的文物保护单位制定了规划,但基本上都没有将不可移动文物的防灾纳入规划中。面对如此严峻的灾害形势,不可移动文物保护立法亟需建立防灾减灾规划制度。借鉴日本防灾规划的经验,我国不可移动文物防灾减灾规划可以包括三个方面内容,即灾害预防规划、灾害应急规划、灾后修复重建规划。在灾害预防规划中规定灾害监测、灾害预警、加固措施、异地保护等内容。在灾害应急规划中则对灾害情报收集、情报报送、紧急措施、信息公开、联动部门等内容进行规定,这部分的重点之一是建立文物部门与其他防灾减灾相关部门密切联系的体系，明确相关部门如气象部门、地震监测部门、消防部门、林业部门等在文物防灾减灾问题上的配合义务，使得文物部门在灾前能够及时获得信息，灾中明了灾情变化，灾后得到各方面的有效救援。此外，还要对灾后修复重建提出总体要求。同时，各级地方政府或文物部门也应当制定本地区不可移动文物保护的防灾减灾规划。各地方规划应当针对区域实际情况编制，如不可移动文物的地震灾害对策、洪灾对策、地质灾害对策、火灾对策、风灾对策等。总之，防灾减灾规划应当体现区域特点，具有现实可操作性。

c. 灾害应对信息公开制度。灾害应对的信息公开制度在《突发事件应对法》中有明确规定。例如，第四十四条第四项规定，"地方各级政府要定时向社会发布与公众有关的突发事件预测信息和分析评估结果"；第五十三条规定，"人民政府应当统一、准确、及时发布有关突发事件事态和应急处置工作的信息"。但是，基于不可移动文物的特殊性，应从以下两个方面构建制度内容：

一是不可移动文物信息公开。我国《文物保护法》要求各级政府对各级文物保护单位及未被核定为文物保护单位的不可移动文物进行公布，相关信息可以在政府公报、政府网站及相关媒体上获取。我国就曾出现过登记在册的不可移动文物已被毁损或拆除，而当地文物部门却毫不知情，被毁文物依然记载于登记册上的事件。例如，梁思成、林徽因故居被拆一事，尽管文物部门此前已表示必须保护，但在其故居被拆近半年后才为人们所知晓，而北京市文物部门居然对此毫不知情。这不仅反映了政府有关部门监管不力，同时也说明了不可移动文物的公示制度存在问题。一般情况下，重要的不可移动文物都会在其建设控制范围内进行公示，在很显著的位置标明文物保护单位，使周围群众明确知晓。但同时，我国还有很多不可移动文物并没有被核定为文物保护单位，它们的公示范围也很小，有的因位置较为偏僻，鲜为人知，容易受损或被一些非法建设施工拆毁。如此可见，只有将不可移动文物信息公开的内容细化，发挥群众和社会的监督作用，才能收获不可移动文物保护的实效。

二是受灾信息公开。不可移动文物作为文化遗产，是全社会的共同财富，公民有权利获得与文物保护有关的各方面信息，特别是在灾害中受损情况的了解。我国各级政府的文物保护应急预案中基本都规定了向社会客观、准确、全面、及时发布信息的原则，但对发布内容都没有明确规定，这会造成政府有选择性地发布信息。因此，有必要对不可移动文物的灾害信息公开做更为详细的规定。公开的内容应当包括灾害风险、受灾情况、应急行动、灾后重建、修复方案等。这样全面公开的好处是,不仅可以发挥公众监督的作用,更能发动公众的力量,为不可移动文物的灾害应对献计献策,充分调动公众保护文物的积极性。[31]

4.7 保护管理技术

在20世纪80年代,世界遗产领域开始讨论"管理规划"这一特殊命题。大约在1980年,北美的文物保护人士提出这一课题,从1983年到1993年,ICCROM从开始研讨到最后出版《管理规划指导手册》,并获得UNESCO所认可。近年来,制定管理规划已成为每一处世界遗产项目的必须要求。一般来说,国际同行的整体规划主要针对的是资源的分配和使用,特别是土地、矿产、道路等,当然也应当包含景观和遗产的所有权和保护、使用方式。对遗产地的保护规划主要针对具体的计划、方案、重大项目、实施方式和途径、日程等。管理规划则涵盖较广,规定了如何执行法律,如何实施各项规划、规定和约定责任、义务、办事程序,协调利益相关者关系等。对遗产而言,该文件强调,"保护规划是管理文物古迹和进行保护干预和展示的基础""对文物古迹的管理是国家社会发展的重要组成部分,需要多学科之间的合作,必须与相关的城乡规划、法律同步、一致""在制定保护规划和随后的执行过程中,应当明确并遵循公开透明的决策程序"。

4.7.1 世界文化遗产地管理规划

世界文化遗产地管理规划的内涵是在世界遗产价值的特点和管理体制下进行的。根据具体管理要求而建立的管理体系遵循了《实施〈世界遗产公约〉的操作指南》(以下简称《操作指南》),目的是为了保护和管理世界文化遗产。管理规划系统阐释了如何对世界文化遗产进行管理,以及如何协调全体利益相关者,并与其他规划建立联系,以达到促进遗产保护管理的目的。

世界文化遗产地管理规划的核心内容是针对不断变化的影响因素，做出相应保护决策的协调管理机制。围绕文化遗产管理机制，通过价值评估、现状评估，提出规划目标和相应的管理监测措施，从而构成世界文化遗产地管理规划的基本框架[32]。

世界文化遗产地管理规划是在世界遗产价值特点和管理体系下，根据具体管理要求而建立的管理体系，其主要内容是遗产地的管理运行机制，还包括监测、展示、资金来源、人员等相关内容。

管理规划框架以价值为核心。在编制统一的保护管理规划时，强调文物本体的价值载体属性，以价值评估作为文物构成的基础，突出普遍价值和文物本体之间的联系，在此基础上根据价值属性对各项现状进行专项评估，并制定相应的规划措施。

4.7.2 我国世界文化遗产地保护管理

1. 我国世界自然遗产地保护管理规划实践回顾

世界遗产地保护管理规划，作为一种特殊的保护地规划类型，是保障世界遗产地突出普遍价值（OUV）及其真实性（完整性）得到长期有效保护的重要手段。根据《操作指南》的要求，缔约国在申遗过程中须将提名遗产地保护管理规划作为申遗文本的附件提交世界遗产中心。

从1987年泰山作为混合遗产列入世界遗产名录开始，截至2013年，我国共成功申报10处自然遗产、4处自然与文化混合遗产和4处文化景观遗产。随着申遗工作的推进，我国在遗产提名地保护管理规划实践上积累了丰富经验。在经收集分析了这14处自然或混合遗产和4处文化景观遗产在申遗阶段提交的规划后，可将20多年的自然遗产地保护管理规划实践，大致分为三个阶段或三种类型，即国家保护地规划，"改良版"国家保护地规划，专门的提名地或遗产地规划。

（1）国家保护地规划

我国的世界自然遗产地，在国家层面是以风景名胜区、自然保护区、地质公园、森林公园等保护地形式进行保护的。在20世八九十年代，早期列入的泰山（1987年）、黄山（1990年）、九寨沟（1990年）、黄龙（1990年）、武陵源（1992年）、峨眉山-乐山大佛（1996年）、庐山（1996年），在国家保护地层面均为风景名胜区,遗产地范围与风景名胜区范围重合,申报遗产时提交的遗产地规划也就是风景名胜区的总体规划。

(2)"改良版"国家保护地规划

20世纪90年代末—21世纪初,随着申遗难度增加以及对遗产地保护管理要求的提升,出现了"改良版"国家保护地规划,也就是配合申遗工作重新编制的国家保护地规划,内容构成基本遵循国家保护地规划规范要求,但是在编制理念上参考了国际保护地规划的先进理念。武夷山遗产地(1999年)由1个风景名胜区、1个自然保护区、联系两者的生态保护区以及闽越古城文物保护单位构成,提交的遗产地规划除了各自的总体规划外,增加了综合的分区规划,将4个区域进行统一分区,并划定统一的缓冲区将4个区域在空间上联系起来。三江并流遗产地(2003年)由15处保护地构成,其提交的提名地规划除了三江并流风景区总体规划,在申遗期间还组织编制了若干处单个风景区或自然保护区的总体规划,其中梅里雪山景区的规划得到了国际考察专家的高度评价。

(3)专门的提名地或遗产地规划

21世纪初,出现了为申遗专门编制的提名地规划,一方面是因遗产委员会对遗产保护管理的要求日益重视;另一方面是应对我国自然遗产地构成单元发生的变化,从原来单一的风景名胜区逐步向多个空间相邻的保护地组合,甚至空间不相邻的保护地组合转变。四川大熊猫栖息地(2006年)由地理上相邻的11处风景名胜区和7处自然保护区构成,提交的规划是专门为申遗编制的世界自然遗产提名地保护规划,将多个保护地单元作为整体进行规划。该规划于2003年通过四川省审批、2005年提交联合国世界遗产中心,2008年完成修编和审批,其规划内容构成与国家保护地规划有较大不同,可以算是我国第一个专门编制的世界自然遗产地规划。之后的各遗产提名地均编制了专门的提名地规划,例如,三清山(2008年)、五台山(2009年)为申遗专门编制了规划,且在规划内容上进行了很多探索;又如,中国丹霞系列遗产地(2010年)不仅编制了6个单元的管理规划,而且编制了整个遗产地的管理规划。

2010年,四川省住建厅依据《四川省世界自然遗产保护条例》编制了《四川省世界自然遗产保护规划指南》,要求四川省各遗产地进行保护规划编制。这样,从申报遗产的提名地规划发展到了遗产地保护规划。与此类似,江西省庐山世界遗产文化景观从2011年开始编制世界文化遗产地总体保护规划[33]。

2. 我国世界文化遗产地保护管理现状

以下将从承诺事项履行情况、机构与能力建设、我国世界文化遗产保护管理发展特点、我国世界自然遗产地规划实践整理四方面详述2018年度我国世界文化遗产地保护管理情况。

(1) 承诺事项履行情况

2018年,共有98处遗产地提交了685项承诺事项的履行情况。其中已完成的共223项,与上年相比增长14.55%;正在履行的442项;非正常履行的20项,与上年相比下降2.08%。总体来说,97.08%的承诺事项正常履行(含已完成和正在履行),总体情况较好(见图4.14)。2018年,有9项遗产(地)新完成80项承诺事项,如杭州西湖文化景观实施了香格里拉饭店降层工作,履行完成了2011年世界遗产委员会大会决议(WHC-11/35.COM/8B)中涉及的承诺事项;有6项遗产(地)存在拖延履行的承诺事项,主要涉及缓冲区内建构筑物的拆除、搬迁等环境整治,保护规划的编制与实施和游客管控等内容。2015—2018年,正常履行的承诺事项比例总体上呈逐年增长的趋势,且2018年已完成事项的占比大幅增长,反映了各遗产地正严格按照《世界遗产公约》的要求,履行作为缔约国的责任和义务[34]。

图4.14 2015—2018年我国世界文化遗产承诺事项的履行情况

(2) 机构与能力建设

① 新成立4个监测机构。目前,我国世界文化遗产保护管理机构的行政级别仍以处级(县级)、科(乡)级为主。2018年,98处遗产地共设置111个保护管理机构,与上年相比有5个保护管理机构发生了变化(见表4.12)。例如,左江花山岩画文化景观由原4处科级机构分别管理,改成由新成立正处级的崇左市广西花山风景名胜区管理委员会统一管理;另有3处机构均因与旅游部门合

并,名称发生了变化。截至 2018 年,98 处遗产地都设置了专门的监测机构(部门)或指定了特定机构承担监测工作,其中专门的监测机构(部门)有 54 个,与上年相比增长 11.51%。2018 年度新成立 4 个监测机构,分别为明孝陵监测中心、左江花山岩画龙州县监测分中心、崇左市江州区监测分中心及扶绥县监测分中心。

表 4.12 2018 年保护管理机构的变化情况

序号	遗产地	2017 年机构	2018 年机构	备注
1	左江花山岩画文化景观	宁明县花山岩画管理局、龙州县花山岩画管理局、江州区左江岩画管理局、扶绥县岩画管理局	崇左市广西花山风景名胜区管理委员会	成立新机构整合原机构职能
2	明清皇家陵寝——福陵	沈阳市东陵公园管理中心	沈阳市园林绿化管护与城市建设综合执法中心	撤销原机构,并入新机构
3	江南运河常州城区段	常州市文广新局	常州市文化广电旅游局	机构名称变化
4	江南运河无锡城区段	无锡市文化遗产局	无锡市文化广电和旅游局	机构名称变化
5	江南运河南浔段	南浔古镇管理委员会	南浔古镇旅游度假区管理委员会	机构名称变化

② 专业技术人员比例同比提高一成。2018 年,98 处遗产地的保护管理人员共计 32404 人,平均每处遗产地 331 人,与上年相比增加 21 人。其中,拥有专业技术人员 8147 人,占 25.14%,与上年相比增长 0.94%。参照《关于加强我国世界文化遗产保护管理工作的意见》中提到的"专业人员达到职工总数的 40% 以上"的要求,目前满足该要求的保护管理机构有 29 个,占 29.59%。从事监测工作的人员 2349 人,其中专职 1919 人,占保护管理人员总数 6%,与上年相比增长 3.75%。2018 年,26 处(占 26.53%)遗产地的保护管理人员增加,32 处(占 32.65%)遗产地的保护管理人员减少,发生变化的原因可能与文物系统机构改革,基层文物部门被合并、编制增减有关。

③ 新颁布(含修正)实施 7 项地方性法规。2018 年,共新颁布 7 处遗产地、

6项遗产新颁布(含修正)实施地方性法规7项(见表2)、地方政府规章1项、地方规范性文件6项、机构内部管理制度49项。根据近3年统计数据显示,我国世界文化遗产地保护管理法规和规章已覆盖近八成。

④ 培训规模以旅游管理为主。2018年,73处遗产地、33项遗产组织开展或参与培训350次,培训人员16033人次,平均每处遗产地220人次。25处遗产地未开展或参与培训。从培训规模来看,2018年各类培训覆盖共计307403人。其中,旅游管理、安全消防培训、保护管理理论与技术的培训规模较大,分别占44.71%、22.08%、18.84%(见图4.15)。从培训次数来看,2018年组织开展或参与的培训以保护管理理论与技术相关的培训最多,为180次,占45.45%;其次为历史文化与大众教育、旅游管理与服务,分别占19.95%、19.19%;相对而言,有关可移动文物管理理论与技术的培训最少[34](见图4.16)。

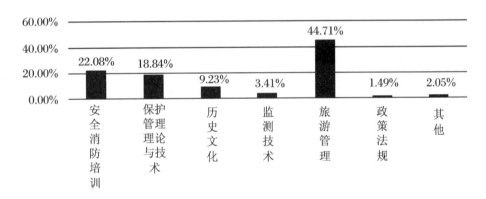

图4.15 2018年各类培训规模的占比情况

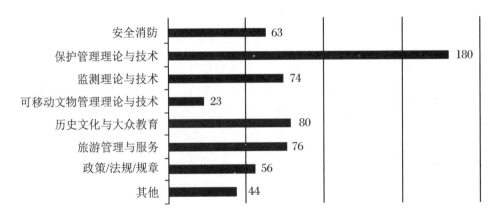

图4.16 2018年各种培训类型的分布情况(单位:次)

⑤ 保护管理总经费呈增长态势。保护管理经费是指世界文化遗产地通过各种渠道获得的用于保护管理的经费,一般包括人员开支、保护修缮、监测管理、旅游管理、宣传教育、学术研究等。

a. 保护管理总经费持续增长。2018年,98处遗产地、38项遗产的保护管理总经费达93.84亿元,与上年同比增长12.74%,平均每处遗产地投入经费同比增长23.09%。2018年,我国世界文化遗产保护管理经费来源以地方财政拨款为主,占总经费的59.37%。从单个遗产地来看,52处遗产(占53.06%)保护管理经费以地方财政经费为主,其中22处全为地方财政经费;32处遗产地(占32.65%)以中央财政经费为主,其中8处全为中央财政经费;14处遗产地(占14.29%)以自筹经费为主,其中7处全为自筹经费。2018年,各遗产地保护管理经费处于小于500万元、1000万—5000万元以及大于1亿元三个区间的数量较多,共计占比78%;500万—1000万元和5000万—1亿元两个区间的较少,共计22%。总体来说,各遗产地之间的保护管理经费差异较大。

b. 古建筑类遗产的总经费和平均经费最高。从遗产类型来看,古建筑类遗产的保护管理总经费最高,为250304.33万元,占36.42%;其次是古遗址及古墓葬类,占19.96%;其他几类遗产的经费占比相当。从每类遗产的平均经费来看,古建筑类遗产的经费最高,约22754.94万元;其次为石窟寺及石刻类、文化景观类;最低的是古遗址及古墓葬类遗产,为8068.42万元。古建筑类遗产的平均经费是古遗址及古墓葬的2.8倍。与2017年相比,古建筑类、古遗址及古墓葬类、石窟寺及石刻类遗产的总经费和平均经费皆有所增加,混合类和文化景观类遗产的总经费和平均经费皆有所减少。

c. 环境整治总经费和占比继续呈增长态势。2018年,我国世界文化遗产保护管理经费中投入最多的是人员开支,占总经费的43.22%,其次是环境整治和保护修缮费用,分别占14.93%、14.31%。2016—2018年的数据显示,人员开支占比一直最大,环境整治经费占比逐年上升,保护修缮经费占比逐年下降,学术研究、监测管理经费占比基本保持在1%左右。从分项的经费来看,人员开支、环境整治、旅游管理每年均有所增加。从分项的平均经费来看,人员开支呈上升趋势,保护修缮呈下降趋势,监测管理、学术研究、安全消防基本保持稳定。

d. 近3年八成以上遗产地相继投入监测工作经费。2018年,56处遗产地、32项遗产共获得监测经费7812.42万元,占保护管理总经费的0.83%;经费来源以地方财政投入为主。2015—2018年,监测总经费先增后降,2017年为最高；平均每个遗产地投入的监测经费逐年下降。2015—2018年，我国世界文化遗产共获得监测经费3.4亿元，涉及89处遗产地、38项遗产。有10处遗产地持续4年投入监测经费。

(3) 我国世界文化遗产保护管理发展特点

① 承诺事项履行情况正常。正常履行的承诺事项占比呈逐年增长趋势，其中已完成的承诺事项占比涨幅明显，非正常履行的承诺事项仍处于进展缓慢的状态。

② 遗产突出普遍价值保存稳定。近4年，我国世界文化遗产的突出普遍价值保存状况较为稳定，发生总体格局和遗产要素单体变化的遗产地数量总体呈上升趋势，均以正面影响为主，仅有的负面变化主要是由突发性生态和地质事件引起的。遗产地使用功能变化数量占比呈上升趋势，均为正面影响，以扩大开放空间、促进价值阐释为主，有利于遗产展示利用。

③ 专业技术人员比例仍需提高。我国世界文化遗产保护管理机构的专业技术人员占比呈增长趋势，但仅有29.59%的机构满足《关于加强我国世界文化遗产保护管理工作的意见》提及的"专业人员达到职工总数的40%以上"目标。绝大部分遗产地颁布了具有法律效力的遗产保护专项法规规章，明确了保护要求、标准、目标及相关法律责任，为遗产保护提供了有力保障。参与培训的遗产地数量逐年增加，培训内容通常以旅游管理、保护管理理论和技术相关培训为主。在机构与能力建设方面，要继续加强专业技术人才队伍的建设，制定并颁布遗产保护专项法规规章，进一步扩大保护管理理论与技术的培训规模。

④ 保护管理经费持续增长。保护管理经费保持增长态势，主要来源是地方财政拨款。其中人员开支仍为主要内容，环境整治费用略高于保护工程费用，已成为第二大经费主体。从遗产类型来看，古建筑类遗产的保护管理总经费和平均经费最高，古村落、历史城镇和中心类遗产最低。2016—2018年，人员开支、保护工程、环境整治一直是主要经费内容。其中，人员开支、环境整治的总经费保持逐年上涨的态势，环境整治经费比重逐年上升，保护修缮经费比重逐年下降，这与我国文物工作重要性不断彰显、本体保存状态基本稳定、文物保护利用受重视程度持续提高有关。

⑤ 监测预警体系建设发展有序。专门负责监测工作的机构/部门和专职从事监测工作的人员均保持增长态势，监测经费投入稳定，为监测工作提供了良好的保障。同时，为进一步加强监测工作的规范性、科学性，遗产地不断完

善、细化监测工作制度,并通过组织开展或参与监测相关的培训、科研项目来提高监测技术水平。通过监测数据的积累,监测工作已经为遗产地日常管理与维护、保护工程决策、阈值研究、各项报告编写提供了重要的支撑,进一步促进了遗产地整体保护管理水平的提升。

⑥ 自然灾害、游客压力和人为破坏是影响遗产保存的主要因素。近七成遗产地受到自然因素影响,存在不同程度的病害,但总体治理状况较好,未发生重大险情。总游客量呈稳步增长态势,预约游客比例增长,超载现象较上年有所下降,但部分遗产超载现象明显,游客压力依然不容忽视。同时,遗产地受人为破坏如游客不当行为、盗掘及火灾等影响,遗产遭受了一定的破坏。自然灾害对遗产本体保存的影响不容小觑,以气象水文及其衍生灾害为主,遗产区内划有建设项目的遗产地数量较上年降幅较大,经文物部门同意的占比有所提升,建设压力较上年有所缓解。在影响因素方面,以自然灾害、游客压力和人为破坏为主,应关注灾害风险管理,有效的、多样化的游客量控制方式,公众对遗产保护意识提升等内容。

⑦ 四成遗产组成部分没有法定保护管理规划。截至 2018 年,我国仍有四成的遗产组成部分缺乏法定保护管理规划,使遗产地在保护、利用、管理、研究等方面缺乏可操作性的技术指导和法律保障。本年度实施的保护工程以本体保护、展示工程为主,表明遗产地对遗产本体保存和价值阐释较为关注。开展消防设施建设的遗产地数量增多,其中地方财政和自筹经费涨幅明显;现场考古发掘数量基本与上年持平,主动性考古发掘占比涨幅较大;近 3 年,仅半数遗产地开展了科研工作,且科研内容多以历史文化为主,工程技术方面的较少。在保护项目及相关研究方面,应加强保护管理规划的编制与实施、遗产安全防护、展示与利用、保护技术研究等内容[34]。

(4) 我国世界自然遗产地规划实践经验整理

近年来,我国专门编制的提名地保护管理规划得到了遗产委员会和 IUCN 的肯定。通过分析 IUCN 历年来对我国提名地的考察报告可知,尽管对提名地价值和适用的标准有时存在争议,但是在保护管理规划方面对我国工作基本持肯定态度。通过分析现有十余处世界遗产地专门编制的提名地规划和遗产地规划,参考、对比世界自然遗产地规划两个层面的要求,整理规划实践所,我们总结了一些经验,具体包括以下几个方面。

① 世界遗产地层面的规划实践经验。为应对突出普遍价值的理解和保护

的要求,大部分遗产提名地的规划专辟章节,针对不同类型价值分别进行价值阐述和保护规划。例如,四川大熊猫栖息地(2006年),在申报遗产地期间,我国认为其符合第七、八、九、十条标准,在提名地规划中专门设置一章"遗产地的重要性",阐述保护地引人入胜的风景名胜群(对应第七条)、独特的地貌学特征(对应第八条)、独特的生物学特征(对应第九条),以及大熊猫保护研究历史和圈养繁殖(对应第十条)。此后的提名地规划均设置专门章节,对应阐述遗产地的突出普遍价值和保护措施。近年来,遗产委员会和IUCN提出,尽管在世界遗产地管理中特别强调应突出普遍价值,但是在管理世界遗产地时不能只关注突出普遍价值,而是要考虑保护地的所有价值。与此相呼应,在遗产地规划中开始尝试建立不同级别价值的关系。例如,九寨沟遗产地保护规划(2011年由清华大学编制),区别于其他规划偏重阐述遗产价值、不阐述其他级别价值,在遗产地价值章节中提出,九寨沟具有多类型多层次的复合价值,包括世界级的自然美学价值、国家级的科学价值和地方级的文化价值;同时提出,九寨沟多类型多层次的复合价值,其载体和完整性构成要素均为九寨沟独具特色的景观生态系统的一个或若干个组成部分,在空间上往往是交叉或重叠的关系;因此,应对九寨沟多类型多层次的复合价值进行统筹保护,且需要对九寨沟独具特色的景观生态系统进行整体保护。

在遗产保护的承诺方面,不同于一般风景名胜区对规划保障措施安排的缺失,各提名地规划和遗产地规划均为此设置了专门章节进行阐述。例如,三清山提名地规划专门设置了提名地管理构架、财政保障、法律保障三个章节,分别说明遗产管理机构和人员构成的现状和展望,遗产地财政支出和来源的现状和展望,以及遗产地法律保障和未来法律法规制定展望。另外,规划简介中还说明了,该规划由三清山风景名胜区管委会编制,由提名地所在的上饶市人民政府批准实施。

在组合型或系列型遗产地的协调管理方面,组合型或系列型遗产地需要在各个单元之间进行协调管理和信息交流共享,各提名地规划和遗产地规划中常涉及两个方面。一是不同单元使用统一的保护管理分区和分区管理政策。例如,组合型遗产地四川大熊猫栖息地,将整个遗产地(18处保护地)统一分为遗产核心区和遗产保护区两大类,并在周边围一圈外围保护地带;又如,系列型遗产地中国丹霞,遗产地保护区分级统一分为禁限区、展示区和有限利用区三大类,位于六个省的六个遗产单元均采用这一分区体系。二是规划设置合作机构。例如,中国丹霞,自然遗产提名地的保护管理涉及国家、省、市、县等四级政府的多个政府职能部门。提名地规划形成了中国国家住房和城乡建设部、各提名地省建设厅或省遗产管理机构、中国丹霞世界遗产协调管理委员会、提名地所在市(县)世界遗产管理机构与风景名胜区管理机构等多部门共同协作、共同推进的较完善的管理体系和机构。

② 保护地层面的规划实践经验。

a. 规划、实施、监测、评估和反馈的循环机制。在规划、实施、监测、评估和反馈的循环机制方面大部分提名地专门设置了监测和科学研究的章节。例如,三清山规划的监测章节,规定了监测指标、监测内容、监测方法、监测点位和周期等,提出监测内容包括遗产价值监测、遗产展示监测、环境监测和威胁因素监测等。此外,一部分提名地规划还提到了规划的评估和修订。例如,四川大熊猫栖息地专门设置了保护管理规划的修订章节,规定每五年为一个周期,对遗产地规划的实施效果进行检查,并依情况进行修订。

b. 价值—现状与问题分析—规划目标—规划对策的规划逻辑。大部分遗产地的规划内容框架和章节安排体现出价值—现状与问题分析—规划目标—规划对策的规划思想和逻辑。例如,《四川省世界遗产地保护规划大纲》要求规划内容包括,遗产地的突出普遍价值、遗产地保护现状与面临的环境压力、管理目标、保护功能区划与管理准则、管理项目等。又如,中国丹霞的规划中设置了"地质遗迹与地貌景观的保护"一章,内容包括地质遗迹与地貌景观价值、存在问题和威胁、保护措施、保护行动计划。

c. 广泛、全程的公众参与。受国情限制,公众参与保护区规划管理在我国尚未深度开展。规划内容方面主要对社区参与进行了相关规定,例如,三清山规划中提到建立社区参与的各种机制,包括听证机制、反馈机制、参与机制、指导机制、自治机制、培训机制、扶持机制等。但总体而言比较概念和笼统,缺乏明确的行动计划[33]。

4.7.3 保护管理案例分析

1. 雷根斯堡老城遗产规划

雷根斯堡是一座历史悠久的欧洲城镇,其历史遗产构成了雷根斯堡格局的独特性。遗产管理规划能够解决老城的发展过程中出现的种种问题,如怎样保护老城的历史建筑,使其保持视觉完整性;如何平衡利益相关方的需求;如何平衡旅游发展与居民的需求等方面,最终以达到提升老城活力的目标。为了可持续发展雷根斯堡老城,HerO 项目组确定了以有形文化遗产、文化与旅游、经济发展、居住、交通、城市规划与发展、环境与休闲、意识提升与研究八个方面为雷根斯堡遗产管理规划的内容[35](见图 4.17)。

图 4.17　遗产管理规划内容

（1）规划过程

遗产管理规划具体包括四个过程:准备、编制、实施与修正。它就像是生命周期一样,每当新一个项目被提出的时候,这个生命周期就会被激活,并循环进行,使其处于一个不断完善的过程中,不断提升质量(见图 4.18)。

图 4.18　遗产管理规划周期循环图

（2）前期准备

在前期准备阶段,主要工作是通过政府部门的宣传使居民及利益相关者等了解制定该规划的相关事宜,建立一个制定遗产管理规划的工作团队、调研分析当地面临的挑战等。

① 宣传。在规划制定之初,相关部门已通过网络平台及热线与居民沟通,让居民了解遗产管理的计划,表示希望听取其意见和看法。由当地媒体(如报纸)定期对项目的进展和过程进行报道,明确向公众说明整个项目的计划与实施情况、项目的风险与机遇,让市民参与进来,将需要改善的地方提出来讨论,而不只是将结果告知市民。

② 建立工作团队。在 HerO 项目初期便建立了当地支撑团队(Local Support Group),它的建立是为了更好地为雷根斯堡制定一个综合的遗产管理规划,是由当地政府牵头组织、世界遗产协调部(The World Heritage Co-ordination Unit)与外部参与者组成。同时,因为遗产管理涉及到了很多不同领域和不同部门的知识和利益,为了提升项目的专业性以及更好更全面地进行,还另外聘请了城市规划师作为外部专家,为项目提供专业支持,而当地支撑团队在参与保护和管理老城历史遗产的过程中也起到了关键作用。世界遗产协调部在当地支撑团队中起着至关重要的作用,它隶属于雷根斯堡的规划与建设部门,由文物保护部门、规划部门、城市发展部门、当地建筑主管机关、经济部门、城市发展援助资金部门和新闻报社共同组成。它除了要处理涉及遗产保护的各个方面问题,也要协调好与当地支撑团队其他利益相关方关系,它成立的作用主要有以下几点:a. 协调各部门与联合国教科文组织世界遗产地有关项目的关系;b. 与联合国教科文组织对话交流,并与其他相关机构交换意见,如州政府、联邦政府;c. 引导人们提高对遗产地的认识;d. 制定科学的管理方法,保持雷根斯堡老城保护的先进性。

③ 全面了解当地情况。通过调研得知,雷根斯堡面临着许多挑战,特别是在历史悠久的市中心,如何提高当前经济竞争实力、应对全球气候变化问题、老建筑年久失修、新技术融入新建筑、基础设施的改造要求、平衡旅游和发展的矛盾等。经过综合分析,HerO 项目组列出雷根斯堡的老城主要面临以下挑战:

a. 如何保持历史建筑和视觉完整性。由于老城内产权分布不一样,在老城发展的过程中常遇到这样的问题:一部分人希望世界遗产地被完整地保存下来,而另外一部分业主或使用者则希望将新的现代建筑设计融入其中。在规划中就需要解决这样的冲突。老城中还存在着很多待整修的历史建筑,具有浓厚的老城建筑的特色,能体现雷根斯堡城市景观的独特性。历史建筑是文化遗产的重要组成部分,是雷根斯堡老城价值的体现,它不会随着时间的流逝而消失,这些珍贵的历史价值赋予了城市深刻的历史文化内涵,形成了独特的城市意象,所以延续其作为文物的真实历史信息和价值,是目前亟待解决的问题。文化遗产的完整性主要体现在空间上的完整性,由于老城的新建活动在大多数情况下是处于历史遗产环境之中,需要通过对建设进行适当的控制引导,以此来避免不合理开发造成对历史遗产完整性的损害。在雷根斯堡老城里几乎没有高层建筑,除了教堂或塔楼,其形成的天际线,是区别于其他城市的重要标志。保护雷根斯堡的天际线,便确保了雷根斯堡的视觉完整性(见图 4.19)。

图 4.19　老城待修建筑(左)、老城天际线(右)

b. 如何保持老城的多功能性。雷根斯堡老城区的高度集中多功能性表现在生活、工作、休闲、医疗、零售旅游业等方面。所有这些功能都集中在这样一个极具特色的小区域,这是它是区别于其他城市中心的主要特征。但因为各行各业开发利益不同,在未来可能会引起利益冲突,并威胁到老城的安全,出于这个原因,很有必要在不失去世界遗产特征的同时,尽可能减小多功能性带来的威胁。

第一,竞争多样性。老城中可用空间是有限的,如果要在老城发展旅游业,就有增加酒店的床位数、发展零售业和服务业的需要,这不仅会引发彼此间的竞争,也会增加建筑遗产恢复和调整的压力。如果大力发展老城的旅游业,其用于日常生活的服务和购物等功能将受到影响,这会迫使原有的老城居民向外城迁移,使街区变得商业化;如果不发展,其得到的投资就会少,也不利于历史建筑的保护。虽然目前没有直接的证据证明游客会对城市性世界遗产产生影响,但是为了防患这一点,密切关注老城未来的发展是非常有必要的。

第二,利益冲突。因为居民和投资者的需求不同,大力发展旅游或服务业可能会导致他们之间发生利益冲突。一方面,若大力发展商业,高密度的商业会导致居民遭受噪声和其他干扰,长期居住在其中的居民很有可能会选择迁出;另一方面,投资者往往选择通过整修住房来不断刺激房屋租金和购买价格的上涨,在这种情况下,老城内"经济实惠"的生活空间会变少,就迫使穷人离开市中心,从而破坏老城均衡的人口和社会结构。对雷根斯堡老城来说,吸引人的地方不仅仅是当地的有形文化遗产,还有当地居民的生活、工作、休闲方式等。所以尽量维持平衡和减少利益冲突是目前亟待解决的问题。

(3) 如何处理自然灾害和环境的影响

将危机管理纳入到遗产管理规划中,是提高雷根斯堡城市"免疫力"的重要保证。雷根斯堡的主要环境影响因素有洪水、空气污染造成的酸雨以及全球气候变化问题[35]。

2. 缓冲区

缓冲区在遗产地领域的应用最早源于美国。1872年,美国黄石国家公园的建立拉开了近现代自然保护地保护的序幕。然而,黄石国家公园边界的设定是多重政治势力角逐的结果,并不能满足园内重要物种和种群维持及其生态过程的要求。1882年,Sheridan建议通过立法扩大黄石国家公园的边界,以适应公园内的北美野牛、麋鹿等有蹄类动物的迁徙行为。这个问题在其他国家公园也同样存在,1887年的议会讨论中,Powell建议将俄勒冈火山口湖国家公园向东部扩展3 km,以保证黑尾鹿和羚羊的冬季迁徙安全。此后,在1907到1912年间,美国内政部努力促使瑞尼尔山、俄勒冈火山口湖、冰川等国家公园的范围得到扩展。20世纪30年代,国家公园与周边地区发展矛盾不断激化,促使学者对公园的大小、边界外形以及来自边界外的影响进行了深入研究。Wright等人在生物学基础上,对公园的范围、边界形状以及外部影响进行了深入研究,指出国家公园的范围尺度应满足园内物种一年四季的生存需要,并为每类最小存活种群提供必要的栖息地范围,由此提出了缓冲地(buffer area)的建议。Shelford于1941年,在前人的研究基础上正式提出缓冲区(buffer zones)这一概念。然而,缓冲区这一理念并未在美国引起足够重视,该词反而因在英语语境中带有不友好的意味而成为禁忌之词,后逐渐被合作区或管理使用区(managed-use area)等具有积极意义的词汇取代。其中,最具代表性的案例是黄石公园与周边地区共同构成的大黄石生态系统(GYE)等,在近80年的实践改革和探索中形成了一整套"类缓冲区"规划及管理框架。19世纪70年代,专责生物圈保护区的行动小组将该缓冲区引入人和生物圈保护计划的自然保护地分区模式。

（1）以生态保护为导向的研究

1974年，生物圈保护区的行动计划（Nature and Resources: Action Plan for Biosphere Reserves, UNESCO, 1984）提出了包含中央核心地区的同心圆结合理论模式，划定了"内部缓冲区"和"外部缓冲区"，以适应特定地域生物圈保护区的多重功能。1984年人与生物圈计划（Manand Biosphere Programme, MAB）正式提出了UNESCO，对核心区、缓冲区等的用途进行了具体的说明。该计划中缓冲区的创建目的在于：为退化的生态系统提供恢复空间；体现传统的土地利用模式，实现生态系统的可持续发展。1995年，MAB制定了《世界网络的法定框架》（*Statutory Framework of the World Network of Biosphere Reserves*, Seville, 1995），该文件将区化模式进一步提炼为核心区—缓冲区—实验区，并明确了每个区域的功能和相应的管理政策。其中，标准5(b)明确了缓冲区的边界应是"可以清晰识别的"，位置是"环绕或连接核心区""只有与保护目标兼容活动才能进行"，并且在标准7中规定"在缓冲区内建立管理人类使用和活动的机制"。同年3月，生物保护圈咨询委员会提出了"塞维利亚战略"（Seville Strategy forbiosphere reserves, Seville, 1995），在认可法定框架的基础上，将"与保护目标兼容活动"进一步细化为"用于兼容良好生态实践的合作活动，包括环境教育、游憩、生态旅游、应用和基础研究"。尽管MAB一直推崇同心圆模式，但这三个区在应对地方条件时有不同的执行方式，并且生物圈保护区概念的最大优势就在于具有在不同情况下实施的弹性和创造性，当区域都具有可持续发展的思想并在设计中注重生物区保护时，合作区也许会不复存在。德国MAB还设定了生物圈保护区国家标准的最低要求：核心区至少覆盖生物圈保护区总面积的3%，缓冲区域应当至少覆盖10%，过渡区至少覆盖生物圈保护区总面积的50%。总体而言，缓冲区的形态划分更多样，作用更广泛。从"围绕或接近"这种非完全包围向完全包围核心区转变，在概念中加入廊道这种线性模式链接核心区，从而提高了生态连通性，以加强保护作用。在这些国际文件和国际实践引导下，围绕保护地周边地区的生态研究广泛展开，并逐渐集中以保护区内重要物种的生态过程作为缓冲区划定的科学依据。比如，Castelle等人于1994年提出湿地缓冲区宽度需要根据水温、营养流等特殊功能的具体标准而划定。昆士兰渔业部制定了《鱼类栖息地缓冲区管理指南》（*Fisheries Guidelines for Fish Habitat Buffer Zones*, 2008），提出确定缓冲区要素，根据变量特性决定缓冲区宽度的方法。

(2) 以社区利益为导向的研究

随着生态分区思想在世界各地，特别是发展中国家开始实践，问题也随之而来。一方面，保护区边界内外居民以保护区为主要生计来源，对保护区的资源利用限制使其生活雪上加霜；另一方面，由于生态系统保护措施通常是由生物物理方面的科学家来执行，他们更关注技术范式，对由此引起的社会经济、管理体制和政治因素影响欠缺考虑。这个问题导致缓冲区在实践过程中对当地居民施加了沉重的负担，得不到当地居民的支持，加剧了矛盾，并导致缓冲区政策难以得到良好执行。20世纪80年代，保护性国际组织拨款支持下的整合保护和发展项目（Integrated Conservation and Development Projects，ICDPS）开始在越南、尼泊尔等亚洲和非洲的部分发展中国家的自然保护地进行了侧重以当地社区发展为主要目标的缓冲区实践活动。该项目注重缓冲区的效益，促进了缓冲区理论、实践和立法方面的研究，形成了一些具有影响力的报告并组织了与缓冲区有关的会议。其中，越南 IUCN 在国际资助下，对越南三处不同尺度和地理位置的国家公园进行了实证研究，并在 1997—1999 年召开了三次缓冲区的研讨会，探讨缓冲区的现状、缓冲区内社区和自然资源之间的作用关系以及缓冲区研究成果。Ebregt Greve 于 2000 年提交报告《缓冲区及其管理——发展中国家地域生态系统的政策和最佳实践》，描述了缓冲区的条件、利益和标准，讨论其在发展中国家保护战略中的意义，并根据生态、社会、经济、体制及时间等因素对缓冲区失败的原因进行总结，相应提出了缓冲区建立的指导原则。Sayer 讨论了四个基本原则对后续研究产生的影响。Ece 的博士论文研究了塞内加尔国家公园缓冲区居民的迁离和发展，提出了反对强制性拆迁、以社区为基础的保护以及 NGO 组织介入的思路。然而，另一位学者 Cari An Coe 的博士论文则指出了越南 Tam Dao 国家公园缓冲区以社区为基础的政策失效，并从家庭财产权和不同管理单元的冲突两个角度剖析了失效的原因。Jones 对尼泊尔国家公园缓冲区森林以社区为基础的保护进行研究，分析了社区内权利关系的动态性和不公平性，指出目前的管理实践偏向经济条件好的阶层，应该更多地关心弱势和边缘化群体。

(3) 生态与社会相融合的研究

随后，研究开始关注 ICDPS 的实施效果并进行根源分析。Kremen 等人对 ICDPS 的 36 个项目进行回顾，认为仅有五个项目显示出发展和保护的良好互动，大部分项目并不成功。Wells 等于 1992 年指出，尽管缓冲区的概念已得到广泛推广和认可,但因为少有可借鉴的成功模型,所以这些实验的结果大多令人感到失望。缓冲区是否可以为当地居民提供一种从保护区的存在获得真正利益的渠道,这种观点需要慎重评估。

3. 云冈石窟保护规划

为了申请列入世界遗产、符合世界遗产的管理规定,并更好地保护文物环境、发展旅游,从20世纪90年代末期到2009年左右,云冈研究所将重点放在了环境整治工程上,其中包括重要工程:"一零九"国道云冈段改线工程、广场建筑物拆迁工程、周边环境改造工程等20余项。其中,"一零九"国道改线最为重要,这条线路原距离云冈石窟仅350 m,随着大同煤业与经济的迅速发展,在这段公路上行驶的大吨位运煤车数量与日俱增。在1997年,仅运煤车就达到日平均16000余车次,由此带来的粉尘、废气污染十分严重,对云冈石窟造成了比较大的威胁。由此,在云冈研究所所长李治国的呼吁下,从1992年起,省、市文物部门、交通部门、环保部门多次展开协商,最终在五个设计方案中选择了一个,实施改线工程。该工程耗费2.6亿元,在距离云冈石窟1500 m处建设了一段长约30 km的全新路段,而原公路改为云冈内部旅游线路。本次工程是云冈研究所建国后实施的第三次重大保护工程,既减少了粉尘对石窟的损害、保护了石窟,又保证了煤炭的顺利运输,实现了"两利",也为云冈石窟申请世界遗产创造了基础。云冈研究所还基于"一零九"国道改道前对石窟的影响,完成了分析工业粉尘引起石质文物风化机理的研究项目——工业粉尘对云冈石窟石雕的影响,获得了2006年的全国文物保护科学和技术创新奖。1999年,大同市政府提出申报云冈石窟成为世界遗产的预案。这一方面可以全面推动保护工作的开展,同时对照世界遗产的管理要求,推进云冈的保护、管理与国际接轨;另一方面有助于提升云冈、大同的知名度,有利于旅游业与城市的发展。同年11月起,云冈石窟文物研究所开始了调查与文本撰写的工作;同时,为了达到申请世界遗产的标准,研究所决定开展包括广场建筑物拆迁改造在内的20余项环境整治工程。首先要完成的就是在重点保护区内的环境整治。2000年时,云冈石窟重点保护范围内有大量工厂、居民建筑,农户550多户、1700余人,单位22个、工作人员2300多人,一些新建建筑甚至有三层楼高,与洞窟所在岩壁几乎等高。云冈研究所第一期投入2500多万元,拆除了石窟前广场上影响风貌的建筑物,绿化周边空地,到2001年10月,拆迁面积58000 m²,建成停车场6000 m²、广场1900 m²、草坪20000 m²。云冈石窟于第25届世界遗产大会顺利被列入世界遗产名录。在此后的十余年间,云冈研究所继续进行环境研究项目,到 2011 年,云冈石窟已经建成了包括十余个其他景点在内的大公园式景区,为保护文物和周边环境、发展旅游业奠定了良好的基础[36]。

参 考 文 献

[1] 赵杰.中国历代文物保护制度述略[J].考古与文物,2003(3):92-95.

[2] 何晴.我国可移动文物保护的法律制度研究[D].上海:上海师范大学,2015.

[3] 吴美萍,朱光亚.建筑遗产的预防性保护研究初探[J].建筑学报,2010(6):37-39.

[4] 吴来明,徐方圆,黄河.博物馆环境监控及相关物联网技术应用需求分析[J].文物保护与考古科学,2011(3):96-102.

[5] 牟炜,刘宁.关于西安碑林新石刻馆及库房设计中应考虑的文物保存环境问题[C]//全国考古与文物保护化学学术研讨会.中国化学会,2008.

[6] 丁艳梅.金属文物气相缓蚀剂的研制及应用研究[D].北京:北京化工大学,2005.

[7] 唐铭.博物馆环境科学相关问题的探讨[C]//中国环境科学学会 2016 年学术年会,2016.

[8] 许谈英.文物环境的监测、评估与控制方法探讨:文物保护与修复纪实[C]//第八届全国考古与文物保护(化学)学术会议,2004.

[9] 詹罗成.档案库房空气质量标准及调控研究[D].昆明:云南大学,2011.

[10] 孙翠莲.文物保存展柜微环境控制技术实验研究[D].北京:北京工业大学,2005.

[11] 贾文忠.文物的保养[J].文物天地,2012(2):119.

[12] 戴子佳.甘肃博物馆馆藏文物保存环境现状调查与保护技术的应用研究[D].兰州:西北师范大学,2014.

[13] 许方强.博物馆环境控制、监测与评价[C]//全国考古与文物保护化学学术会议,2000.

[14] 林沄.历史建筑保护修复技术方法研究:上海历史建筑保护修复实践研究[D].上海:同济大学;同济大学建筑与城市规划学院建筑历史与理论,2005.

[15] 许方强.华南沿海高温高湿城市环境现状及博物馆环境控制[C]//中国文物保护技术协会学术年会,2001.

[16] 蔡媛媛.保管和陈列中的文物保护意识分析[J].中国民族博览,2016(2):227-228.

[17] 何艳阳.如何做好地方博物馆展厅文物的保护[J].卷宗,2017(30):31.

[18] 程家早.带来绿色商机的塑料光纤照明技术[J].居业,2013(6):78-83.

[19] 张慧琳.古今文明成就艺术轴线:记南中轴路夜景照明工程[C]//中国照明学会绿色照明技术与城市夜景及工程建设科技研讨会,2006.

[20] 金慧.郑州博物馆纸质文物保存保护调查研究[D].郑州:郑州大学,2015.

[21] 刘英英.论中小型博物馆藏品的预防性保护:以泉州市博物馆为例[J].中国民族博览,2019(20):206-234.

[22] 魏芙蓉.论馆藏纺织品文物的科学保管[J].科技创新导报,2017,14(3):247-248.

[23] 朱艳杰.浅谈馆藏书画文物的保护[J].黑龙江史志,2015(9):296.

[24] 解玉林.上海博物馆书画陈列馆环境监测与治理[J].文物保护与考古科学,2002[S1]:204-217.

[25] 解玉林,顾旭.介绍一种文物、档案、图书保存环境的监测和环境评估的新标准[C]//中国文物保护技术学会学术年会,2002.

[26] 贾智慧,石美荣,周亚军,等.馆库温湿度对醋酸纤维素酯胶片物理性能影响的研究[J].影像科学与光化学,2017,35(6):797-807.

[27] 张又天.历史建筑密集区常见灾害影响及防灾策略研究[D].天津:天津大学,2014.

[28] 杨星月.历史建筑密集区抗震防灾安全体系研究[D].天津:天津大学,2014.

[29] 魏沅.日本传统建造物群保存地区灾害风险安全规划体系研究[D].天津:天津大学,2012.

[30] 李治敏.晋祠古建筑防灾保护研究[D].太原:太原理工大学,2019.

[31] 覃阳.灾害应对视角下的不可移动文物保护制度研究[D].重庆:西南政法大学,2012.

[32] 王喆.世界文化遗产地管理规划的主要特征:相比于文物保护规划的区别与对策[J].中国文物科学研究,2016(4):70-75.

[33] 庄优波.我国世界自然遗产地保护管理规划实践概述[J].中国园林,2013,29(9):6-10.

[34] 罗颖,王芳,宋晓微.我国世界文化遗产保护管理状况及趋势分析:中国世界文化遗产2018年度总报告[J].中国文化遗产,2019(6):4-26.

[35] 田婷.老城保护中的遗产管理规划研究[D].南京:南京工业大学,2013.

[36] 吕宁.《中国文物古迹保护准则》推动下的石窟遗产保护[D].北京:清华大学,2013.